# LE DROIT, NOUVELLE ARME DE GUERRE ÉCONOMIQUE

"Questions de société"

DU MÊME AUTEUR

*LE JIHAD EN EUROPE. LES FILIÈRES DU TERRORISME ISLAMISTE* (avec Ahmed Salam), Seuil, 2002.

*LES SECRETS DE LA GUERRE ÉCONOMIQUE* (avec Denis Lanvaux), Seuil, 2004.

*RETOUR DE FLAMME. COMMENT LA MONDIALISATION A ACCOUCHÉ DU TERRORISME*, Calmann-Lévy, 2006.

*LES ÉTATS EN GUERRE ÉCONOMIQUE*, Seuil, 2010 (prix Turgot IES, 2010).

*AUX SOURCES DE LA GUERRE ÉCONOMIQUE. FONDEMENTS HISTORIQUES ET PHILOSOPHIQUES*, Armand Colin, 2012.

*HISTOIRE MONDIALE DE LA GUERRE ÉCONOMIQUE*, Perrin, 2016.


ISBN 978-2-330-11821-1

Ali Laïdi

# LE DROIT, NOUVELLE ARME DE GUERRE ÉCONOMIQUE

## COMMENT LES ÉTATS-UNIS DÉSTABILISENT LES ENTREPRISES EUROPÉENNES



*ACTES SUD*

*À mon ange, fidèle première lectrice.*
*À ma puce et à mon Bab pour un avenir où la force du droit domine le droit de la force…*

*Le plus fort n'est jamais assez fort pour être toujours le maître s'il ne transforme sa force en droit…*

JEAN-JACQUES ROUSSEAU, *Le Contrat social.*

SOMMAIRE

## LISTE DES SIGLES

ATCA : Alien Tort Claims Act
BCIU : Business Council for International Understanding
BIR : Bureau of Intelligence and Research
BSA : Bank Secrecy Act
CBA : Commercial and Business Affairs
CFIUS : Committee on Foreign Investment in the United States
CFTC : Commodity Futures Trading Commission
CGE : Compagnie générale d'électricité
CIA : Central Intelligence Agency
DFSN : Department of Financial Services of New York
DOJ : Department of Justice
DOT : Department of the Treasury
DPA : Deferred Prosecution Agreement
DPACT : Defense Policy Advisory Committee on Trade
DSCA : Defense Security Cooperation Agency
DTAG : Defense Trade Advisory Group
DTSA : Defense Technology Security Administration
FASB : Financial Accounting Standards Board
FBI : Federal Bureau of Investigation
FCPA : Foreign Corrupt Practices Act
FED : Federal Reserve System
FIRRMA : Foreign Investment Risk Review Modernization Act

FSIA : Foreign Sovereign Immunities Act
GATT : General Agreement on Tariffs and Trade
GE : General Electric
ICCS : International Crime Control Strategy
IESC : International Executive Service Corps
ITA : International Trade Administration
JASTA : Justice Against Sponsors of Terrorism Act
JCPOA : Joint Comprehensive Plan of Action
MAC : Market Access and Compliance
NEC : National Economic Council
NED : National Endowment for Democracy
NISP : National Industry Security Program
NSA : National Security Agency
NSC : National Security Council
OCC : Office of the Comptroller of the Currency
OCDE : Organisation de coopération et de développement économiques
OFAC : Office of Foreign Assets Control
OMC : Organisation mondiale du commerce
ONU : Organisation des Nations unies
PCAOB : Public Company Accounting Oversight Board
PNF : Parquet national financier
RICO : Racketeer Influenced and Corrupt Organizations Act
SEC : Securities and Exchange Commission
SFO : Serious Fraud Office
SID : Service for Intelligence and Documentation
TCC : Trade Compliance Center
TPCC : Trade Promotion Coordinating Committee
USFCS : US and Foreign Commercial Service
USAID : United State Agency for International Development

# INTRODUCTION

C'est l'histoire d'une entreprise française créée à la fin du XIXe siècle par Pierre Azaria et Paul Bizet. Elle commence par fabriquer des câbles, des outils électriques, des batteries… Puis, se lance dans la production de turbines pour les installations hydrauliques et nucléaires, de bâtiments et d'infrastructures de transport (routes, ponts…), de grands bateaux… En 1968, elle absorbe la société de télécommunications Alcatel et conçoit des téléphones, des ordinateurs, des téléphones portables, des connecteurs pour les réseaux internet. L'année suivante, elle met la main sur Alstom, une société qui fabrique des locomotives et des moteurs dont sortira trois ans plus tard le train le plus rapide du monde, le TGV. Entre-temps, elle a pris le contrôle de la Société générale d'entreprises (ancêtre de Vinci) qui officie dans le secteur du bâtiment et travaux publics (BTP). Dans la foulée, elle récupère les Chantiers de l'Atlantique, constructeur des grands navires civils et militaires. En 1982, elle est nationalisée par le pouvoir socialiste. Ce qui ne freine pas son appétit ni ses rêves de grandeur. L'année suivante, elle absorbe les activités de télécommunication de Thomson CSF et, en 1986, elle entre dans le secteur du nucléaire civil en prenant 40 % de

Framatome (future Areva[1]). La chute du mur de Berlin lui donne des ailes, qu'elle déploie pour partir à la conquête du monde.

Cette entreprise, c'est la CGE, Compagnie générale d'électricité, un immense conglomérat qui n'a rien à envier à ses compétiteurs internationaux. Au début des années 1980, la CGE fait la fierté industrielle de la France. Elle a participé au redressement du pays après la Seconde Guerre mondiale, en lui permettant d'éviter le décrochage économique et de rejoindre le cercle fermé des grandes puissances. La CGE concurrence les géants mondiaux que sont l'Américain General Electric et les Allemands AEG et Siemens. C'est une vraie *success story* française, directement enfantée par les élites issues des grandes écoles (essentiellement d'ingénieurs) de la République. L'osmose parfaite entre ses cerveaux bien faits et la vision politique des dirigeants de l'après-guerre. Ensemble, ils reconstruisent la France industrielle et rebâtissent sa souveraineté économique, durement affaiblie par six années de guerre dont une partie sous l'occupation allemande.

Un siècle après sa naissance, la CGE n'existe plus. Démantelée par les privatisations de 1987, elle donne naissance à plusieurs entreprises indépendantes : Alcatel, Vinci, Cegelec, Thomson, Chantiers de l'Atlantique, Alstom… Mais sa progéniture ne connaîtra pas le même destin. Une à une, les entreprises de sa descendance périclitent. Alcatel n'est plus que l'ombre d'elle-même[2]. Après un mariage catastrophique avec l'Américain Lucent, elle s'est jetée dans les bras du finlandais Nokia ; de même les

---

1. La société, renommée Areva en 2001, devient Orano en janvier 2018.
2. Pierre Suard, *L'Envol saboté d'Alcatel Alsthom*, France-Empire, 2002.

Chantiers de l'Atlantique, tombés dans le panier de l'Italien Fincantieri après s'être séparés des Coréens de STX ; à la suite de longs et laborieux déboires industriels, la marque Thomson est finalement rachetée par un investisseur français qui tente de relancer le secteur d'activité des ordinateurs et des tablettes ; Alstom n'est plus tricolore : le secteur énergétique devient américain et les trains sont désormais allemands. Il ne reste plus rien de l'illustre CGE.

Les années 1990 et 2000 ne sont pas meurtrières pour la seule CGE. C'est tout un pan de l'industrie du pays qui prend le large vers des contrées plus accueillantes laissant derrière lui chômage, exclusion et montée des populismes. Pourtant, les consciences tardent à se réveiller. Il faut attendre le dépeçage d'Alstom pour que les dirigeants politiques ouvrent un œil. En 2014, la vente de sa branche énergie à l'Américain General Electric (GE) suscite un malaise au Parlement. Les députés de droite, alors dans l'opposition, veulent en débattre et réclament même une commission d'enquête, à laquelle ils renonceront, par manque de volonté politique. Trois ans plus tard, Alstom touche le fond et vend son activité ferroviaire à l'Allemand Siemens. Cette fois, les parlementaires ouvrent les deux yeux. Le Sénat et l'Assemblée nationale se mobilisent. Chacun planche sur les causes de la désindustrialisation du pays : une commission d'enquête au palais Bourbon, une mission d'enquête au palais du Luxembourg.

Au printemps 2018, les deux chambres rendent leur copie : leurs conclusions sont particulièrement sévères envers les élites politiques et administratives accusées d'avoir laissé faire. "Au terme de six mois d'enquête, écrit le député UMP Olivier Marleix, président de la commission d'enquête, j'ai acquis la conviction qu'en autorisant la vente d'Alstom à GE l'État a failli à préserver les intérêts nationaux[1]." Le député dénonce l'absence de coordination entre les ministères des Affaires étrangères, de l'Économie et de la Justice et souligne l'incompétence des hauts fonctionnaires. "Le cas Alstom révèle la méconnaissance par l'État français des procédures extraterritoriales de la justice américaine[2]", poursuit-il.

Même constat du côté des sénateurs qui doutent de la stratégie adoptée pour "sauver" Alstom, laquelle consiste à livrer l'entreprise aux Allemands. "Il […] est apparu contestable d'avoir privilégié une opération capitalistique favorable à Siemens, qui contrôlera Alstom sans débourser un euro, alors que ses carnets de commandes sont pleins et que sa trésorerie est saine. […] Or, l'État a accepté ces conditions, sans que soient apportées des garanties suffisantes sur le maintien des sites et de l'expertise ferroviaire en France, au-delà d'une courte période de quatre ans[3]."

La France a mal à son industrie. Ceux qui étaient censés veiller sur elle ont failli à leur mission. Incapables de comprendre ce monde hyper-concurrentiel, les responsables politiques et économiques n'ont pas vu les concurrents affûter leurs armes économiques. "Si on est arrivé à une telle défaillance de l'État à protéger ses intérêts fondamentaux, c'est par cécité, imprévision et entre-soi[4]."

Parmi ces armes, le droit est l'une des plus pernicieuses. On pense naïvement qu'il sert la justice, alors qu'il est utilisé à d'autres fins : servir les intérêts économiques des grandes puissances. Et pendant que nos élites françaises et

---

1. Avant-propos d'Olivier Marleix, 19 avril 2018, p. 2-3. http://www.assemblee-nationale.fr/15/pdf/cr-cepolind/17-18/c1718036.pdf.
2. *Ibid.*, p. 4.
3. "Siemens-Alstom : pour un géant du ferroviaire véritablement franco-allemand", communiqué de presse, Sénat, 19 avril 2018.
4. Avant-propos d'Olivier Marleix, *op. cit.*, p. 3.

européennes surveillent les pays émergents (Chine, Inde, Russie…), elles ne voient pas leur principal allié fourbir son arsenal juridique. Un outil agressif qui se révèle d'une terrible efficacité comme elles vont l'apprendre à leurs dépens au cours des années 2010. Le droit, explique l'avocat Olivier de Maison Rouge, est "une arme offensive, une ogive redoutable de la guerre économique[1]". Et maître Sophie Scemla du barreau de Paris et de New York définit les législations extraterritoriales comme des "armes juridico-économiques massives[2]".

Le plus grand guerrier juridico-économique, ce sont les États-Unis. Depuis le milieu des années 1990, ils exportent leur législation punitive dans le monde entier. Sous couvert de châtier les États qui ne respectent pas les droits de l'homme ou qui soutiennent le terrorisme, certaines lois américaines, notamment D'Amato-Kennedy et Helms-Burton votées en 1996, protègent les intérêts économiques de Washington. Officiellement, le but de cette législation est d'étouffer économiquement les ennemis de l'Amérique en interdisant tout commerce avec eux – les fameux États voyous *(Rogue States)* épinglés sur les listes noires de Washington : Cuba, Libye, Soudan, Iran, Irak, Corée du Nord, Birmanie… Ces lois interdisent à toute entreprise de commercer avec eux. Un véritable diktat qui expose, en cas de non-respect,

---

1. Olivier de Maison Rouge, "La géopolitique du droit, l'autre champ de bataille de la guerre économique", 20 mai 2013, portail de l'Intelligence économique ; Synfie, Lettre d'information n° 5-T1, 2016, p. 10.
2. "La coopération : une solution pour mettre fin à l'utilisation des législations anticorruption comme des « armes juridico-économiques massives » ?", *Défis* n° 9, 2018, p. 53 ; revue diffusée par l'Institut national des hautes études de la sécurité et de la justice (Inhesj).

les récalcitrants à des poursuites par les autorités américaines[1]. Un risque important, voire vital pour les réfractaires : l'amende peut s'élever à plusieurs centaines de millions de dollars et, dans certains cas, à plusieurs milliards. Cette sanction financière permet d'éviter le pire : une exclusion des marchés américains. Autant dire une condamnation à mort pour une multinationale ou même une grande PME qui ne peut pas se passer de tels marchés. Malheur donc à tous ceux qui ne respectent pas la *lex americana.*

Si le droit américain ne s'appliquait qu'aux entreprises américaines, comme ce fut le cas pendant quelques décennies, cette question ne mériterait guère l'attention du reste du monde. Mais les choses ont changé. Depuis quelques années, la loi sur la corruption, le Foreign Corrupt Practices Act (FCPA), et celles sur le viol des embargos, Helms-Burton et D'Amato-Kennedy, développent tout leur potentiel extraterritorial. Elles s'appliquent à n'importe quelle entreprise et à n'importe quel individu. Le shérif américain compte imposer sa loi dans le monde entier ainsi que l'a affirmé en 2007 le juriste Blake Redding dans un article qui reprend la célèbre formule des justiciers des westerns américains signifiant que

---

1. En anglais *authorities.* Ce terme regroupe l'ensemble des autorités américaines ayant le pouvoir de poursuivre des entreprises ou des individus : le procureur fédéral du ministère de la Justice (Department of Justice ou DOJ) mais aussi les procureurs rattachés aux États comme celui de New York qui abrite notamment les Bourses (District Attorney of New York) et enfin les agences de surveillance et de régulation des marchés comme la Securities and Exchange Commission (SEC), ou l'Office of Foreign Assets Control (OFAC) rattaché au département du Trésor (Departement of Treasury) et chargé de vérifier la bonne application des sanctions économiques contre les pays sous embargo.

les truands seront traqués jusque dans les coins les plus retirés du *Wild West* : "The Long Arm of the Law ou Le risque hégémonique de la réglementation américaine sur les marchés internationaux[1]."

Après tout, pourquoi ne pas se féliciter qu'une loi, même extraterritoriale, combatte le mal ? Et remercier les Américains de faire le ménage sur toute la planète. Reste à savoir si leurs interventions extérieures sont toujours guidées par le devoir de justice. Si c'était vraiment le cas, si leur soif de justice était aussi sincère, pourquoi n'adhèrent-ils pas à la Cour pénale internationale (CPI)[2], chargée de traquer les criminels de guerre ? La justice des affaires est-elle plus importante à leurs yeux que celle des droits de l'homme ?

Le problème de la législation extraterritoriale américaine, ce sont les objectifs qu'elle nourrit. Sont-ils aussi nobles qu'elle le prétend ? Aux yeux de nombreux observateurs[3] que j'ai pu rencontrer au cours de cette enquête, l'exportation du droit américain est suspecte. Elle ne viserait pas uniquement à promouvoir le bien en sanctionnant les régimes politiques antidémocratiques, les

---

1. *Revue de droit des affaires internationales*, n° 5, 2007, p. 659-667.
2. Les États-Unis ont signé en 1998 le statut de Rome qui entérine la création de la CPI puis retiré leur signature en 2002. Ils ne l'ont donc pas ratifié. Lors d'une allocution devant la Federalist Society en septembre 2018, John Bolton, conseiller à la Sécurité de Donald Trump, estime que la CPI est "illégitime, inefficace, carrément dangereuse" et "déjà morte". Il menace même la CPI de sanctions si la Cour continue à s'intéresser aux comportements des soldats américains en Afghanistan. Voir "National Security Advisor John R. Bolton Address", The Federalist Society, 10 septembre 2018. https://fedsoc.org/events/national-security-advisor-john-r-bolton-address.
3. Avocats, juristes, responsables politiques, dirigeants d'entreprises…

entreprises et les personnes corrompues. Elle aurait des buts cachés.

Pour Antoine Garapon, magistrat et secrétaire général de l'Institut des hautes études sur la justice, et Pierre Servan-Schreiber, avocat aux barreaux de Paris et de New York, qui ont dirigé l'un des rares ouvrages sur la question, "ce n'est ni plus ni moins qu'une nouvelle manière de gouverner qui se met en place, qui passe par un nouvel usage du pouvoir : plus pragmatique, plus efficace, mais plus insidieux aussi, où les intérêts propres à la puissance américaine et à la moralisation des affaires se côtoient jusqu'à se confondre[1]."

Pour la mission parlementaire française qui a étudié ce phénomène, il s'agit bel et bien d'une arme économique. Les députés dénoncent une "machine de guerre juridico-administrative[2]". Selon eux, l'empire juridique américain vise deux objectifs : frapper très lourdement les finances des entreprises ciblées, les affaiblir pour les rendre vulnérables à un éventuel rachat par un concurrent américain. Cette législation extraterritoriale est constitutive de la stratégie géoéconomique[3] des États-Unis, pensée

---

1. Antoine Garapon, Pierre Servan-Schreiber (sous la dir.), *Deals de justice. Le marché américain de l'obéissance mondialisée*, PUF, 2013, p. 6.
2. Pierre Lellouche, Karine Berger, "Rapport d'information sur l'extraterritorialité de la législation américaine", Assemblée nationale, 5 octobre 2016, p. 132.
3. La géoéconomie est définie comme "l'utilisation des instruments économiques pour promouvoir et défendre les intérêts nationaux et produire un résultat géopolitique bénéfique", *in* Robert D. Blackwill, Jennifer M. Harris, *War by Other Means. Geoeconomics and Statecraft*, Belknap/Harvard, 2016, p. 20. Notons que Robert D. Blackwill a été ambassadeur en Inde sous l'administration G. W. Bush. Jennifer M. Harris travaille avec lui au sein du think tank Council on Foreign Relations (CFR).

comme une autre façon de faire la guerre et de défendre leur leadership mondial.

C'est également l'avis du contre-espionnage français. Le 14 novembre 2018, *Le Figaro* titre en une : "Comment les États-Unis espionnent nos entreprises". Il révèle l'existence d'une note de la Direction générale de la sécurité intérieure (DGSI) qui estime que : "Les acteurs américains déploient une stratégie de conquête des marchés à l'export qui se traduit, à l'égard de la France en particulier, par une politique offensive en faveur de leurs intérêts économiques." La DGSI s'inquiète notamment de l'utilisation du droit américain comme arme de déstabilisation des entreprises françaises et de siphonnage de leurs informations sensibles[1].

Cette police juridico-économique mondiale est tellement efficace qu'elle parvient même à faire payer par d'autres les dysfonctionnements du système économique américain. Les banques étrangères se sont acquittées d'une partie de l'ardoise de la plus grande crise financière de l'histoire après celle de 1929, la crise des *subprimes* de 2007. Rappelons qu'elle a été provoquée par des titres financiers bidons inventés par des apprentis sorciers de Wall Street. Entre 2009 et 2017, les grandes banques américaines et européennes ont déboursé plus de 345 milliards de dollars de pénalités infligées par les régulateurs des deux côtés de l'Atlantique pour ne pas avoir respecté la législation américaine et les normes internationales[2]. À combien s'élève le chèque que les banques européennes

1. Jean-Marc Leclerc, "La DGSI s'alarme de l'offensive américaine contre les entreprises françaises", *Le Figaro*, 14 novembre 2018.
2. "Future-Proofing. The Bank Risk Agenda. Global Risk 2018", Boston Consulting Group, février 2018.

ont fait aux régulateurs du Vieux Continent ? 22 milliards de dollars. Soit près de 6 % du total des sommes payées par l'ensemble des banques (345 milliards de dollars) pour clore les poursuites engagées à la suite de la crise financière de 2008. Durant la même période, les régulateurs américains ont encaissé 190 milliards de dollars des grandes banques internationales, européennes comprises. Ces grandes banques ont également versé 133 milliards de dollars de dédommagements aux clients qui ont porté plainte contre elles. Les banques européennes ont donné près de 125 milliards de dollars (plus du tiers) aux régulateurs européens et américains, lesquels en ont reçu la plus grande partie[1].

Évitons d'emblée un malentendu. Cet ouvrage ne vise pas à blanchir les entreprises mises en cause par les Américains. Pas plus qu'à les présenter comme des victimes. Lorsqu'elles sont épinglées pour corruption, les faits (au regard des critères américains) sont le plus souvent avérés. De nombreux témoignages confirment les pratiques frauduleuses de certaines entreprises françaises et européennes. La question est de savoir si cette chasse à la corruption n'est pas un prétexte pour déstabiliser les concurrents étrangers et maintenir la suprématie économique sur le monde. Les entreprises européennes paient déjà cher le fait de commercer avec des États mis au ban des nations par les Américains. Et ce, même si la plupart des sanctions américaines contre Cuba et l'Iran outrepassent le droit international.

---

1. Chiffres tirés d'une étude du Boston Consulting Group, cité dans Édouard Lederer, "L'Amérique a fait payer cher la crise aux banques de la planète", *Les Échos*, 1er mars 2018.

En effet, ni l'ONU, ni l'OMC, ni aucune institution multilatérale n'imposent de punitions aussi sévères que celles que les États-Unis ont administrées à La Havane, Téhéran et même Moscou… En outre, certains juristes internationaux refusent d'employer le terme "sanction". Ce mot leur paraît inadapté à la situation, la sanction relevant d'une instance collective ou juridictionnelle de la communauté internationale, non d'un seul pays. Ces juristes préfèrent parler de "mesures unilatérales de contrainte économique[1]". Mesures ou sanctions, le résultat est le même : des amendes exorbitantes comme celle infligée à la BNP qui a dû s'alléger de 9 milliards de dollars au bénéfice du Trésor américain au seul motif d'avoir commercé en dollars avec l'Iran, Cuba et le Soudan… Commerce pourtant autorisé par les institutions internationales. Quelles sont les prochaines entreprises sur la liste américaine ?

En déchirant le 9 mai 2018 l'accord sur le nucléaire iranien[2] malgré les rapports de l'Agence internationale de l'énergie atomique (AIEA) qui attestent que Téhéran le respectait, Trump a déterré la hache de guerre économique[3]. Le jour même, l'ambassadeur de Washington à

1. Geneviève Burdeau, Brigitte Stern, "Droit international public et sanctions unilatérales. Rapport général", *in* Habib Gherari, Sandra Szurek (sous la dir.), *Sanctions unilatérales, mondialisation du commerce et ordre juridique international*, Cedin-Paris X Nanterre, Montchrestien, 1998, p. 164.
2. Accord signé à Vienne en juillet 2015 entre l'Iran et le P5 + 1, soit les cinq pays membres du Conseil de sécurité de l'ONU (Russie, États-Unis, Chine, Royaume-Uni, France) et l'Allemagne. Dans cet accord, Téhéran s'engage à limiter drastiquement son programme nucléaire militaire contre la levée des principales sanctions économiques internationales.
3. À la fin mai 2018, Mike Pompeo, secrétaire d'État américain, exige douze conditions pour rétablir la confiance avec Téhéran. Conditions

Berlin exhorte les entreprises allemandes à quitter immédiatement l'Iran tandis que le département du Trésor laisse aux sociétés étrangères jusqu'à novembre pour plier bagage. Les contrevenants s'exposent à des poursuites de l'administration judiciaire américaine pouvant aboutir à de sévères amendes, voire à l'expulsion pure et simple du marché américain.

Alors comment expliquer que les États-Unis imposent leur droit, poursuivent les entreprises étrangères et encaissent les amendes sans que personne ne proteste vraiment ? Pour obtenir une réponse à cette question, il faut d'abord comprendre la législation extraterritoriale américaine, le Foreign Corrupt Practices Act, les lois Helms-Burton, D'Amato-Kennedy… Pourquoi et comment ont-ils été élaborés ? Qui visent-ils ? Comment les pays réagissent-ils à cette intrusion juridique de l'Oncle Sam ? Il faut ensuite décortiquer les procédures américaines qui ont abouti à la condamnation d'entreprises françaises et européennes pour corruption ou violation d'embargo – Siemens, Alcatel, Alstom, Technip – et toucheront peut-être demain Airbus, fleuron de l'industrie aéronautique européenne. Enfin, il faut interroger la stratégie économique de Washington qui ne se contente pas d'employer son droit pour préserver ses intérêts nationaux, mais joue les shérifs du monde, jusqu'à vassaliser l'économie européenne et à interdire aux États de commercer avec des pays comme l'Iran, décrété infréquentable.

---

qui équivalent à une véritable reddition de la part de l'Iran et qui ne figurent pas dans l'accord signé en 2015 : arrêt total de l'enrichissement d'uranium, retrait de ses troupes de Syrie, désengagement au Yémen, abandon de ses soutiens au Hezbollah libanais, au Hamas et au Jihad islamique palestinien, arrêt de ses menaces contre Tel-Aviv…

J'ai enquêté pendant deux ans pour rédiger ce livre. C'est en tant que politologue et non en juriste que j'examine l'utilisation du droit comme arme de guerre économique. Je m'intéresse aux rapports de force qu'entraîne l'exportation du droit américain et j'emploie le terme "extraterritorialité" pour désigner l'ensemble des lois nationales américaines qui prétendent avoir une portée mondiale.

J'ai rencontré plus d'une cinquantaine de personnes. La plupart de mes interlocuteurs ont accepté de témoigner à condition que je préserve leur anonymat. Ils sont avocats, juges, cadres supérieurs, fonctionnaires français et européens, policiers, membres des services de renseignement, hommes politiques... Certains d'entre eux m'ont transmis des documents confidentiels, parfois à ma demande, parfois de leur propre initiative. Ils ont accepté de parler parce qu'ils jugent que la coupe est pleine. Les États-Unis vont trop loin. Ils estiment que la France et l'Europe doivent cesser de courber l'échine. Seule une réaction forte et politique peut enrayer l'infernale machine de guerre économique américaine qui foule aux pieds la souveraineté des nations du Vieux Continent.

Un dernier mot : étudier les phénomènes d'affrontements économiques ne signifie pas prôner la guerre économique. En ce qui me concerne, c'est même tout le contraire. Depuis plus de vingt ans, j'étudie les conflits économiques en tant que symptômes d'une mondialisation qui va mal, se crispe et déraille devant tant d'inégalités et de déséquilibres. Pointer les pratiques des guerriers économiques, qu'il s'agisse d'États, d'entreprises ou d'individus, c'est alerter sur un monde malade de son économie financiarisée à l'excès, rongé par les métastases de l'idéologie "compétitiste". Le cancer de l'hyper-concurrence mondiale désespère les hommes, détruit notre planète, anéantit les organismes et les êtres vivants. Il pousse certains à des comportements déloyaux et même illégaux. Il mène les États sur la piste de la guerre. L'humanité n'a rien à y gagner et tout à y perdre. Révéler ce mal, c'est contribuer à le combattre avant qu'il ne soit trop tard.

# I

# LES LOIS EXTRATERRITORIALES DE L'ONCLE SAM

Dans l'esprit des dirigeants américains, la guerre économique a remplacé la guerre froide. En 1989, le mur de Berlin tombe ; deux ans plus tard, l'Union soviétique s'éteint. Les États-Unis en ont terminé avec l'affrontement Est-Ouest. Ils réorientent alors leur stratégie nationale vers la défense de leurs intérêts économiques. En 1993, Warren Christopher, secrétaire d'État du président Bill Clinton, demande au Congrès les mêmes moyens et ressources pour affronter la concurrence mondiale que ceux dont disposait naguère le gouvernement pour lutter contre l'ennemi communiste. Les attentats du 11 septembre 2001 n'y changeront rien. Bien au contraire, la machine de guerre économique amorcée à partir de 1993 se renforce et devient plus agressive encore. C'est au nom de la lutte contre le terrorisme que le dispositif se radicalise[1]. La guerre contre les jihadistes est le parfait alibi pour projeter la puissance américaine dans le monde et s'immiscer dans les affaires économiques des alliés de Washington. C'est elle que l'Amérique invoque pour justifier l'espionnage, au milieu des années 2000, des serveurs informatiques du réseau Swift, qui régit l'ensemble

1. Voir Juan C. Zarate, *Treasury's War*, Public Affairs, New York, 2015.

des données bancaires européennes, donc des transactions financières du Vieux Continent. C'est également au nom de la lutte contre les fous d'Allah que les Américains déploient leur système de surveillance globale piloté par la NSA. Pour Washington, chasser les mauvaises pratiques financières et commerciales des entreprises, c'est vider les poches des terroristes, les empêcher de financer des attentats. Prévenir la corruption et interdire le commerce avec les États non démocratiques, c'est garantir une juste compétition, protéger le système économique international, mais aussi tarir les caisses des organisations criminelles, mafieuses et terroristes. Les batailles de l'Amérique contre le terrorisme, contre les groupes mafieux et les organisations criminelles, contre la prolifération nucléaire, contre les dictatures, contre la corruption, contre le viol des embargos… forment une seule et même guerre : la guerre contre ses ennemis. Autant de fronts qui doivent être coordonnés afin d'assurer sa sécurité et de servir sa suprématie économique.

Cette coordination s'appuie sur un arsenal juridique répressif inédit dans le monde, faisant de l'Amérique le shérif de la mondialisation, voire pour certains "la milice[1]" des marchés tant elle défend ses intérêts privés. Avec leur législation extraterritoriale, les pressions politiques et militaires exercées sur les pays amis comme ennemis, les États-Unis veulent régenter le monde et choisir quels pays sont fréquentables et quelles entreprises ne le sont pas. Les Européens se plient à l'hégémonie commerciale de l'Oncle Sam, parfois même de bonne grâce, tandis que Russes et Chinois la rejettent. Les premiers

1. Antoine Garapon, Pierre Servan-Schreiber (sous la dir.), *Deals de justice. Le marché américain de l'obéissance mondialisée*, PUF, 2013, p. 30.

protestent mollement, les seconds appliquent la loi du talion : œil pour œil, dent pour dent. Ce qu'illustre une affaire récente : le 1er décembre 2018, Meng Wanzhou, directrice financière du géant chinois des télécommunications Huawei, est arrêtée au Canada à la demande des autorités américaines qui la soupçonnent de complicité de fraude : elle aurait menti à certaines banques pour cacher les activités de son entreprise en Iran. Furieux, les Chinois arrêtent le 10 décembre deux ressortissants canadiens, l'ex-diplomate Michael Kovrig et le consultant Michael Spavor, pour “menace à la sécurité nationale”.

1

# FOREIGN CORRUPT PRACTICES ACT, OU LA TRAQUE MONDIALE DES ENTREPRISES CORROMPUES

Aux États-Unis, la lutte contre la corruption fut d'abord une affaire de famille. Au milieu des années 1970, les Américains tombent des nues : le scandale du Watergate met au jour la corruption de leurs entreprises. Le Congrès décide alors de voter une loi : le Foreign Corrupt Practices Act (FCPA), promulgué le 19 décembre 1977. Elle est le fruit de deux années de réflexion des parlementaires de la Chambre des représentants et du Sénat qui multiplient les auditions entre 1975 et 1977 afin de cerner ce qu'ils appellent "le problème des paiements à l'étranger des multinationales[1]". Le FCPA interdit la corruption des agents publics à l'étranger. Pour comprendre la genèse de cette loi, il convient de revenir au contexte politico-économique de l'époque.

L'onde de choc du Watergate n'est pas encore passée. L'enquête qui pousse le président Nixon à la démission en août 1974 révèle que des entreprises américaines ont financé des campagnes politiques aussi bien aux États-Unis qu'à l'étranger. Les journaux étalent en première page ces pratiques frauduleuses. Deux affaires défraient

1. Voir l'étude d'un des plus grands experts du domaine, Mike Koehler, "The Story of Foreign Corrupt Practices Act", http://moritzlaw.osu.edu/students/groups/oslj/files/2013/02/73.5.Koehler.pdf.

particulièrement la chronique : le cas Lockheed Aircraft et le Bananagate.

## Lockheed Aircraft : maître corrupteur

À la fin des années 1950, Lockheed est un puissant constructeur aéronautique qui arrose sans vergogne des intermédiaires dans de nombreux pays. Son réseau de corruption est gigantesque. Des hauts fonctionnaires, des hommes politiques et même des gangs criminels profitent de ses largesses financières. Tout est pensé au plus haut niveau de l'entreprise pour "acheter" les marchés.

John Kenneth Hull, cadre commercial important de la firme, est envoyé au Japon. Sa mission : vendre des avions de chasse Starfighter à l'armée de l'air nipponne. L'homme n'y va pas par quatre chemins et prend langue avec Yoshio Kodama, membre des yakusas, la pègre locale et, surtout, ancien criminel de guerre. Yoshio Kodama possède un excellent carnet d'adresses. Il connaît très bien le vice-président du Parti libéral-démocrate au pouvoir. Le PLD est le fruit de l'union entre le Parti libéral et le Parti progressiste – union qui a été suscitée et généreusement financée par la CIA. Yoshio Kodama est également proche du Premier ministre, Nobusuke Kishi. Avec des relations aussi bien placées, Lockheed n'a guère de difficultés à vendre 200 avions de chasse à l'armée de l'air japonaise. Son concurrent, américain lui aussi, la société Grumman, se retrouve tout bonnement éliminé du marché.

Le modèle Lockheed, fondé sur une association politico-affairiste-criminelle, a parfaitement fonctionné. Il est donc dupliqué sur le marché des avions civils. Cela tombe bien, Yoshio Kodama, qui a décidément le bras très long, fréquente le nouveau Premier ministre Kakuei Tanaka, issu là encore du Parti libéral-démocrate. Il lui suffit donc d'orienter le stylo du chef de l'exécutif vers l'offre de Lockheed. La compagnie All Nippon Airways achète plusieurs exemplaires du L-1011 TrisStar. En échange de ses bons et loyaux services, Yoshio Kodama reçoit plusieurs millions de dollars.

En 1976, la presse américaine révèle le scandale. Les méthodes de Lockheed et le rôle qu'a joué la CIA font la une des journaux. Le Premier ministre japonais démissionne. Aux États-Unis, l'affaire crée des remous. Henry Kissinger, secrétaire d'État, s'inquiète pour la sécurité nationale : les révélations sur les petits secrets et les réseaux de la CIA sont du plus mauvais effet sur l'opinion publique internationale. Il écrit au procureur général des États-Unis pour le mettre en garde contre la divulgation d'informations sensibles contenues dans un rapport du Sénat. Et il invite le Sénat et le procureur à régler discrètement ce dossier avec les conseillers juridiques de Lockheed, du cabinet Rogers & Wells[1].

Le sénateur démocrate Frank Church, président du sous-comité sur les multinationales[2], ne l'entend pas de cette oreille. Il révèle en 1976 que Lockheed Aircraft a dépensé plus de 3 milliards de yens en fonds secrets pour accaparer illégalement ces marchés[3]. Nom de code de l'opération : *Peanuts*. Pas franchement approprié comme qualificatif :

---

1. Anthony Sampson, *La Foire aux armes : le grand jeu des firmes et des États*, Robert Laffont, 1978, p. 392.
2. Subcommittee on Multinational Corporations, under the Foreign Relations Committee.
3. http://www.atimes.com/article/lockheed-scandal-40-years-downfall-prime-minister-kakuei-tanaka/. Voir également : https://theblue-review.org/man-pulled-trigger-scandal/.

les corrompus n'ont pas touché des cacahuètes mais des millions de dollars. Une partie de cette somme – 600 millions de yens (2 millions de dollars) – a été généreusement distribuée à des membres du gouvernement japonais.

Lockheed n'est pas la seule société prise la main dans le sac. Mais elle porte une lourde responsabilité car ses méthodes font école. Dans l'enquête du sénateur Frank Church, menée sur le terrain par Jack Blum, le président de Northrop Corporation (entreprise aéronautique américaine concurrente) déclare s'être inspiré des pratiques de Lockheed pour corrompre des agents publics dans plusieurs pays, y compris en Europe.

Le 15 août 1975, soit six mois avant que n'éclate le scandale Lockheed, le sénateur Frank Church demande un complément d'informations à son homologue du Sénat chargé des affaires bancaires. Il nourrit des soupçons sur les pratiques de l'avionneur américain sur les marchés européens. Le Sénat découvre alors que Lockheed a vendu des avions de chasse F-104 Starfighter à la République fédérale d'Allemagne (RFA) en versant des pots-de-vin à des responsables politiques allemands. De même en Italie et aux Pays-Bas[1]. L'affaire prend des proportions hors normes, l'opinion est choquée et la réputation de Lockheed sérieusement écornée Le Congrès décide donc d'agir. D'autant qu'un autre scandale fait la une des journaux : le Bananagate[2], une affaire de dessous-de-table versés à un président sud-américain pour qu'il taxe le moins possible ses exportations de bananes.

---

1. Anthony Sampson, *La Foire aux armes : le grand jeu des firmes et des États*, Robert Laffont, 1978.
2. Steve Striffler, Mark Moberg, *Banana Wars*, Duke University Press, 2003.

## Bananagate : le président du Honduras se régale

L'Amérique latine est l'un des plus gros producteurs mondiaux de bananes et les États-Unis l'un de ses plus importants clients. C'est dire que la moindre variation des prix à l'exportation impacte le bilan des entreprises américaines importatrices. Tout commence par le refus de trois entreprises américaines d'accepter une augmentation des taxes à l'exportation. Taxes réclamées et imposées par l'Union des pays exportateurs de bananes, une sorte de cartel de la production de la banane. En 1974, cette Union est composée de pays d'Amérique centrale et d'Amérique du Sud : Colombie, Costa Rica, Équateur, Guatemala, Honduras, Nicaragua et Panamá. Elle décide de taxer 1 dollar chaque cageot exporté de 40 livres de bananes. Pas question, rétorquent les multinationales de l'Oncle Sam[1] qui menacent de se retirer du marché. Peu importe, répondent les producteurs qui maintiennent leur position. Pourtant, la même année, le Honduras vote une loi fixant la taxe à 50 cents, puis la passe sans prévenir à 25 cents.

Les autorités américaines s'en étonnent et la Securities and Exchange Commission (SEC) ouvre une enquête. Un évènement dramatique va leur faire gagner beaucoup de temps. En 1975, Eli M. Black, président de l'United Brands Company, l'une des trois sociétés américaines importatrices, se suicide. En se penchant sur les raisons de son geste, la SEC, le gendarme américain des marchés, comprend vite pourquoi la taxe hondurienne a été divisée par deux. Elle découvre que l'United Brands Company s'est délestée de 2,5 millions de dollars au profit

1. United Brands Company, Standard Fruit, Del Monte Corporation.

du président du Honduras, Oswaldo López Arellano. La somme est importante pour l'entreprise mais l'opération demeure rentable ; elle permet une économie de 7,5 millions de dollars. L'enquête de la SEC révèle également le versement de 750 000 dollars à un fonctionnaire italien chargé d'empêcher une baisse des importations de bananes en Italie.

En réalité, ce ne sont pas les pots-de-vin qui dérangent la SEC mais le fait que ces sommes n'apparaissent pas dans les comptes de l'entreprise ! À l'époque, étonnamment la loi américaine ne considère pas la corruption comme un crime. En revanche, cacher des informations aux actionnaires en est un, même lorsqu'il s'agit d'argent versé à des intermédiaires.

La société United Brands Company craint donc moins les sanctions de la SEC que les répercussions sur son image. C'est pourquoi ses avocats du cabinet Convington & Burling approchent les diplomates du Département d'État pour qu'ils fassent pression sur la SEC dans le but d'étouffer l'affaire. Leur principal argument : cette histoire nuit autant à l'entreprise qu'à la diplomatie américaine. Vaines démarches. Au printemps 1975, la presse révèle les déboires de l'United Brands Company[1].

L'aéronautique et l'agriculture ne sont pas les seuls secteurs contaminés par la lèpre de la corruption. Un rapport de la Chambre des représentants de septembre 1977 mentionne plus de 400 entreprises américaines ayant admis avoir effectué des paiements contestables ou illégaux. "Les entreprises ont déclaré avoir versé plus de 300 millions de dollars à des responsables gouvernementaux

---

1. Pauly David, Rich Thomas, "The Great Banana Bribe", *Newsweek*, 21 avril 1975.

étrangers, à des politiciens et à des partis politiques[1]." Le rapport regrette l'absence d'éthique des entrepreneurs dont les pratiques frauduleuses jettent une ombre sur l'ensemble des entreprises américaines. Ironie de l'histoire, la plupart des cas recensés montrent que l'entreprise délictueuse n'affrontait pas un concurrent étranger mais une firme américaine ! Enfin, le rapport dénonce des méthodes commerciales qui ternissent l'image des États-Unis dans le monde.

C'est également l'avis du sénateur Frank Church, plus préoccupé par la politique étrangère américaine que par l'éthique et la moralité des patrons américains. "Ce n'est pas la question de la moralité publique ou privée qui nous intéresse. C'est le problème majeur que cela pose à la politique étrangère des États-Unis[2]." La corruption des entreprises américaines devient une affaire de sécurité nationale. Le Congrès souhaite donc y mettre de l'ordre. Mais comment interdire ce qui n'est pas illégal ? Aucune loi ne réprime le versement de dessous-de-table. Et si la corruption d'agents publics étrangers viole les lois nationales de certains pays, la justice américaine ne peut pas s'en mêler.

De plus, les États touchés manquent souvent de moyens pour enquêter et instruire les dossiers. "C'est très difficile pour ces pays étrangers de poursuivre parce qu'ils ne détiennent pas de preuves. Nous possédons ces preuves mais nous ne poursuivons pas parce que ce n'est

1. "Unlawful Corporate Payments Act of 1977", House of Representatives, 28 septembre 1977.
2. Statement of Senator Frank Church before the subcommittee on Multinational Corporations of the Senat Committee on Foreign Relations, 94th Congress 1 (1975).

pas interdit par notre législation[1]." À l'époque, aux États-Unis, on peut donc corrompre mais à condition de le faire en toute transparence. Seule exception distinguée par la loi : la corruption en vue de s'assurer le monopole d'un marché.

Alors, suffit-il d'en appeler à la conscience et à la morale des entrepreneurs ? Non, estiment les sénateurs qui craignent que ces mauvaises pratiques ne perdurent si rien ne change. Pourquoi les entreprises s'en priveraient, après tout, elles ne risquent pas grand-chose. Minimum de risque, maximum de gain : le jeu en vaut la chandelle. Le sénateur démocrate William Proxmire remarque d'ailleurs qu'aucun dirigeant n'est allé en prison et que seulement trois patrons ont été virés pour des faits de corruption. Pis, malgré la litanie de scandales, regrette-t-il, une entreprise comme Lockheed Aircraft continue à engranger des profits. Conclusion : il faut changer la loi et interdire la corruption des agents publics étrangers.

D'autant qu'une telle loi, assurent les sénateurs, doit renforcer le leadership mondial des États-Unis et même se transformer en atout concurrentiel pour les entreprises américaines. Lesquelles pourront ainsi exposer leur haut niveau éthique et prouver qu'elles remportent des contrats uniquement parce que leurs produits sont les meilleurs. Toutefois, la médaille a son revers. Comment s'assurer que cet atout en or ne se transforme pas en plomb face à des concurrents non soumis au droit américain ? Il n'y a qu'un moyen : qu'ils suivent les mêmes règles.

---

1. Statement of Senator William Proxmire, chairman subcommittee on Banking, Housing and Urban Affairs, "Foreign and Corporate Bribes", 94th Congress (1976).

Les Américains espèrent donc que les autres pays seront contraints par la force des choses de suivre *(perforce be constrained to follow*[1]*)* leur exemple. Ils comptent d'ailleurs les aider à emprunter cette voie, notamment en intégrant la lutte contre la corruption dans les négociations sur les traités de commerce international. En 1977, le Congrès vote une résolution pour un règlement multilatéral de la corruption. Deux décennies plus tard, l'objectif est atteint. L'OCDE adopte une convention de lutte contre la corruption d'agents publics étrangers (nous y reviendrons).

Mais retour à la première étape : le vote de la loi américaine en 1977. Les sénateurs s'interrogent : faut-il opter pour un texte qui oblige les entreprises à déclarer les pots-de-vin ou qui les interdise purement et simplement ? À l'époque, le gouvernement adopte une approche en douceur. Sa principale crainte est de ne pas parvenir à récupérer suffisamment de preuves à l'étranger. Certains États pourraient refuser de coopérer au nom de leurs intérêts et de leur souveraineté, d'autres se sentir offensés si les sanctions frappent des entreprises qui ont une activité sur leur territoire.

Le groupe de travail installé par le président Gerald Ford en 1976 et piloté par le secrétaire au Commerce Elliot Richardson milite donc pour une législation peu contraignante[2]. Le président américain opte pour une loi qui oblige seulement les entreprises à déclarer les dessous-de-table. En cas de non-respect, le contrevenant s'expose

---

1. *Ibid.*
2. Prohibiting Bribes to Foreign Officials, Letter from Elliot Richardson, US Secretary of Commerce to Senator William Proxmire, 94th Congress 19 (1976).

à des sanctions civiles et pénales. Une telle approche obligerait les entreprises à informer leurs actionnaires. Voilà pour le volet répressif, il est extrêmement limité et ne concerne que le marché domestique. Dans ses interventions internationales, Gerald Ford promeut la concertation et invite les partenaires commerciaux de l'Amérique à s'entendre sur un code de bonnes conduites[1].

Son principal opposant, le démocrate Jimmy Carter, est en total désaccord. Il trouve la réponse du président trop molle, trop laxiste envers les entreprises et leurs dirigeants. Pendant la campagne présidentielle de 1976, le candidat Carter attaque l'administration Ford. Il lui reproche en quelque sorte de légaliser la corruption. Une fois élu président, Carter abandonne le projet de Ford et criminalise la corruption. La Chambre des représentants "pense que l'approche criminelle est le moyen de dissuasion le plus efficace, le moins contraignant pour les entreprises[2]"...

En décembre 1977, la loi S. 305 dite Foreign Corrupt Practices Act est votée. Toutefois, les critiques sont nombreuses. L'une d'elles revient en boucle : comment appliquer une loi qui sanctionne des actes ayant lieu à l'étranger, le plus souvent dans des pays qui ne partagent pas le même type de législation ? Dès l'adoption du FCPA, l'extraterritorialité pose problème. Le locataire de la Maison Blanche en est parfaitement conscient. Il appelle donc la communauté internationale à coopérer et espère que de nombreux pays adopteront une législation

1. Gerald R. Ford, "Remarks Announcing New Initiatives for the Task Force on Questionable Corporate Payments Abroad", Memorandum, 14 juin 1976.
2. H.R. Rep NO. 95-640, at 6 (1977), *in* "1977 Legislative History – House Report – Department of Justice", PDF.

similaire[1]. Jimmy Carter entend néanmoins les arguments des entreprises américaines qui dénoncent une distorsion de concurrence : les compétiteurs étrangers, eux, ont les mains libres[2].

## Imposer le FCPA au monde

Le FCPA comporte une vingtaine de pages. Il punit[3] la corruption d'agent public étranger en interdisant "à tout émetteur ayant une catégorie de titres enregistrée [...] ou qui est dans l'obligation de soumettre des rapports [...] ainsi qu'à tout dirigeant, administrateur, employé ou représentant d'un tel émetteur ou à tout actionnaire d'un tel émetteur agissant pour son compte, d'utiliser frauduleusement le courrier postal ou tout moyen ou instrument du commerce entre États en vue du paiement de toute somme d'argent ou du don de toute chose de valeur, ou de la proposition, de la promesse, ou de l'autorisation d'un tel paiement ou d'un tel don à tout agent public étranger aux fins d'influencer tout acte ou décision dudit agent public dans l'exercice de ses fonctions, d'inciter ledit agent public à accomplir ou à s'abstenir d'accomplir tout acte en violation de ses obligations juridiques ou de bénéficier de tout avantage indu [...] d'inciter ledit agent public à exercer son influence [...] en vue d'aider ledit émetteur à obtenir ou conserver un marché

1. Presidential Statement on Signing the Foreign Corrupt Practices and Investment Disclosure Bill, 13 weekly Compilation of Presidential Documents 1909, 20 décembre 1977.
2. A. Cuervo-Cazurra, "The Effectiveness of Laws against Bribery Abroad", *Journal of International Business Studies*, vol. 39, 2008.
3. Amendes pour l'entreprise et amendes et prison pour les individus.

quelconque, ou à favoriser l'obtention d'un marché par toute autre personne[1]"…

Le FCPA est par nature extraterritorial. Peu importe le lieu où les faits se sont produits. Pour passer sous les fourches caudines de l'administration judiciaire américaine, il suffit que l'entreprise ciblée ou l'une de ses filiales (ou même un simple bureau commercial) ait un lien quelconque avec les États-Unis – qu'elle réalise ses transactions en dollars par exemple.

Le lien peut être encore plus ténu : un simple courriel. En 2011, la Securities and Exchange Commission (SEC), gendarme de la Bourse, et le Department of Justice (DOJ) infligent une amende de plusieurs millions de dollars à la société de télécommunication hongroise, Magyar Telekom. Les faits de corruption concernent pourtant des marchés en Macédoine et au Monténégro. La société mère de Magyar Telekom, l'Allemande Deutsche Telekom, est également sanctionnée pour défaut de surveillance. Parallèlement, la SEC s'intéresse à trois dirigeants étrangers de Magyar Telekom dont l'ancien PDG, Elek Straub. L'affaire n'a aucun lien avec le territoire américain, pourtant, ces trois hommes se trouvent visés par une enquête de la justice américaine. Pourquoi ? Parce que l'un d'entre eux a évoqué des actes de corruption dans un courriel qui a transité par un serveur installé aux États-Unis ! En décembre 2013, une cour de justice new-yorkaise estime que la SEC est parfaitement habilitée à les poursuivre dans le cadre de la loi FCPA. Autrement dit, l'utilisation d'une messagerie numérique qui

---

1. Paragraphes 78dd-1. Traduction tirée du livre d'Emmanuel Breen, *FCPA. La France face au droit américain de la lutte anti-corruption*, Joly éditions, 2017, p. 34.

possède un serveur situé aux États-Unis place *de facto* l'entreprise, ses dirigeants et ses salariés sous le coup de la législation américaine.

La justice américaine dispose d'une arme infaillible pour ratisser large. Elle poursuit les sociétés étrangères pour "fraude comptable". Une incrimination suffisamment évasive pour fouiller dans les comptes consolidés de la société mère et obtenir ainsi une vue plongeante sur toutes ses filiales. Pratiques, les poursuites pour "fraude comptable" permettent de multiplier les allégations d'infractions : violation de la loi FCPA ; infraction à la législation sur la tenue de la comptabilité *(Books and records)* ; non-respect des obligations de contrôles internes. Plus les incriminations sont nombreuses, plus la note risque d'être salée pour l'entreprise sanctionnée.

## Un début de règne difficile

Jimmy Carter sait que la partie ne sera pas facile. À plusieurs reprises, les États-Unis ont porté la question au plus haut niveau. Sans résultat probant. En 1975, après le vote à l'ONU de la résolution 3514[1] qui condamne toutes les pratiques de corruption violant les lois et les règlements des pays hôtes, les États-Unis invitent les membres de l'organisation à signer un accord international sur le sujet. Le Conseil économique et social de l'ONU en prend note et vote la résolution 2041 le

1. "Mesures visant à empêcher les sociétés transnationales et autres, leurs intermédiaires et autres parties en cause de se livrer à des pratiques de corruption", Assemblée générale de l'ONU du 15 décembre 1975.

5 août 1976, laquelle propose de créer un groupe de travail intergouvernemental sur les pratiques de corruption dans le commerce mondial. Ce groupe fonctionne trois ans durant lesquels il se transforme en "Comité spécial sur les paiements illicites". Le comité rédige un projet d'accord qui propose de sanctionner pénalement l'entreprise comme personne morale. Les États-Unis militent pour la signature du texte. En vain. En 1979, les travaux du comité sont suspendus, faute d'accord général. "Malgré les efforts déployés, surtout par la délégation des États-Unis, aucun consensus ne s'est dégagé en vue d'une déclaration commune[1]…"

Pourquoi un tel revers ? Les pays du Sud n'en sont pas responsables. Peu critiques envers le projet, ils ne participent pas vraiment aux négociations. La division vient du camp occidental. L'accord achoppe sur des questions avant tout juridiques et politiques. Les pays développés bloquent sur leur souveraineté. Quelle juridiction est la plus compétente pour enquêter, poursuivre et réprimer ? Le conflit d'extraterritorialité se trouve déjà au cœur du problème. Personne ne souhaite se faire imposer une législation étrangère pour surveiller ses propres entreprises. "En ce qui concerne les difficultés juridiques, les représentants de plusieurs États ont fait valoir qu'une compétence extraterritoriale était incompatible avec leur droit national[2]." La peur de voir l'Amérique s'ériger en shérif des marchés internationaux pointe déjà.

1. Catherine Yannaca-Small, "Les paiements illicites dans le commerce international et les actions entreprises pour les combattre", *Annuaire français de droit international*, vol. 40, 1994, p. 795.
2. *Ibid.*, p. 795.

Les Américains ne désarment pas pour autant. Ils relancent l'idée par l'entremise de la Chambre de commerce internationale (CCI). Dans un premier temps, elle rédige une étude mondiale recensant les législations nationales qui répriment la corruption. Puis, elle adresse des recommandations aux États et aux entreprises afin qu'ils adoptent des règles de bonne conduite[1]. De nombreuses multinationales s'en inspirent pour rédiger leurs directives internes. Mais cela ne va pas plus loin.

Devant les échecs à l'ONU et à la CCI en 1979, l'administration américaine s'interroge : doit-elle alléger les contraintes sur ses entreprises ou augmenter ses efforts pour imposer le FCPA au monde ? Peut-on, suggère le procureur fédéral Philip Heymann, limiter les poursuites aux entreprises américaines qui recourent à la corruption pour remporter un marché face à une autre entreprise américaine[2] et laisser faire lorsqu'elles affrontent des compétiteurs étrangers ? Jusqu'où assouplir la loi FCPA sans la vider de son sens ? En 1988, certains amendements à la loi FCPA autorisent les cadeaux et avantages offerts à un agent public étranger si la pratique n'est pas illégale dans son pays. Les multinationales américaines jugent ce toilettage largement insuffisant et réclament toujours les mêmes règles pour tous *(level playing field)*. Les lobbyistes américains reprennent alors leur bâton

---

1. "Extortion and Bribery", Chambre de commerce internationale, 1977.
2. Débat cité dans un document de l'OCDE, "Rapport de l'application de la Convention sur la lutte contre la corruption d'agents publics étrangers dans les transactions commerciales internationales et de la recommandation de 1997 sur la lutte contre la corruption dans les transactions commerciales internationales, États-Unis : phase 2", octobre 2002, p. 30-31.

de pèlerin et partent répandre la bonne parole. L'ONU ne voulant pas de leur législation, c'est à l'OCDE qu'ils vont la vendre.

## L'OCDE copie-colle le FCPA

Ainsi commence un long travail de lobbying et de diplomatie juridique. Il aboutit deux décennies plus tard à l'adoption par l'OCDE, le 17 décembre 1997, de la Convention sur la lutte contre la corruption d'agents publics étrangers dans les transactions commerciales internationales. Un texte quasiment plaqué sur le FCPA américain. “L'inspiration que la convention OCDE puise dans le FCPA est perceptible sur au moins quatre points[1]” : périmètre restreint à la corruption d'agents publics étrangers ; limitation à la corruption active (poursuivre le corrupteur et non le corrompu) ; infraction limitée aux actes illégaux dans le but de conserver ou obtenir un marché (pas de corruption privée ; pénalisation des comptes et bilans truqués à des fins de corruption) ; compétence des États au-delà de leurs frontières.

D'emblée, dans son article 5, la convention demande aux signataires d'engager des poursuites même si celles-ci impactent leur politique étrangère. “Les enquêtes et poursuites en cas de corruption d'un agent public étranger sont soumises aux règles et principes applicables de chaque Partie. Elles ne seront pas influencées par des considérations d'intérêt économique national, les effets

---

1. Emmanuel Breen, *FCPA. La France face au droit américain de la lutte anti-corruption*, Joly éditions, 2017, p. 24.

possibles sur les relations avec un autre État ou l'identité des personnes physiques ou morales en cause."

Les Américains ont atteint leur objectif : une grande partie de la planète business adopte leurs standards en matière de lutte contre la corruption. "... les promoteurs du FCPA ont réussi au-delà de toutes leurs espérances : non seulement le FCPA a inspiré directement l'essentiel des conventions internationales et des législations nationales en matière de corruption transnationale, mais il permet aujourd'hui aux États-Unis de discipliner directement bon nombre de sociétés non américaines[1]." Joli coup double : le droit américain se répand sur le monde et place les entreprises étrangères sous la coupe des autorités judiciaires américaines.

Quarante-quatre pays ratifient la convention OCDE dont huit États non membres. Elle entre en vigueur le 15 février 1999. Signe-t-elle le début de l'offensive américaine contre les entreprises étrangères ? En théorie, la justice américaine a toute légitimité pour lancer des enquêtes. Mais dans un premier temps, elle s'en abstient. Et, deux ans plus tard, les attaques terroristes du 11 septembre 2001 ouvrent un nouveau front. Toute l'énergie des dirigeants américains est alors canalisée dans la lutte contre le terrorisme. Lutte avant tout militaire – invasion de l'Afghanistan, puis de l'Irak – mais qui ne va pas tarder à se prolonger sur le terrain économique et financier.

Comment ? En coupant les robinets de financement du terrorisme. D'où l'intérêt porté à la corruption qui génère de l'argent sale susceptible de soutenir les projets

1. *Ibid.*, p. 13.

d'attentats des émules de Ben Laden[1]. Washington lance donc ses limiers dans la traque de cet argent. CIA, NSA, mais aussi et surtout les agents du département du Trésor sont transformés en 007 du business. Leurs cibles ne se limitent pas aux entreprises, aux fondations ou aux ONG du Proche et du Moyen-Orient. Leur mission est de scanner toute la planète économique et financière. Au début des années 2000, les grandes banques et les grands industriels entrent dans leurs écrans radars. Quatre ans plus tard, les premières condamnations tombent et les caisses fédérales se remplissent. Les pénalités passent de moins de 100 millions de dollars annuels à plus de 1,8 milliard de dollars en 2010, sans jamais redescendre sous la barre des 200 millions jusqu'en 2016[2].

Entre-temps la convention de l'OCDE a fait des petits. Le Conseil de l'Europe, qui s'est emparé du sujet dès le début des années 1990, signe une résolution le 6 novembre 1997 contenant Vingt principes directeurs pour la lutte contre la corruption[3] : création de standards, de mécanismes de contrôle et d'aides techniques. Suivent l'Amérique latine avec la Convention interaméricaine contre la corruption de 1997 ratifiée par 33 pays membres sur les 34 de l'Organisation, et l'Afrique avec la convention de l'Union africaine sur la prévention et la

1. Notons qu'à son arrivée à la Maison Blanche, le président Bush junior s'élève contre les prétentions de l'OCDE de s'attaquer aux paradis fiscaux. Pour Washington, il faut distinguer concurrence fiscale et blanchiment d'argent. C'est dire combien, chez les Américains, la lutte contre la corruption est à géométrie variable.
2. Shearman & Sterling LLP, FCPA Digest, janvier 2015 : https://www.shearman.com/perspectives/2015/01/fcpa-digest. Consulté sur internet le 11 février 2018.
3. Résolution 24 (97), Comité des ministres du Conseil de l'Europe, 101e session.

lutte contre la corruption adoptée en 2003. Un absent de taille : l'Asie qui ne possède pas de convention régionale dans ce domaine[1]. Quant à l'ONU, après l'échec des années 1970, elle vote une résolution à Mérida (Mexique) le 31 octobre 2003 qui crée la convention des Nations unies contre la corruption, dite de Mérida[2]. Ce texte n'apporte pas d'éléments vraiment nouveaux par rapport aux conventions précédemment signées. Il a toutefois l'avantage de concerner une large audience (plus de 170 pays) et d'engager les États à s'entraider dans les enquêtes et à coopérer juridiquement.

---

1. Voir *La Lettre de Transparence*, n° 37, juillet 2008.
2. Résolution de l'Assemblée générale 58/4 adoptée le 31 octobre 2003, entrée en vigueur en décembre 2005, ratifiée par plus de 170 États.

## 2

## ÉDICTER DES LOIS POUR IMPOSER DES SANCTIONS ÉCONOMIQUES

Abattre le régime castriste et effacer l'humiliation subie lors du débarquement dans la baie des Cochons (1961), tels sont les objectifs que les États-Unis nourrissent à l'égard de Cuba depuis plus d'un demi-siècle. Pour ce faire, Washington se bat sur le terrain économique. Dès 1962, l'Amérique décrète l'embargo contre Cuba[1], elle veut étouffer son économie pour inciter la population à renverser le gouvernement castriste. Pourtant, l'histoire montre que "les sanctions ne parviennent généralement pas à modifier le comportement des États étrangers[2]".

Le blocus économique et commercial n'a donc jamais atteint ses buts. Jusqu'en 1989, Cuba a été soutenue économiquement par l'Union soviétique sans pour autant que le niveau de vie de ses habitants n'atteigne les standards occidentaux. L'embargo américain s'avère peu efficace… jusqu'à la chute du grand frère soviétique en 1991. S'ouvre alors une période difficile : l'île doit se débrouiller seule. Les Américains en profitent pour accentuer son

1. The Foreign Assistance Act, 1961.
2. Gary Clyde Hufbauer, Jeffrey J. Schott, Kimberly Ann Elliott, Barbara Oegg, *Economic Sanctions Reconsidered*, Peterson Institute for International Economics, 2009, p. 7.

isolement économique. Ils veulent agir vite, avant que les premiers signes d'ouverture politique et économique ne donnent des résultats : "Frapper l'ennemi quand il devient vulnérable, c'est être rationnel[1]." Dès 1992, le gouvernement cubain lance une série de réformes. Il met notamment fin au monopole public du commerce extérieur[2]. La même année, le Congrès américain vote le Cuban Democracy Act[3] présenté par le représentant démocrate Robert Torricelli et largement inspiré par le lobby anticastriste de Floride. Comme son titre l'indique, cette loi prétend œuvrer pour imposer la démocratie dans l'île. Aussi interdit-elle aux filiales étrangères des entreprises américaines de commercer avec Cuba. La Maison Blanche encourage également ses alliés à réduire au maximum leurs échanges commerciaux avec Cuba[4].

Quatre ans plus tard, le 12 mars 1996, le Congrès récidive[5]. Il vote le Cuban Liberty and Democratic Solidarity (Libertad) Act, plus connu sous le nom des deux parlementaires qui l'ont élaboré : la loi Helms-Burton. Jesse Helms est sénateur républicain de Caroline du Nord, un pur produit du conservatisme américain, fervent partisan

---

1. Ariel Colonomos, "La modernité d'un archaïsme : l'embargo cubain au défi des critiques adressées à la loi Helms-Burton", *Les Études du CERI*, n° 63, mars 2000. https://spire.sciencespo.fr/hdl:/2441/1d1vlhp8p7t3k7k96idb5ikp4/resources/etude63.pdf.
2. Rémy Herrera, Isaac Joshua, "La contrainte extérieure cubaine", Trajectoires latino-américaines. Regards sur Cuba, *Revue Tiers Monde*, t. 43, n° 171, 2002, p. 517-534.
3. https://web.archive.org/web/20000817063245/http://www.state.gov/www/regions/wha/cuba/democ_act_1992.html.
4. Cuban Democracy Act 1992, section 1704, *ibid.*
5. Matt Peppe, "Repealing the US Embargo on Cuba: The Legislative Process in the US Congress", *Global Research*, 12 janvier 2015. http://www.globalresearch.ca/repealing-the-us-embargo-on-cuba-the-legislative-process-in-the-us-congress/5424312.

du pouvoir blanc et peu sensible aux revendications des minorités américaines. Dany Lee Burton est représentant républicain de l'Indiana, opposant acharné de l'administration Clinton.

La loi Helms-Burton renforce l'embargo institué en 1962 et interdit les relations commerciales avec l'île des Caraïbes, non seulement aux individus et aux entreprises américains mais également aux individus et entreprises étrangers. Cette loi prétend "aider le peuple cubain à recouvrer sa liberté et sa prospérité" ; "encourager l'organisation d'élections démocratiques libres et régulières à Cuba" ; "renforcer les sanctions internationales contre le gouvernement castriste" ; "protéger les ressortissants américains contre les confiscations et le trafic illégal de biens confisqués par le régime castriste[1]".

Washington en est parfaitement conscient, la loi Helms-Burton bafoue l'une des règles fondamentales des relations internationales – la non-ingérence dans les affaires intérieures d'un pays –, mais s'en moque. Dans son titre II, la loi anticipe d'ailleurs l'après-castrisme. Intitulé "Aides à un État cubain libre et indépendant", il prévoit la nomination d'un gouvernement de transition suivi d'un gouvernement démocratiquement élu (articles 205 et 206). Du moins, selon les critères américains. C'est un gouvernement qui ne comprend aucun membre de la famille Castro, qui ne brouille plus les émissions de Radio Martí et de Tele Martí[2], qui indemnise les citoyens américains expropriés après la révolution castriste et enfin

1. Michel Cosnard, "Les lois Helms-Burton et D'Amato-Kennedy, interdiction de commercer avec et d'investir dans certains pays", *Annuaire français de droit international*, vol. 42, 1996, p. 33-61.
2. Une radio et une télévision installées à Miami, subventionnées par le gouvernement américain pour diffuser une propagande anticastriste.

qui adopte les règles de l'économie de marché. Sans surprise, le gouvernement castriste est voué aux gémonies.

Ce n'est pas un hasard si la loi est discutée en 1996, en pleine campagne présidentielle. Pour ses deux promoteurs, l'occasion est trop belle de déstabiliser la candidature du président démocrate Bill Clinton, qui se présente pour un second mandat. Cette loi s'inscrit dans une surenchère électorale qui vise à montrer que le Parti républicain est le véritable défenseur des intérêts du pays. Bill Clinton y est défavorable, néanmoins il la signe à contrecœur afin de ne pas prêter le flanc aux critiques de l'opposition[1].

La loi Helms-Burton est divisée en quatre volets. Le premier est consacré au "renforcement des sanctions internationales contre le gouvernement de Castro" ; le deuxième, au soutien d'un futur gouvernement qui sied aux Américains ; le troisième et le quatrième, aux sanctions. Ces deux derniers volets traitent également des réparations accordées aux ressortissants américains lésés par les expropriations révolutionnaires des années 1960.

Notons l'emploi du terme anglais *trafficking* pour évoquer le commerce entre Cuba et les entreprises étrangères. Terme qui désigne habituellement des trafics illégaux de drogue ou de prostitution, choisi à dessein par le Congrès pour qualifier péjorativement l'ensemble des relations économiques de l'île et dissuader ainsi toutes les entreprises de commercer avec elle. Le chantage destiné aux firmes européennes est à peine voilé. L'article 4 considère toute entreprise ayant des liens avec Cuba comme

1. Il signe après que des avions de chasse cubains ont abattu le 24 février 1996 des aéronefs d'une organisation d'opposition au gouvernement.

un trafiquant. Le trafiquant est donc celui qui se livre à un "trafic" direct ou indirect avec les Cubains, c'est-à-dire qui "vend, transfère, distribue, répartit, fait des opérations financières [...] gère ou dispose de toute autre manière de biens confisqués ou achète, prend à bail, reçoit, possède, obtient le contrôle, gère, utilise ou de toute façon acquiert ou détient des intérêts dans des biens confisqués[1]..." ayant appartenu à un Américain avant la révolution. Dans les faits, cela concerne quasiment tous les biens et services cubains, puisqu'ils ont été nationalisés par le gouvernement dans la foulée de la révolution. Ce qui fait de la loi Helms-Burton un redoutable outil au service des intérêts économiques américains. La loi précise les modalités de calcul des indemnisations que les citoyens expropriés peuvent réclamer devant la justice américaine. Elle indique également que ledit "trafiquant" peut se voir refuser l'obtention d'un visa pour les États-Unis, tout comme les membres de sa famille. "Étapes logiques, soutient le représentant républicain de la Louisiane Bob Livingston, qui devraient obliger les multinationales à opérer un choix fondamental : ignorer les droits de propriété américains et maintenir leurs relations d'affaires avec Castro ou leur accès au plus grand marché du monde[2]."

1. Traduction tirée de l'article de Brigitte Stern, "Les lois Helms-Burton et D'Amato : une analyse politique et juridique", Europa-Institut der Universität des Saarlandes, 1997, p. 2-3. https://europainstitut.de/fileadmin/schriften/363.pdf.
2. Déclaration du représentant Bob Livingston, 142 Cong. Rec. H 1731, 6 mars 1996. https://www.gpo.gov/fdsys/pkg/CREC-1996-03-06/pdf/CREC-1996-03-06-house.pdf.

## L'Iran et la Libye dans le viseur américain

Dans la foulée de la loi Helms-Burton, le Congrès vote le 5 août 1996 l'Iran and Libya Sanctions Act. Plus connue, elle aussi, sous le nom de ses deux auteurs : D'Amato-Kennedy. Alfonse D'Amato est sénateur républicain de l'État de New York et Patrick J. Kennedy, représentant démocrate de Rhode Island. C'est au tour de l'Iran et de la Libye d'être mis en quarantaine économique. Cette loi est censée priver les deux pays des moyens de financer le terrorisme international ainsi que de se procurer des armes de destruction massive. Elle met particulièrement la pression sur la Libye afin d'obliger le colonel Kadhafi à respecter les résolutions 731, 748 et 883 du Conseil de sécurité des Nations unies. Lesquelles portent sur la responsabilité de la Libye dans les attentats contre deux avions de transport civil. Au moins la loi D'Amato-Kennedy s'appuie-t-elle sur des bases légales et internationales. La Libye se trouve dans le collimateur des Nations unies depuis le crash d'un avion de la Pan Am qui a explosé en 1988 au-dessus de Lockerbie (Écosse) et un attentat contre un avion d'UTA qui s'est écrasé au Niger en 1989.

D'Amato-Kennedy punit les entreprises et les dirigeants qui auront investi en Iran ou en Libye plus de 40 millions de dollars par an (en un ou plusieurs versements), investissement qui soutient directement ou indirectement le secteur pétrolier ou gazier de l'un ou l'autre pays. Sont également visés tous les investissements qui contreviennent au non-respect des résolutions des Nations unies. Si la loi Helms-Burton contre Cuba est en partie attribuée au puissant lobby des exilés cubains en Floride, la loi D'Amato-Kennedy est le fruit, selon Alain-Marc

Irissou, ancien directeur juridique de Total, d'une forte action du lobby pro-israélien. Le cadre du pétrolier français note que le sénateur Alphonse D'Amato accueille dans sa circonscription de New York la plus forte communauté juive des États-Unis. “Cette communauté est représentée par la très influente association American Israel Public Affairs Committee [...]. L'AIPAC a violemment dénoncé le contrat conclu par Total[1]...”

Les lois Helms-Burton et D'Amato-Kennedy prétendent frapper Cuba, l'Iran et la Libye au portefeuille. Mais également toutes les entreprises américaines ou étrangères qui ne respecteraient pas les embargos. Les contrevenants (individus et entreprises) risquent de se retrouver dans la liste de la mort économique, la Specially Designated Nationals[2] (SDN). Elle est établie par l'Office of Foreign Assets Control[3] (OFAC), le bras armé du département du Trésor auquel il est rattaché. L'OFAC est chargé d'appliquer les sanctions contre les pays sous embargo. Intégrer la liste SDN implique l'exclusion des marchés américains et par ricochet de l'ensemble des marchés car les États-Unis interdisent à quiconque d'être en relation d'affaires avec un individu ou une entreprise inscrits sur cette liste.

---

1. Communication d'Alain-Marc Irissou, *in* Habib Gherari, Sandra Szurek (sous la dir.), *Sanctions unilatérales, mondialisation du commerce et ordre juridique international*, Cedin-Paris X Nanterre, Montchrestien, 1998, p. 114.
2. Le nom complet de cette liste est : Specially Designated Nationals And Blocked Persons List. https://www.treasury.gov/resource-center/sanctions/SDN-List/Pages/default.aspx.
3. Missions et pouvoirs de l'OFAC établis par le Trading with the Enemy Act of 1917. https://www.gpo.gov/fdsys/granule/USCODE-2011-title50/USCODE-2011-title50-app-tradingwi.

## L'arrêt fondateur de l'extraterritorialité des lois

Votées par le Congrès américain, les lois Helms-Burton et D'Amato-Kennedy sont-elles légales au regard du droit international public qui régit les relations entre États indépendants ? D'éminents juristes se penchent depuis des décennies sur cette notion d'extraterritorialité du droit (ou application extraterritoriale du droit national), notamment Brigitte Stern[1]. Le 7 septembre 1927, la Cour permanente de justice internationale (CPJI) a statué sur la compétence des États et des tribunaux nationaux en promulguant un arrêt dit "du *Lotus*". L'affaire mérite qu'on s'y arrête.

*Lotus* est le nom d'un paquebot français qui, en août 1926, a abordé en haute mer un vapeur charbonnier turc, le *Boz-Kourt* – abordage qui coûta la vie à huit ressortissants turcs et fit couler le vapeur. L'officier de quart fut arrêté, jugé et condamné par les autorités turques. La France défendit la thèse dite du pavillon, selon laquelle le jugement d'un homme commettant un crime en haute mer est de la compétence de l'État possédant le bâtiment, en l'occurrence français, auquel est rattachée cette personne ; la Turquie prôna celle de la compétence universelle à partir du moment où la victime est turque. Leur différend fut soumis à la CPJI qui trancha en faveur de la Turquie. La rédaction de cet arrêt est si alambiquée qu'on perçoit la difficulté qu'ont eue les rédacteurs à trancher définitivement cette question : "Il ne s'ensuit pas que le

---

1. Brigitte Stern, "Vers la mondialisation juridique ? Les lois Helms-Burton et D'Amato-Kennedy", *RGDIP*, 1996, p. 979-1003 ; Jean-Marc Sorel, "Remarques sur l'application extraterritoriale du droit national à la lumière de la législation américaine récente", *Revue juridique de l'Ouest*, n° 4, 1996, p. 415-440.

droit international défend à un État d'exercer, sur son propre territoire, sa juridiction dans toute affaire où il s'agit de faits qui se sont passés à l'étranger et où il ne peut s'appuyer sur une règle permissive du droit international [...]. Loin de défendre d'une manière générale aux États d'étendre leurs lois et leur juridiction à des personnes, des biens et des actes hors du territoire, il leur laisse, à cet égard, une large liberté, qui n'est limitée que dans quelques cas par des règles prohibitives ; pour les autres cas, chaque État reste libre d'adopter les principes qu'il juge les meilleurs et les plus convenables. C'est cette liberté que le droit international laisse aux États qui explique la variété des règles qu'ils ont pu adopter sans opposition ou réclamations de la part des autres États[1]."

Autrement dit, selon l'arrêt *Lotus*, tout ce qui n'est pas interdit en droit international est autorisé. Comprendre : le droit international public n'interdit pas les lois extraterritoriales, mais cela ne signifie pas non plus qu'il les autorise. C'est ce vide que le droit international s'évertue de combler par des conventions et des traités internationaux. Ainsi, la convention des Nations unies sur le droit de la mer, signée à Montego Bay le 10 décembre 1982, limite l'extraterritorialité dans le cas des incidents de navigation ayant lieu en haute mer, soit dans les eaux internationales : la justice compétente est celle du pavillon du navire, de la nationalité du capitaine ou de la personne visée par les éventuelles poursuites (art. 97).

En théorie donc, une loi nationale peut avoir des effets internationaux. Toutefois, une telle législation doit réunir un certain nombre de conditions pour qu'un État soit

---

1. CPJI, *Affaire du Lotus* (France/Turquie), arrêt du 7 septembre 1927, série A, n° 10, p. 19.

autorisé à l'appliquer au-delà de ses frontières[1]. Le droit international distingue cinq compétences (ou chefs de compétence[2]) qui autorisent un État à édicter une législation nationale à caractère extraterritorial.

La première est la compétence personnelle active. Elle permet de poursuivre des ressortissants nationaux pour des faits commis en dehors du territoire. Remarquons que les lois Helms-Burton et D'Amato-Kennedy visent des étrangers, individus ou entreprises.

La deuxième est la compétence personnelle passive. Un État peut exercer sa juridiction en dehors de son territoire dès lors que l'un de ses ressortissants est victime d'un acte illicite commis par un étranger. Toutefois, le droit international précise que cette compétence doit s'exercer avec circonspection et généralement en matière pénale. Or, les lois américaines se positionnent à la fois sur les responsabilités civile et pénale des personnes et des entreprises poursuivies.

Troisième compétence, dite de sécurité : l'État a le droit de voter des lois protégeant ses intérêts vitaux, où qu'ils se trouvent, et sa sécurité nationale. Si l'on voit mal en quoi Cuba menace les intérêts vitaux de l'hyperpuissance américaine, on comprend que celle-ci veuille empêcher la Libye et l'Iran de soutenir les groupes terroristes susceptibles de lui porter atteinte.

---

1. Michel Cosnard, "Les lois Helms-Burton et D'Amato-Kennedy, interdiction de commercer avec et d'investir dans certains pays", *Annuaire français de droit international*, vol. 42, 1996, p. 33-61. https://www.persee.fr/doc/afdi_0066-3085_1996_num_42_1_3370.
2. Albane Geslin, "La position de la France en matière d'extraterritorialité du droit économique national", *Revue juridique de l'Ouest*, 1997, n° 4, p. 411-467. https://www.persee.fr/doc/juro_0990-1027_1997_num_10_4_2405.

Quatrième compétence, dite des effets substantiels : un État est autorisé à exercer sa juridiction pour éviter les effets substantiels sur son territoire d'un acte commis en dehors de ses frontières. La loi Helms-Burton par exemple s'appuie sur cette compétence qu'elle justifie ainsi : "le droit international reconnaît qu'une nation a le pouvoir d'édicter des règles de droit en ce qui concerne des actes hors de son territoire qui ont, ou dont l'auteur sait qu'ils auront un effet substantiel à l'intérieur de son territoire" (art. 301). Là encore, les Américains développent une interprétation très large de la notion d'"effets substantiels[1]". Le droit international précise que la réaction de l'État doit être raisonnable et que l'État doit avant tout juger si les effets substantiels qui impactent son territoire sont intentionnels et directs. Dans le cas de la loi Helms-Burton, on peine à distinguer les effets substantiels des nationalisations industrielles, commerciales et bancaires de la révolution castriste sur le territoire des États-Unis. Les expropriations des capitaux américains ont-elles pour but intentionnel de nuire à l'Amérique ? La réponse est loin d'être évidente. En outre, la loi Helms-Burton est muette sur cet aspect et n'avance ni justification ni preuve sur les prétendus plans maléfiques des Cubains. Ce n'est d'ailleurs pas l'État fédéral américain qui est lésé par ces expropriations mais les particuliers qui ont été dépouillés de leurs biens. Bref, dans le cas cubain, les arguments américains sont assez faibles pour étayer la thèse des effets substantiels que la loi met en avant. De même les rédacteurs de la loi D'Amato-Kennedy n'ont pas été en mesure

1. Traduction de Michel Cosnard, *in* "Les lois Helms-Burton et D'Amato-Kennedy, interdiction de commercer avec et d'investir dans certains pays", *Annuaire français de droit international*, vol. 42, 1996, p. 40.

d'évaluer les effets substantiels des activités économiques de la Libye et de l'Iran sur le territoire américain.

Cinquième compétence, dite universelle. Elle autorise les États à appliquer leur législation à toute personne qui menace la communauté internationale. La lutte contre le terrorisme entre parfaitement dans ce cadre. Et les Américains ne se privent pas d'y recourir : aussi la loi D'Amato-Kennedy s'appuie-t-elle à plusieurs reprises sur les résolutions des Nations unies à l'encontre de la Libye. En revanche, le législateur américain a plus de mal à présenter Cuba comme une menace pour la sécurité internationale. Les manquements de son gouvernement aux droits de l'homme sont largement insuffisants pour évoquer la compétence universelle.

En résumé, les lois extraterritoriales américaines sont contestables au regard des coutumes et du droit international public. Ce qui ne signifie pas qu'elles soient hors la loi pour autant. On a vu que le droit public international autorise un État à édicter des normes juridiques qui s'appliquent en dehors de son territoire. C'est sur cette base que les Américains justifient leur interventionnisme juridico-économique. Le problème, c'est qu'ils en abusent. "Les États-Unis se sont attribué unilatéralement la possibilité de sanctionner les violations du droit international sans habilitation de la part de la communauté internationale, écrit Michel Cosnard. La mondialisation a ainsi franchi un pas de plus, puisque les États-Unis se sont arrogé une compétence générale d'application du droit international[1]."

Avec sa législation extraterritoriale, censée protéger la sécurité et les intérêts américains, Washington mène des

1. *Ibid.*, p. 44.

guerres économiques contre ses ennemis et enrôle de force ses alliés, quitte à ce que ces derniers en subissent les effets collatéraux. Un blocus, pour être efficace, doit être total, mais il ne faudrait pas que les entreprises concurrentes profitent de l'occasion pour rafler des parts de marché au détriment des entreprises américaines. L'embargo, c'est une politique de la terre brûlée. Rien ne doit repousser sans Coca-Cola, Amazon, McDonald, Boeing et autres multinationales américaines. L'objectif vise donc à créer ce que les marchés détestent le plus, un état permanent d'incertitude juridico-économique afin de décourager quiconque d'investir dans les pays en question. Ainsi, les États-Unis s'ingèrent autant dans la politique intérieure des États ciblés que dans la politique étrangère des États tiers. *In fine*, ces lois extraterritoriales renforcent leur propre puissance : "Si les lois américaines visent incontestablement au renforcement des sanctions à l'égard de trois États (Cuba, Iran, Libye), le mécanisme particulièrement sophistiqué mis en place est surtout révélateur d'une nouvelle manifestation de la prétention des États-Unis à l'hégémonie[1]…", commente Sandra Szurek.

## L'Amérique, seule contre le monde

Le vote au Congrès des lois Helms-Burton et D'Amato-Kennedy a déclenché une vague de mécontentement dans le monde. Les États et les organisations multilatérales

1. Sandra Szurek, "Le recours aux sanctions", *in* Habib Gherari, Sandra Szurek (sous la dir.), *Sanctions unilatérales, mondialisation du commerce et ordre juridique international*, Cedin-Paris X Nanterre, Montchrestien, 1998, p. 36.

ont été outrés par la prétention des États-Unis à faire la loi économique sous couvert de préserver leur sécurité et leurs intérêts. "L'objectif ouvertement poursuivi, écrit Brigitte Stern, par l'utilisation de l'arme économique par les deux lois est donc *d'ordre politique* : isoler Cuba pour favoriser la démocratie, priver l'Iran et la Libye de l'argent nécessaire pour financer le terrorisme international et le développement de leur industrie d'armement. Mais il n'est pas certain que derrière ces objectifs avoués ne se dissimulent pas également des *préoccupations économiques*, dans la guerre commerciale sans merci à l'échelle planétaire que se livrent les États-Unis, l'Europe et le Japon[1]."

Les reproches des alliés de Washington se focalisent essentiellement contre la loi Helms-Burton, la communauté internationale ayant sanctionné à plusieurs reprises la Libye et l'Iran (D'Amato Kennedy). Dès la promulgation des lois américaines, les condamnations se multiplient au Canada, en Europe, au Japon, en Russie, en Chine mais aussi en Égypte et au Moyen-Orient[2]. Le 8 août 1996, le journal égyptien *Al-Ahram* dénonce un gouvernement américain qui impose ses volontés à ses propres alliés au nom de la lutte contre le terrorisme. Le journal d'opposition *Al-Wafd* est plus sévère : "En signant ce projet de loi, le président des États-Unis abandonne sa position de leader du monde démocratique. Il nous ramène au Moyen Âge, et agit comme un pape

---

1. Brigitte Stern, "Les lois Helms-Burton et D'Amato : une analyse politique et juridique", Europa-Institut der Universität des Saarlandes, 1997, p. 5. https://europainstitut.de/fileadmin/schriften/363.pdf.
2. Serge Marti, "Le terrorisme, alibi de la guerre commerciale", *Le Monde*, 23 août 1996.

catholique romain en excommuniant toute société étrangère qui investit plus de 40 millions de dollars dans le pétrole ou la production de gaz en Libye ou en Iran[1]." Au même moment, Dick Spring, ministre irlandais des Affaires étrangères, estime que cette loi est extrêmement inquiétante et néfaste aux relations entre l'Europe et les États-Unis. Tim Fisher, ministre australien du Commerce, dénonce le principe même de la loi D'Amato-Kennedy, selon lui erroné. Ievgueni Primakov, ministre russe des Affaires étrangères, est plus direct : cette loi est inacceptable et ne participe pas à la stabilisation et à la paix au Moyen-Orient.

Parmi les proches alliés de Washington, c'est la Turquie, membre de l'Otan, qui est la plus hostile à la loi D'Amato-Kennedy. À l'époque, Ankara vient tout juste de signer un accord commercial avec Téhéran : un contrat de livraison de gaz de 23 milliards de dollars, d'une durée de vingt-deux ans, mais aussi la construction d'un gazoduc entre la ville de Tabriz, située au nord-ouest de l'Iran, et la frontière turque. Un partenariat qui pourrait augmenter de 1 milliard de dollars par an les revenus de Téhéran. D'autre part, les deux capitales se sont engagées à accroître leurs échanges commerciaux annuels, qui passeront de 960 millions de dollars à 2,5 milliards. Bref, la loi D'Amato-Kennedy tombe très mal pour les Turcs.

Qu'en est-il des alliés de Washington et de Pékin ? "Personne de ce côté-ci de l'Atlantique ne veut s'engager dans

---

1. Cité dans Patrick Seale, "Worlwide Angers Erupts Over D'Amato-Kennedy Act", *Washington Report on Middle East Affairs*, octobre 1996, p. 23. https://www.wrmea.org/1996-october/worldwide-angers-erupts-over-d-amato-kennedy-act.html.

une « guerre commerciale » contre les États-Unis ou risquer d'être victime des sanctions américaines. À l'instar des Européens, les Canadiens, les Chinois et les autres ne veulent pas céder de terrain aux Américains, à ce qu'ils considèrent comme un assaut commercial agressif des marchés mondiaux[1]." Comment alors contrer la charge juridique américaine ?

Très vite, l'assemblée générale de l'Organisation des États africains (OEA) sollicite son comité juridique qui conclut le 23 août 1996 que la loi Helms-Burton est contraire au droit international. Le 4 septembre 1996, au sommet de Cochabamba, les chefs d'État d'Amérique latine condamnent fermement la loi américaine. Le 12 novembre 1996, l'Assemblée générale des Nations unies adopte à une très large majorité (137 voix pour, 3 voix contre, 25 abstentions) une résolution contre l'embargo unilatéral qui vise Cuba et exige l'abrogation de la loi Helms-Burton pour atteinte portée à la liberté du commerce dans le monde. La veille, lors du sixième sommet ibéro-américain, vingt et un chefs d'État et de gouvernement (des pays d'Amérique et d'Europe de langues espagnole ou portugaise) demandent à Washington de renoncer à sa législation contre Cuba. Ils considèrent qu'elle remet en cause le principe fondamental de la souveraineté des États. En échange de ce soutien, Fidel Castro signe la déclaration finale du sommet qui vante la pluralité politique et les élections libres.

C'est au tour des plus grandes puissances économiques de réagir. Lors du sommet du G7 qui s'est tenu à Lyon en juin 1996, elles désapprouvent le recours à l'unilatéralisme économique de Washington. Le secrétariat de

---

1. *Ibid.*

l'Organisation mondiale du commerce (OMC) entre lui aussi dans la danse : il est "essentiel que les États-Unis et leurs partenaires découragent le recours accru au bilatéralisme et à l'unilatéralisme[1]".

Quant à la France, elle opérait depuis des mois en coulisse pour dissuader les parlementaires américains. En vain. "Par un jeu diplomatique assez classique fait de démarches discrètes tant auprès de l'Administration qu'auprès des parlementaires du Congrès, la France a tenté, avec ses partenaires, d'éviter l'adoption des deux propositions de loi." Ainsi s'exprime Denys Wibaux, sous-directeur des affaires juridiques au ministère des Affaires étrangères[2]. Le haut fonctionnaire précise que plusieurs courriers ont été adressés aux membres des commissions du Congrès afin de les alerter sur l'illégalité de ces lois qui contreviennent aux engagements pris par les États-Unis dans les traités de libre-échange, notamment l'accord de Marrakech qui a institué l'OMC en 1994. La retenue française ne paie pas. Mais Paris ne désespère pas pour autant. Certes, les lois ont été votées mais les diplomates maintiennent "la pression sur le gouvernement des États-Unis pour éviter les inconvénients de leur mise en œuvre[3]"…

---

1. Jean-Claude Buhrer, Françoise Lazare, "L'OMC et l'OCDE mettent en gardent les États-Unis", *Le Monde*, 14 novembre 1996.
2. Denys Wibaux, "Un point de vue étatique. Le gouvernement français et les lois américaines", *in* Habib Gherari, Sandra Szurek (sous la dir.), *Sanctions unilatérales, mondialisation du commerce et ordre juridique international*, Cedin-Paris X Nanterre, Montchrestien, 1998, p. 131-132.
3. *Ibid.*, p. 133.

## Contre-attaque des alliés de Washington

Voilà pour les protestations verbales. Sur le front juridique, Canadiens, Européens et Mexicains résistent et contre-attaquent en pointant une violation flagrante du droit international – ils sont tout particulièrement dans le collimateur américain. Le 9 octobre 1996, les premiers apportent des modifications à une loi datée de 1985 pour protéger leurs entreprises[1]. Le 24 octobre 1996, c'est au tour du Mexique de voter une loi pour contrer les législations américaines[2]. Et le 22 novembre, le Conseil de l'Union européenne adopte "un règlement portant protection contre les effets de l'application extraterritoriale d'une législation adoptée par un pays tiers, ainsi que les actions fondées sur elle ou en découlant" (n° 2271/96).

Sur le papier, ce règlement apparaît comme une véritable loi antiboycott. Seul le Danemark se montre réticent au texte européen. Se référant à la législation américaine, ce règlement considère que "ces lois, règlements et autres instruments législatifs, ainsi que les actions fondées sur eux ou en découlant, affectent ou sont susceptibles d'affecter l'ordre juridique établi et lèsent les intérêts de la Communauté et ceux des personnes physiques ou morales exerçant des droits sous le régime du traité instituant la

---

1. Modifications apportées en 1997 à la Loi sur les mesures extraterritoriales étrangères, datée de 1985. https://laws-lois.justice.gc.ca/fra/lois/F-29/.
2. "Ley de protección al comercio y a la ínversión de normas extranjeras que contravengan el derecho internacional", Loi adoptée pour protéger le commerce et l'investissement [mexicains] des normes étrangères qui contreviennent au droit international.

Communauté européenne[1]". Il fait directement référence aux lois Helms-Burton et D'Amato-Kennedy, mais pas seulement[2]. Il invite les entreprises européennes à la transparence et les oblige à déclarer toutes les sanctions dont elles seraient victimes. Deux ans à peine après son entrée en vigueur, le camp français juge la réaction de Bruxelles largement insuffisante. "On peut observer que ce dispositif communautaire peut paraître assez léger", remarque encore Denys Wibaux[3].

Les lois canadienne, mexicaine et européenne se déploient autour de quatre axes principaux : interdire aux ressortissants desdits pays de se plier aux injonctions américaines ; les sanctionner en cas de manquement ; ignorer les conséquences des décisions législatives américaines et, enfin, mettre en place des contre-mesures[4] visant les entreprises ou les personnes américaines qui ont bénéficié d'un jugement favorable d'un tribunal américain.

Le Règlement européen interdit aux opérateurs économiques de répondre aux injonctions des lois extraterritoriales américaines. "Aucune personne visée [...] ne se conforme, directement ou par filiale ou intermédiaire

---

1. *Journal officiel* n° L 309 du 29/11/1996 p. 0001-0006. Voir https://eur-lex.europa.eu/LexUriServ/LexUriServ.do?uri=CELEX:31996R2271:FR:HTML.
2. Comme le National Defense Authorization Act for Fiscal Year 1993, Title XVII ou le Cuban Democracy Act 1992, sections 1704 et 1706.
3. Denys Wibaux, "Un point de vue étatique. Le gouvernement français et les lois américaines", *op. cit.*, p. 155.
4. Par exemple, sanctionner une entreprise américaine qui a bénéficié d'un jugement favorable de la part de la justice américaine. Le texte européen prévoit même dans son article 6 de saisir et de vendre les fonds européens de l'entreprise en question.

interposé, activement ou par omission délibérée, aux prescriptions ou interdictions, y compris les sommations de juridictions étrangères[1]", peut-on lire dans l'article 5. Toutefois, il est aussi précisé que la Commission peut autoriser exceptionnellement les personnes morales ou physiques, donc les entreprises, à respecter les demandes d'une juridiction étrangère.

Les législations canadienne (art. 7) et mexicaine (art. 1er) défendent à quiconque (ressortissants nationaux et étrangers présents sur leur territoire) de se soumettre aux lois extraterritoriales étrangères[2].

Deuxième axe : établir des sanctions financières pour toutes les entreprises qui ne respecteraient pas les lois de leur pays et qui répondraient favorablement aux exigences américaines. La loi mexicaine évalue le montant des amendes en fonction de la gravité des lois violées. La réglementation européenne renvoie cette compétence à chaque État membre (art. 9). La loi canadienne inflige une sanction plus sévère que l'Américaine : en 1996, lors de la modification de la loi, l'amende maximale passe de 10 000 dollars à 1,5 million de dollars canadiens pour une entreprise[3]. Le contrevenant à la loi canadienne s'expose également à une peine maximale de cinq ans d'emprisonnement.

Troisième axe : ne pas tenir compte de l'effectivité des lois américaines – art. 4 du Règlement européen ;

---

1. Art. 5, Règlement (CE), n° 2271/96 du Conseil européen.
2. Dulce Maria Cruz Herrera, *États-Unis/Cuba : les interventions d'un empire, l'autodétermination d'un peuple*, Presses de l'université du Québec (PUQ), 2007, p. 210.
3. 150 000 dollars canadiens pour une personne physique (art. 7).

art. 8 de la loi canadienne[1] ; art. 4 de la loi mexicaine[2]. Le Règlement européen est limpide : "Aucune décision d'une juridiction ou d'une autorité administrative extérieure à la Communauté qui donne effet, directement ou indirectement, aux lois citées en annexe ou aux actions fondées sur elles ou en découlant n'est reconnue ou rendue exécutoire de quelque manière que ce soit."

Enfin, quatrième axe : ces lois antidotes autorisent une personne ou une entreprise qui a subi un dommage à demander réparation devant la justice de son pays – art. 6 du Règlement européen ; 9 de la loi canadienne ; 5 de la loi mexicaine. Le tribunal se retourne alors contre le ou les bénéficiaires des actions intentées aux États-Unis et leur réclame des indemnités équivalentes au dommage causé par l'application des lois Helms-Burton ou D'Amato-Kennedy. Le Règlement européen précise que le recouvrement de ces indemnités par la personne visée "pourrait prendre la forme de la saisie et de la vente des avoirs détenus dans la Communauté" par les personnes ou les entités qui l'ont attaquée (art. 6).

Œil pour œil, dent pour dent. Du moins sur le papier ! En réalité, Européens, Canadiens et Mexicains poursuivent les discussions avec les Américains afin d'obtenir des exemptions pour leurs entreprises. Une position qui revient finalement à accepter le fondement des lois américaines de 1996 et à s'y adapter. Une attitude

1. L'article 8(1)a stipule que le procureur général du Canada peut déclarer par arrêté que "le jugement – qu'il porte ou non sur une somme d'argent – ne sera pas reconnu ni exécuté au Canada".
2. Cet article interdit aux tribunaux mexicains d'exécuter une mesure juridique prise dans le cadre d'une loi extraterritoriale qui porte atteinte à la souveraineté et aux intérêts économiques du Mexique.

radicalement différente de celle qui fut adoptée en 1982 face à Ronald Reagan.

Cette année-là, le président américain a voulu étendre l'embargo sur les exportations technologiques vers l'URSS aux filiales européennes des multinationales américaines qui participaient à la construction d'un gazoduc acheminant le gaz sibérien vers l'Europe de l'Ouest. Même la Première ministre britannique Margaret Thatcher, pourtant très proche du président américain, a haussé le ton contre Washington. "La question est de savoir si une nation très puissante peut empêcher des contrats en cours d'arriver à leur terme. Je pense que ce serait mal agir[1]", dit-elle alors. En France, l'entreprise Alstom Atlantique était directement visée par les sanctions car elle fabriquait des pièces pour le gazoduc soviétique sous licence General Electric. En Allemagne, le chancelier Helmut Schmidt déclara que son pays ne tiendrait pas compte des menaces américaines. Soudés, les Européens réunis au sein de la Communauté économique européenne (CEE) ont dénoncé "l'extension extraterritoriale de la législation américaine" et fini par faire reculer Washington.

## Menacer les États-Unis d'une plainte à l'OMC

Retour en 1996. La France monte au front. Hervé de Charrette, ministre des Affaires étrangères, déclare que "ces deux lois sont au-delà de la ligne rouge et témoignent de la démarche unilatérale des Américains [...] il s'agit

1. James Feron, "Mrs Thatcher Faults US on Siberian Pipeline", *The New York Times*, 2 juillet 1982. https://www.nytimes.com/1982/07/02/world/mrs-thatcher-faults-us-on-siberia-pipeline.html.

de violation caractérisée des règles du commerce mondial. Et ces textes n'ont rien à voir avec la lutte contre le terrorisme[1]". Et d'ajouter que la France prépare une réponse aux sanctions américaines. On allait voir ce qu'on allait voir. Paris pousse Bruxelles à déposer une plainte devant l'OMC.

Dès avril 1996, Washington et Bruxelles entament des discussions. Les Européens espèrent que l'élection présidentielle de novembre 1996 va changer la donne. Bill Clinton est réélu mais rien ne bouge. Devant l'intransigeance américaine, la Communauté européenne menace de poursuivre les États-Unis devant l'Organisation mondiale du commerce (OMC). L'Europe ne veut pas être la victime collatérale d'un conflit qui n'est pas le sien. "Ces deux lois posent la question de la légalité internationale des sanctions économiques de portée extraterritoriale, adoptées dans le cadre d'un boycottage secondaire. Leur essence est de frapper indirectement des États ennemis, en s'attaquant à des États amis qui entretiennent des relations économiques avec ces États mis à l'index par les Américains[2]", souligne Brigitte Stern.

Le 4 octobre, Européens et Canadiens portent plainte et demandent la constitution d'un panel à l'OMC pour statuer sur la loi Helms-Burton. Les États-Unis s'y opposent. En vain. Le panel est accepté le 20 novembre et constitué trois mois plus tard. L'union et la solidarité des Quinze ont payé. "Cela devrait asseoir la crédibilité de l'Union européenne au plan commercial", déclare un

---

1. Françoise Crouïgneau, Jean-Michel Lamy, interview du ministre des Affaires étrangères Hervé de Charrette, "La France prépare la réplique aux sanctions américaines", *Les Échos*, 28 août 1996.
2. Brigitte Stern, "Les États-Unis et le droit impérialiste", *Le Monde*, 12 septembre 1996.

porte-parole de la Commission[1]. Washington n'apprécie pas la rébellion des Quinze et leur insistance à vouloir que l'OMC condamne sa politique. Les États-Unis ne veulent surtout pas figurer parmi les premiers pays sanctionnés par l'organisation multilatérale censée favoriser les échanges mondiaux et promouvoir leurs valeurs libre-échangistes et leurs intérêts ! Alors l'Oncle Sam menace par la voix de Booth Gardner, son ambassadeur à Genève, siège de l'Organisation : la poursuite de la procédure, explique-t-il, peut avoir des conséquences graves et inestimables sur l'OMC. Rappelons que l'OMC a pris en 1994 le relais du GATT[2] (General Agreement on Tariffs and Trade). Entré en vigueur en 1948, le GATT fut le premier accord multilatéral de libre-échange, qui visait notamment l'abaissement des tarifs douaniers. Les États-Unis considèrent que leurs lois extraterritoriales relèvent du champ politique et non économique – ces mesures ont été prises au nom de leur intérêt national et de leur sécurité – et ils arguent de l'article XXI du GATT qui récapitule les "Exceptions concernant la sécurité". On ne peut donc pas les contester dans une enceinte dédiée aux affaires commerciales. Ces arguments ne convainquent personne. Et le panel en reste là. Les relations continuent de se tendre entre les deux rives de l'Atlantique nord.

Au début du mois de décembre, la situation évolue. Sous la pression américaine, les Européens acceptent de durcir le ton vis-à-vis de La Havane. Les quinze États membres de l'Union européenne exigent des dirigeants

---

1. Cité dans Blanca Riemer, "Washington menace l'OMC après sa « mise en examen » sur Cuba", *La Tribune*, 21 novembre, 1996.
2. En français Agétac : Accord général sur les tarifs douaniers et le commerce.

cubains une nette avancée de la démocratisation du pays. Washington se déclare satisfait et le Département d'État précise que le gouvernement américain tiendra compte de l'attitude de l'UE dans l'application des lois Helms-Burton et D'Amato Kennedy. Bruxelles a-t-elle cédé ? Non, affirme-t-on à la Commission européenne. L'objectif n'a pas changé : obtenir la condamnation des lois extraterritoriales américaines à l'OMC.

Ce n'est pourtant pas le scénario qui va se dérouler. Comme souvent, les Européens fanfaronnent, puis reculent afin de trouver un compromis avec leurs amis américains. Le recours à l'OMC est suspendu le 11 avril 1997. Le négociateur européen, Sir Leon Brittan, commissaire chargé du commerce international, et l'envoyé spécial du président Clinton, Stuart Eizenstat, sous-secrétaire d'État au Commerce international, trouvent un accord. Les Européens retirent leur plainte. En contrepartie, le président Bill Clinton s'engage à ne pas recourir au titre III de la loi Helms-Burton jusqu'à la fin de son mandat. C'est justement le passage de la loi qui autorise les citoyens américains à poursuivre devant les tribunaux les personnes et les entreprises non américaines qui font des bénéfices avec leurs biens (confisqués par le régime castriste après la révolution) ou commercent avec des sociétés nationalisées dont ils s'estiment toujours propriétaires en vertu de leurs droits. Le locataire de la Maison Blanche s'engage à négocier avec le Congrès afin qu'il suspende les sanctions déjà prononcées contre les dirigeants d'entreprises européennes, comme ceux du groupe hôtelier espagnol Sol-Meliá, et rétablisse leur droit de circulation aux États-Unis.

Le Vieux Continent remporte-t-il la guerre contre le droit américain ? Absolument pas. C'est une fausse victoire. Et les années qui suivent le prouveront. Les entreprises européennes vont se prendre des raclées de la part de l'administration judiciaire américaine. La France, l'Italie, la Belgique et l'Espagne pressentent-elles les heures sombres ? Ces quatre pays s'opposent au compromis et souhaitent mener le processus de l'OMC jusqu'à son terme : condamner l'Amérique et l'obliger à abroger ses lois extraterritoriales. Mais la position de Paris, Rome, Bruxelles et Madrid est minoritaire. L'Europe perd l'occasion de protéger ses intérêts économiques et ses entreprises vont le payer très cher.

Sur le fond, rien n'est réglé. Le compromis reste fragile puisqu'il repose uniquement sur la bonne volonté du président et l'humeur du Congrès. L'Union européenne a lâché une part de sa souveraineté juridique et économique.

## Conséquences économiques des lois extraterritoriales

À cette époque, Cuba est un client important de l'Europe : 45 % de ses échanges commerciaux sont réalisés avec l'Espagne, l'Italie, l'Allemagne et la France. Le Canada est le premier partenaire de l'île avec plus de 500 millions de dollars (exportations et importations) par an. La France, l'Allemagne et le Royaume-Uni commercent également avec l'Iran, notamment dans le secteur énergétique. En Europe de l'Ouest, 20 % des importations de pétrole proviennent d'Iran (4e fournisseur) et de Libye (15e fournisseur). Les entreprises italiennes et françaises sont implantées en Libye (ENI et Total par exemple dans le secteur de l'énergie) ; les françaises également en

Iran (comme Peugeot). En Libye, Total[1] a déjà investi près de 1,5 milliard de dollars. L'entreprise française opère notamment le champ pétrolier de Mabruk. Profitant de l'embargo décrété par Washington, qui ferme les portes de l'Iran à la compagnie pétrolière américaine Conoco, Total s'engage à développer deux champs pétrolifères offshores, Sirri A et E (600 millions de dollars d'investissement). La compagnie Elf est également sollicitée par Téhéran qui lui octroie la concession du champ de Dorud, qu'elle exploitera finalement avec l'Italien ENI. Elf devient aussi partenaire (avec 85 % des parts) de la société canadienne Bow Valley pour exploiter le champ offshore de Balal, dans le golfe Persique[2].

Washington enrage de voir les Français profiter de ces alléchantes opportunités. D'où les déclarations guerrières de Nicholas Burns, porte-parole du Département d'État. Quelques heures seulement après la signature par le président Bill Clinton de la loi D'Amato-Kennedy – en présence des familles des victimes de l'attentat du vol Pan Am 103, qui explosa au-dessus du village de Lockerbie (Écosse), afin de marquer le caractère politique de ce "texte antiterroriste" –, il avance des arguments bien différents pour justifier cette loi : "La compagnie Total a pris la place de Conoco [en Iran] et décroché un contrat qui aurait été très profitable à Conoco. Nous voulons punir les entreprises qui auront cette attitude à l'avenir[3]."

---

1. "Les entreprises européennes, très présentes en Libye, sont les principales concernées", *Le Monde*, 7 août 1996. Article non signé.
2. "Pétrole : Elf double la mise en Iran", *Les Échos*, 6 avril 1999, non signé.
3. Patrick Seale, "Worlwide Angers Erupts Over D'Amato-Kennedy Act", *Washington Report on Middle East Affairs*, octobre 1996, p. 23. Consulté sur internet le 4 février 2018. https://www.wrmea.

On voit mal le lien entre le terrorisme et l'opportunisme de Total, qui a pris légalement la place d'une entreprise que la législation américaine a poussée dehors. "Les lois D'Amato-Kennedy et Helms-Burton sont un exemple d'une certaine perversion dans le fonctionnement du système politique américain[1]", déclare Alain-Marc Irissou, alors directeur du service juridique de Total. Moins sévère mais tout aussi inquiet, Pierre Villeroil, de la direction juridique du groupe Crédit lyonnais, pointe des risques de perturbation du commerce international et l'atteinte "à la souveraineté des pays tiers[2]". Selon lui, toutes les opérations bancaires, des plus simples aux plus sophistiquées, sont concernées par ces lois.

## Cuba désertée par les grandes entreprises

La législation américaine porte-t-elle ses fruits ? Oui. La plupart des multinationales se tiennent à distance de Cuba qui perd ainsi l'accès aux technologies des grandes firmes mondiales[3]. Cemex, le cimentier mexicain, quitte l'île après le signalement par Washington de l'utilisation d'une usine appartenant autrefois à des ressortissants américains. Domos, autre entreprise mexicaine du secteur des télécommunications, est contrainte de suspendre

org/1996-october/worldwide-angers-erupts-over-d-amato-kennedy-act.html.

1. Communication d'Alain-Marc Irissou, *in* Habib Gherari, Sandra Szurek (sous la dir.), *Sanctions unilatérales, mondialisation du commerce et ordre juridique international*, Cedin-Paris X Nanterre, Montchrestien, 1998, p. 113.
2. Communication de Pierre Villeroil, in *ibid.*, p. 123.
3. D. Farah, "Cubans Blame Slowdown on Helms-Burton Act", *The Washington Post*, 25 janvier 1997.

ses engagements[1]. Rares sont les entreprises qui défient la *lex americana*.

Les premières sanctions tombent le 10 juillet 1996. Ce jour-là, le Département d'État américain déclare que les dirigeants de l'entreprise minière canadienne Sherritt (nickel, cobalt, pétrole et charbon), certains actionnaires et leur famille sont *persona non grata* aux États-Unis en vertu de la loi Helms-Burton. Sherritt refuse de se plier au diktat commercial de Washington. Ottawa est furieux. Art Eggleton, ministre du Commerce international, peste contre cette loi américaine qui viole le droit international et trahit les engagements américains inscrits dans l'accord de libre-échange de l'Alena (États-Unis, Mexique, Canada) signé deux ans plus tôt entre les trois voisins d'Amérique du Nord. L'Alena garantit notamment la libre circulation des hommes d'affaires américains, canadiens et mexicains sur le territoire de ses États membres[2]. L'opérateur touristique espagnol Sol-Meliá rencontre les mêmes difficultés. Malgré les menaces, Sol-Meliá et Sherritt décident de rester à Cuba. Sherritt précise qu'elle n'a pas d'intérêt aux États-Unis et que l'interdiction de circulation de ses cadres aux États-Unis n'affecte en rien ses affaires à Cuba. L'israélien BM Group et la panaméenne

1. P. Blustein, "Mexican Firm Quits Cuba in Face of US Sanctions", *The Washington Post*, 30 mai 1996.
2. Excepté pour des raisons de santé publique, de sûreté et de sécurité nationales. Or, les entrepreneurs canadiens et mexicains qui ont des relations commerciales avec Cuba ne semblent pas représenter un danger pour la sécurité nationale américaine. Voir sur cet aspect Michel Cosnard, "Les lois Helms-Burton et D'Amato-Kennedy, interdiction de commercer avec et d'investir dans certains pays", *Annuaire français de droit international*, vol. 42, 1996. p. 55.

Motores Internacionales entrent également dans le collimateur des autorités américaines[1].

En avril 1997, Javier Ferreiro, un homme d'affaires espagnol, est arrêté à Miami et accusé de "commerce avec l'ennemi" : il a violé la loi Helms-Burton en vendant aux Cubains des couches-culottes, des conserves de légumes, de la sauce tomate... Finalement, l'homme plaide coupable pour violation de l'embargo et charge l'un des cadres de sa société. En contrepartie, le procureur américain abandonne le chef d'accusation de blanchiment d'argent, et Javier Ferreiro ne purge que seize mois de prison au lieu de dix-huit[2].

La charge américaine fait mal, et ceux qui refusent de se soumettre sont prévenus : point d'affaires avec les Cubains, sinon les sanctions tombent. Mais pas pour tout le monde. Pendant que Washington fait la chasse aux entreprises étrangères, elle autorise ses compagnies de téléphonie à empocher l'argent et à reverser des millions de dollars chaque année aux opérateurs cubains !

Quant à la France, elle refuse de céder au chantage. Ses entreprises poursuivent leurs affaires avec Cuba. Le 25 avril 1997, un brin provocateurs, les Français signent avec les Cubains un accord sur l'encouragement et la protection réciproque des investissements. Une sorte d'incitation à investir dans l'île. "La France, déclare Franck Borotra, ministre de l'Industrie, de la Poste et des Télécommunications, est toujours restée ouverte à Cuba au nom de l'équilibre international et de la multipolarité

1. Steven Lee Myers, "One Key Element in Anti-Cuba Law Posponed Again", *New York Times*, 4 janvier 1997.
2. Juan O. Tomayo, "Miami Man in Illegal Business with Cuba Faces 35 Years of Prison", *Miami Herald*, 5 février 2013.

[…]. C'est à ce titre qu'elle s'oppose, avec l'Union européenne, aux lois de portée extraterritoriale, telles que la loi Helms-Burton[1]." L'accord franco-cubain met sur un pied d'égalité les entreprises françaises et cubaines. Il prévoit l'institution d'un tribunal arbitral international en cas de litige non résolu à l'amiable. Enfin, les Cubains s'engagent à limiter les nationalisations et à indemniser les investisseurs français dont les biens viendraient à être expropriés ou nationalisés[2]. Les Américains regrettent l'attitude française et invitent Paris à rester vigilant face à la situation des droits de l'homme à Cuba.

L'initiative française est calculée, opportuniste ; elle intervient après l'accord signé entre les États-Unis et l'Europe qui a suspendu la plainte déposée à l'OMC en échange des garanties que les entreprises européennes seront épargnées par le courroux américain. Il y a donc peu de risques que l'Amérique réagisse négativement à cette entente économique franco-cubaine. Et, en effet, Washington ne bronche pas.

De son côté, le CNPF (Conseil national du patronat français[3]) est ravi car il n'aime pas cette loi américaine "absurde politiquement, et inacceptable dans son principe[4]". Il promet de renforcer ses positions dans l'île afin

1. Akram Ellyas, "L'accord entre la France et Cuba irrite Washington", *La Tribune*, 28 avril 1997.
2. Voir le Projet de loi autorisant l'approbation de l'accord entre le gouvernement de la République française et le gouvernement de la république de Cuba sur l'encouragement et la protection réciproques des investissements. https://www.senat.fr/leg/pjl97-258.html.
3. Ancêtre du Medef.
4. Paula Broyer, "Commerce international. Cuba reste une destination pour les entreprises françaises. Malgré les lois américaines qui menacent de sanctionner les entreprises qui investissent à Cuba, en Libye et en Iran, le CNPF continuera de faire la promotion de Cuba

de regagner des parts de marché perdues sur les Espagnols, les Italiens et les Allemands. Pas question d'obéir au doigt et à l'œil. Ce qui se joue n'est pas seulement une lutte politique, c'est aussi un combat économique. Le mur de Berlin est tombé il y a cinq ans à peine. L'heure est à la mondialisation et à la compétition mondiale. L'Europe et les États-Unis sont de vieux alliés, mais aussi d'impitoyables concurrents.

C'est une entreprise française qui va subir les conséquences de cette guerre commerciale, le groupe Pernod Ricard. En 1993, le géant français de l'alcool crée la coentreprise Havana Club Holding avec la société cubaine Cubaexport pour commercialiser dans le monde entier le rhum de la marque Havana Club. Avant de signer un tel accord, les juristes de Pernod Ricard ont fait leur travail et vérifié que la marque Havana Club a bien été déposée par les Cubains dans le monde entier. C'est le cas, y compris sur le territoire américain. Pourtant, quelques mois plus tard, la société française est attaquée dans la presse américaine : les Cubains n'ont plus payé les taxes de renouvellement des droits de propriété industrielle depuis des années. C'est alors qu'une nouvelle section (211) est discrètement ajoutée à la loi Helms-Burton. Sans jamais citer le nom de l'entreprise française, elle la pénalise directement : interdiction d'utiliser la marque Havana Club sur le territoire étasunien. L'OFAC, rattaché au département du Trésor et chargé de contrôler l'application des sanctions économiques américaines, estime qu'elle fait bien partie des marques ou noms commerciaux confisqués par le gouvernement castriste – Havana Club

---

auprès des entreprises françaises. Le gouvernement cherche à contrer les menaces commerciales américaines", *La Croix*, 6 septembre 1996.

a appartenu à la famille Arechabala qui a fui aux États-Unis et en Espagne. Pernod Ricard se retrouve devant les tribunaux américains – première instance, appel –, et perd, même si, en appel, l'un des juges refuse de signer la condamnation de Pernod au nom du principe fondamental de non-rétroactivité des lois. De leur côté, les États-Unis sont condamnés par l'OMC en 2002 à la suite d'une plainte de l'Union européenne[1] mais ils refusent de retirer la section 211 de la loi Helms-Burton. Le groupe français porte plainte devant la Cour suprême – sans succès. En réalité, le leader français des spiritueux est l'objet d'une attaque de son concurrent américain Bacardi[2], leader du marché du rhum, qui n'apprécie pas qu'on marche sur ses plates-bandes[3]. En outre, la section 211 est souvent rebaptisée par des juristes "Bacardi Bill", tant ils soupçonnent les avocats de Bacardi de l'avoir rédigée[4].

1. Vittorio De Filippis, "Havana Club, rhum de discorde", *Libération*, 5 juillet 2000.
2. Hernando Calvo Ospina, *Rhum Bacardi. CIA, Cuba et mondialisation*, éditions EPO, 2000.
3. Voir Ali Laïdi (avec Denis Lanvaux), *Les Secrets de la guerre économique*, Seuil, 2004, p. 104-107.
4. Jean Watin-Augouard, "Havana Club. Miroir et acteur de la culture cubaine", *La Revue des marques*, n° 96, octobre 2016, p. 46. http://www.prodimarques.com/revue-des-marques/numero-96/pdf/37-havana-club-miroir-et-acteur-de-la-culture-cubaine.pdf.

# 3

# UN ARSENAL JURIDIQUE ULTRA-PROTECTIONNISTE

Foreign Corrupt Practices Act (FCPA), Helms-Burton et D'Amato-Kennedy ne sont pas les seules législations américaines qui pèsent sur le commerce mondial. Le législateur ne les a pas forcément élaborées dans le dessein de les appliquer à la planète, néanmoins certaines de leurs dispositions permettent des intrusions dans les affaires des entreprises étrangères, voire dans celles des États, ennemis autant qu'alliés. Ces lois ont été votées dans des contextes économiques et politiques particuliers. La plupart sont nouvelles, d'autres ont fait l'objet de modifications pour être adaptées au contexte international. Certaines viennent combler des failles dans l'encadrement des entreprises et la régulation des marchés. Failles généralement décelées lors de crises économiques et financières aiguës dues aux dérives du néolibéralisme.

Aux États-Unis, de nombreux scandales financiers s'enchaînent au cours des années 2001 et 2002[1] et entraînent

1. Enron, WorldCom, Texaco Inc., Conseco Inc., Financial Corp. of America, Global Crossing Limited, Pacific Gas and Electric Co… Voir Frédéric Marty, “Le cas Enron : les enseignements pour la réglementation”, 2006, <halshs-00010371>, p. 4. https://halshs.archives-ouvertes.fr/halshs-00010371/document.

"une réaction brutale du législateur américain[1]". Ainsi l'adoption de la loi Sarbanes-Oxley à la suite du scandale Enron en 2001, l'une des plus retentissantes affaires de manipulation comptable et de fraude.

Les autres lois s'inscrivent dans une stratégie géopolitique et géoéconomique de lutte contre la criminalité et le terrorisme. Après la chute du mur de Berlin et la disparition de l'Union soviétique, l'administration Clinton souhaite sécuriser la mondialisation en chassant les groupes criminels qui parasitent le bon fonctionnement des marchés. Une stratégie qui devient une priorité au lendemain des attaques terroristes du 11 septembre 2001. Et qui s'appuie entre autres sur le Bank Secrecy Act, le Foreign Sovereign Immunities Act… Ces législations contre le crime et le terrorisme serviront à traquer la corruption et la violation des embargos. Mais aussi à justifier les interventions américaines sur les marchés mondiaux.

## Sarbanes-Oxley pour scruter les comptes des entreprises

Comme dans le cas du FCPA, ce sont les mauvaises pratiques des entreprises américaines qui ont encouragé Washington à durcir la réglementation. Au début des années 2000, les scandales financiers s'enchaînent – Enron, Adelphia, Xerox, WorldCom. "Wall Street, écrit

1. Hervé Stolowy, Eduard Pujol, Mauro Molinari, "Audit financier et contrôle interne. L'apport de la loi Sarbanes-Oxley", *Revue française de gestion*, vol. n° 147, n° 6, 2003, p. 133-143. https://www.cairn.info/revue-francaise-de-gestion-2003-6-page-133.htm.

Adam Tooze, historien de l'économie, est confrontée à un retour de bâton politique et à de nouvelles régulations[1]." En 2002, le Congrès vote la loi Sarbanes-Oxley (Public Company Accounting Reform and Investor Protection Act of 2002) qui constitue la plus importante réforme dans le domaine de la sécurité financière fédérale depuis la crise des années 1930.

L'affaire Enron (2001), on s'en souvient, a défrayé la chronique. C'est même l'une des plus grandes fraudes financières de l'histoire. Cette société texane, qui a son siège en Californie, fut d'abord spécialisée dans la production et la distribution de gaz naturel avant de développer une activité de transport interétatique de gaz et d'électricité, puis de courtage dans le domaine de l'énergie. En 2001, à la veille de sa chute, elle est l'une des grandes fiertés nationales et sa réussite éclatante fait figure de modèle à Wall Street : Enron est le sixième groupe énergétique mondial et la septième société américaine en termes de capitalisation boursière (classement Fortune 500).

Hélas, la mariée est démunie. Derrière la *success story* se cache une gigantesque arnaque. Enron est bâti sur du sable. La société dissimule ses affaires les plus troubles dans plus de 3 000 sociétés offshores installées aux Bahamas, aux îles Caïmans et aux Bermudes, qui lui permettent de déguiser des emprunts en opérations d'achat. Elle multiplie les tours de passe-passe pour externaliser les risques les plus importants, dissimuler ses pertes aux marchés et falsifier ses comptes pour continuer à emprunter. En décembre 2001, dans le sillage de l'éclatement de la bulle internet, ses actions dégringolent. En

1. Adam Tooze, *Crashed. Comment une décennie de crise financière a changé le monde*, Les Belles Lettres, 2018, p. 75.

quelques semaines, elles ont perdu 98 % de leur valeur. Enron ne peut plus faire face au remboursement de ses dettes. En août de la même année, contre toute évidence, son PDG Kenneth Lay prétendait encore que la société se portait comme un charme. Même la grande banque d'affaires Goldman Sachs faisait semblant d'y croire en qualifiant Enron de *best of the best*. Las, le 31 octobre, la Securities and Exchange Commission (SEC) ouvre une enquête : la fraude est découverte. Enron ne tarde pas à faire faillite. Et dans sa chute, retentissante, la société entraîne le prestigieux cabinet Arthur Andersen, qui a audité ses comptes et en a certifié la régularité et la sincérité.

L'ampleur de l'affaire Enron est telle qu'elle jette un doute sur les bilans financiers de toutes les entreprises. Et pour cause… Elle s'avérera le premier acte d'une série de scandales dont le point d'orgue est la faillite frauduleuse de WorldCom[1], géant des télécommunications. La firme WorldCom, qui a elle aussi pour cabinet d'audit Arthur Andersen, dépose le bilan en 2002 après avoir truqué ses comptes en s'octroyant 11 milliards de dollars de revenus totalement fictifs[2]. Ce qui est réel en revanche, ce sont bien ses 41 milliards de dollars de dettes. Le PDG et le directeur financier de WorldCom sont condamnés : vingt-cinq ans de prison pour le premier et cinq ans pour le second.

Face à de tels scandales – rien que pour Enron : 20 000 salariés licenciés et des centaines de milliers de petits

1. Michèle Rioux, "WorldCom : simple écart de conduite ou dérive du capitalisme américain ?", Observatoire des Amériques, août 2002. http://www.ieim.uqam.ca/IMG/pdf/Chro_TIC1.pdf.
2. Nicolas Madeleine, "WorldCom, retour sur un scandale", *Les Échos*, 16 mars 2005.

épargnants perdent l'essentiel de leur capital-retraite placé en actions Enron –, le sénateur démocrate Paul Sarbanes, président de la commission des affaires bancaires, et le représentant républicain Mike Oxley, président de la commission des services financiers, rédigent une loi qui contraint les entreprises à plus de discipline, de rigueur et de transparence comptables. C'est l'une des seules lois fédérales américaines qui encadre la communication comptable des entreprises. Jusqu'alors, les sociétés se référaient aux principes édictés par un organisme privé, le Financial Accounting Standards Board (FASB). Depuis la loi Sarbanes-Oxley, les entreprises doivent montrer patte blanche : comptes certifiés, datés et signés par le directeur général et le directeur financier ; contrôle de la SEC au moins tous les trois ans ; publication des informations financières hors bilan ; archivage des informations ; roulement des auditeurs externes ; création d'un comité d'éthique et de surveillance ; élaboration d'un cadre pour protéger les lanceurs d'alerte ; création d'un organisme de contrôle des cabinets d'audit – Public Company Accounting Oversight Board (PCAOB)... Autant d'obligations auxquelles sont soumises toutes les entreprises cotées aux États-Unis, américaines ou pas, ainsi que toutes les filiales étrangères des sociétés de l'Oncle Sam. Cette loi met à nu les entreprises et autorise les agences de contrôle et de surveillance à accéder à n'importe quelle information. Faire des affaires aux États-Unis, c'est accepter implicitement que tous vos secrets d'affaires soient à la merci des autorités américaines[1].

---

1. Paul Lanois, *L'Effet extraterritorial de la loi Sarbanes-Oxley*, Revue Banque éd., 2008.

## Bank Secrecy Act contre les défauts de contrôle

Pendant que la loi Sarbanes-Oxley traque les tricheurs, le Bank Secrecy Act (BSA)[1] chasse les blanchisseurs d'argent et les financiers du terrorisme. Cette loi, qui date de 1970, a une portée internationale indirecte mais considérable. Le BSA oblige les établissements financiers américains à se doter de programmes de contrôle internes afin de prévenir et détecter des mouvements financiers susceptibles de couvrir des opérations de blanchiment. Ces programmes de conformité *(compliance[2])* et de contrôle des comptes *(due diligence[3])* concernent les établissements implantés aux États-Unis, mais pas seulement : banques nationales, succursales, caisses fédérales, associations de caisse d'épargne, mais aussi les agences américaines de banques étrangères[4]. Résultats : les banques américaines sont responsables des éventuelles fautes commises par leurs homologues étrangères avec qui elles travaillent.

---

1. Notamment à travers l'Office of the Comptroller of the Currency, OCC, rattaché au département du Trésor.

2. Rappelons que la *compliance* (conformité en français) consiste à vérifier que les comportements, les pratiques et les méthodes des entreprises sont conformes à la législation et à l'éthique. Voir K. Dudzinska, F. Morelle, B. Manivit, E. Marquer, *Le Guide pratique de la conformité*, Larcier éd., 2017. Et Christophe Roquilly, Christophe Collard, *De la conformité réglementaire à la performance : pour une approche multidimensionnelle du risque juridique*, Lille, EDHEC, septembre 2009. https://www.edhec.edu/sites/www.edhec-portail.pprod.net/files/publications/pdf/com.univ.collaboratif.utils.LectureFichiergw%3FID_FICHIER%3D1328885973394jpg.

3. La *due diligence* (diligence en français) permet de s'assurer que les tiers avec lesquels l'entreprise traite respectent les règles et les lois. Il arrive également que les entreprises commanditent une mission de *due diligence* à un cabinet externe afin de cerner les risques qu'il y aurait à contracter avec tel partenaire ou à investir dans telle société.

4. https://www.occ.treas.gov/topics/compliance-bsa/bsa/index-bsa.html.

Ce qui les oblige à mettre en place des procédures pour vérifier qu'elles respectent elles aussi le Bank Secrecy Act. Ce faisant, elles possèdent un accès direct aux données des institutions bancaires étrangères avec qui elles sont en affaires.

La principale banque britannique, HSBC, a fait les frais du Bank Secrecy Act. En 2012, le ministère américain de la Justice (DOJ) et du Trésor la condamne à une amende forfaitaire de 1,256 milliard de dollars (665 millions au titre de pénalités civiles) pour violation des sanctions et violations du BSA. L'administration judiciaire américaine reproche à HSBC Group et HSBC États-Unis un manquement dans la surveillance de la filiale mexicaine HSBC Mexico, accusée de blanchir l'argent des cartels de la drogue mexicains et colombiens, et de transactions avec l'Iran, le Soudan, Cuba et la Libye, pays sous embargo américain. C'était donc bien à la filiale américaine de HSBC soumise à la loi BSA de surveiller sa filiale mexicaine. HSBC Group a d'ailleurs admis ne pas avoir informé HSBC États-Unis des manquements de HSBC Mexico. Le DOJ évoque des chiffres astronomiques : entre 2006 et 2009, ce sont près de 670 milliards de dollars en virements et 9,4 milliards de dollars en achats qui n'ont été vérifiés ni par HSBC Mexico ni par HSBC États-Unis, laquelle avait même classé la filiale mexicaine dans la catégorie de risque la plus basse, dite "standard"[1].

---

1. "HSBC Holdings Plc. and HSBC Bank USA N. A. Admit to Anti-Money Laundering and Sanctions Violations, Forfeit $1.256 Billion in Deferred Prosecution Agreement", 11 décembre 2012, Department of Justice, Office of Public Affairs. https://www.justice.gov/opa/pr/hsbc-holdings-plc-and-hsbc-bank-usa-na-admit-anti-money-laundering-and-sanctions-violations.

1, 256 milliard de dollars seulement pour avoir financé les cartels de la drogue ! C'est peu comparé à l'amende de 8,9 milliards infligée à la BNP pour avoir fait transiter par les États-Unis de l'argent au nom de clients iraniens, cubains, birmans et soudanais – ces pays ne sont pas exactement réputés pour inonder le monde de cocaïne !

Après les attentats du 11 septembre 2001, les États-Unis renforcent la lutte contre le blanchiment. Le Foreign Corrupt Practice Act est mobilisé, tout comme le Bank Secrecy Act, lui-même consolidé par certaines dispositions de l'US Patriot Act signé le 26 octobre 2001 par le président G. W. Bush. L'essentiel de l'US Patriot Act repose sur l'élargissement des pouvoirs des services de sécurité, de surveillance et de renseignement. Cette loi considère la traque de l'argent sale comme une priorité pour la sécurité nationale et la défense du "système financier et commercial global[1]".

## RICO contre les fraudeurs du ballon rond

Protéger le monde, y compris contre lui-même. Tel est le crédo de l'Amérique après le 11 septembre 2001. Plus aucun terroriste, aucun fraudeur, aucun tricheur, aucun corrupteur… Plus aucun délinquant ou criminel ne doit se sentir à l'abri où qu'il soit sur la planète. Et si les alliés de l'Amérique ne font pas le travail, c'est l'Amérique qui le fera. Sans exception.

Les dirigeants du football mondial vont l'apprendre à leurs dépens. Depuis des années, des rumeurs persistantes

1. US Patriot Act, titre III, section 302-a-3. https://www.govtrack.us/congress/bills/107/hr3162.

circulent sur des faits de fraude et de corruption au sein de la Fédération internationale de football (FIFA). Les polices européennes le savent mais ne réagissent pas. Alors le FBI prend les choses en main. S'appuyant sur la loi RICO (Racketeer Influenced and Corrupt Organization Act), il passe à l'action. En 2015, il fait arrêter des dirigeants du football mondial (dont un Américain) au siège de la FIFA, à Zurich (Suisse). Ces hommes sont soupçonnés de trafic d'influence et de corruption dans l'attribution de l'organisation de la Coupe du monde à certains pays candidats – la Russie en 2018 et le Qatar en 2022. Les États-Unis font d'ailleurs partie des candidats évincés de l'organisation de la Coupe du monde de 2022. Peu importe que RICO ait été voté en 1970 pour lutter contre le crime organisé. Aux yeux des justiciers américains, le Fifagate est la preuve que quelque chose ne tourne plus rond au pays du ballon rond et que les patrons du football mondial adoptent des comportements mafieux. L'Europe, qui accueille le siège de la FIFA, n'a jamais voulu sortir les cartons rouges. Alors les États-Unis font le ménage à l'aide de RICO et expulsent les mauvais joueurs.

## Le FSIA contre les criminels du passé

Gare aux criminels d'aujourd'hui, de demain et... d'hier. Les lois américaines sont extraterritoriales et même rétroactives, brisant ainsi l'un des principes fondamentaux de l'État de droit qui veut qu'un individu ou une personne morale ne peut pas être assujetti à une nouvelle loi alors qu'il ou elle était protégé par la norme précédente. Le shérif américain puise dans l'Histoire les preuves qui lui permettent de condamner les crimes du passé grâce au Foreign Sovereign Immunities Act (FSIA). Votée en 1976, cette loi ne reconnaît pas l'immunité juridictionnelle des États, norme pourtant fortement ancrée dans le droit international, et autorise donc d'éventuels procès contre eux. FSIA offre aux plaignants la possibilité de poursuites civiles en cas de crimes odieux : torture, prise d'otages, piraterie, exécution extrajudiciaire… Les plaignants peuvent déposer plainte aux États-Unis contre un État pour crime ou complicité de crime.

On pensait que ce type de loi n'était opposable qu'aux dictatures. On avait tort. La France a fait les frais de la loi FSIA. En 2000, la SNCF assimilée à l'État (en tant qu'entreprise publique) est visée par une plainte déposée aux États-Unis pour son rôle dans le transport des victimes de la barbarie nazie vers les camps de la mort pendant la Seconde Guerre mondiale[1]. Les justiciables s'appuient également sur une vieille loi américaine de 1789, l'Alien Tort Claims Act (ATCA), qui permet aux victimes d'atteintes aux droits de l'homme à l'étranger de porter leur cas devant les tribunaux américains.

Des élus américains réclament la fermeture des marchés publics américains à la SNCF tant que celle-ci n'indemnise pas les victimes et leurs descendants[2]. Plutôt que de contester sur le fond ces poursuites, le gouvernement français cherche le compromis. En 2014, Paris signe un accord avec le gouvernement américain au nom du désir "des deux parties de développer davantage les

---

1. "Shoah, plainte contre la SNCF aux USA", *L'Obs*, 8 septembre 2001. Non signé.
2. AFP/AP/Reuters, "La France va verser 60 millions de dollars aux victimes américaines de la Shoah", *Le Figaro*, 5 décembre 2014.

relations entre leurs deux pays dans un esprit d'amitié et de coopération et de résoudre certaines difficultés du passé[1]". Une magnifique langue de bois pour cacher une défaite française. Washington s'engage à ne pas poursuivre Paris et à "garantir l'immunité d'État souverain étranger de la France s'agissant des demandes relatives à la déportation liée à la Shoah[2]". De son côté, la France met en place un fonds de 60 millions de dollars dont la gestion sera assurée par le gouvernement des États-Unis, chargé selon le décret de les distribuer aux plaignants et qui doit permettre la pleine indemnisation des "victimes américaines de la Shoah déportées depuis la France et non couvertes par des programmes français". Est-ce un accord équilibré, un bon compromis ou une extorsion de fonds légale ? À chacun d'en juger. Quatre mois à peine après l'accord, une autre plainte est déposée contre la SNCF devant un tribunal de Chicago[3]. Cette fois, les "victimes" reprochent à la compagnie nationale de chemins de fer d'avoir confisqué et monnayé les biens personnels des déportés.

La France s'en sort avec un chèque de 60 millions de dollars et échappe à des poursuites. Ce n'est pas le cas de l'Iran et de la Syrie. Téhéran et Damas ont droit à une loi spécialement concoctée pour elles : l'Iran Threat

---

1. Décret n° 2015-1323 du 21 octobre 2015 portant publication de l'accord entre le gouvernement de la République française et le gouvernement des États-Unis d'Amérique sur l'indemnisation de certaines victimes de la Shoah déportées depuis la France, non couvertes par des programmes français (ensemble une annexe), signé à Washington le 8 décembre 2014. https://www.legifrance.gouv.fr/eli/decret/2015/10/21/MAEJ1524557D/jo/texte.
2. *Ibid.*
3. "États-Unis : des familles de victimes de la Shoah attaquent la SNCF", *L'Express*-AFP, 17 avril 2015.

Reduction and Syria Human Rights Act, de 2012. Une loi qui ne reconnaît ni l'immunité juridictionnelle de Téhéran ni celle de Damas. Ce qui autorise le gouvernement américain à geler les avoirs iraniens aux États-Unis et même à en verser une partie aux victimes américaines d'un attentat supposé commandité par l'Iran. C'est ainsi que les survivants et les proches des victimes d'un attentat suicide attribué aux Iraniens contre le quartier général des forces américaines à Beyrouth le 23 octobre 1983 (240 morts) ont été indemnisés avec l'argent des mollahs stocké dans une banque américaine. Rappelons que le même jour, dans la même ville – le Liban est alors en pleine guerre civile –, un autre attentat suicide a entraîné la mort de 58 parachutistes français du camp Drakkar. Mais ni les victimes françaises ni leurs proches n'ont reçu le moindre dollar des fonds iraniens enregistrés à New York car aucune poursuite n'a été lancée depuis la France, notre pays ne disposant pas de telles lois.

Le groupe de plaignants américains, mené par Deborah Peterson, la sœur d'un soldat tué lors de l'attentat de 1983, remporte une première bataille juridique contre l'Iran en 2003 devant un tribunal de New York. Quatre ans plus tard, un nouveau jugement évalue les dédommagements à plus de 2,6 milliards de dollars. En 2008, les plaignants apprennent l'existence d'un compte de la Banque centrale iranienne (Bank Marzaki) à la Citibank de New York. Ils demandent et obtiennent le gel de ces fonds (1,75 milliard de dollars). Mais, à l'époque, d'éminents juristes américains estiment que la loi américaine est insuffisante pour faire bloquer et verser ces avoirs aux victimes. Alors, en 2015, le Congrès ajoute la section 8772 ("Interest of Certain Financial Assets of Iran") à l'Iran Threat Reduction and Syria Human Rights Act, qui autorise la justice à procéder au versement. Bank Marzaki a beau protester contre ce tour de passe-passe juridique – cette intervention du Congrès sur la loi excède ses compétences constitutionnelles et infléchit le cours d'une action judiciaire –, et saisir la Cour suprême des États-Unis, celle-ci lui donne tort. Dans son arrêt du 20 avril 2016, la plus haute juridiction des États-Unis ne constate aucune violation de la doctrine de la séparation des pouvoirs législatif et judiciaire[1].

## JASTA fait trembler les alliés de l'Amérique

Aux États-Unis, la lutte contre le terrorisme n'a pas de frontières. Le droit américain peut frapper partout où les terroristes agissent et se cachent. C'est le message envoyé par Washington en 2016, lors du vote de la loi Justice Against Sponsors of Terrorism Act (JASTA). Pas de pitié pour tous ceux qui soutiennent le terrorisme, mais aussi pour tous ceux qui, par négligence, n'ont pas su empêcher un attentat dans lequel ont péri des ressortissants américains. À la trappe le principe d'immunité judiciaire des États qui ont laissé prospérer le terrorisme sur leur sol. Dorénavant, ils peuvent être poursuivis pour défaut de compétence. Toute personne, entité et pays – pas seulement les pays qui "soutiennent le terrorisme" – sont susceptibles de se retrouver devant un tribunal fédéral américain s'ils ont "fourni un soutien matériel, direct ou indirect, à des organisations étrangères ou à des

1. Bank Marzaki v. Peterson, 136 S. Ct. 1310 (2016). Voir https://www.supremecourt.gov/opinions/15pdf/14-770_9o6b.pdf.

personnes engagées dans des activités terroristes contre les États-Unis".

Le président Barack Obama ne voulait pas de cette loi. Il lui a donc mis son veto. Mais il a été rejeté par le Congrès, et la loi a été promulguée. En fait, le Justice Against Sponsors of Terrorism Act vise un pays en particulier, le royaume d'Arabie Saoudite : le grand allié des États-Unis au Moyen-Orient est fortement soupçonné d'être un nid de jihadistes (et de financer différents mouvements jihadistes). Rappelons que quinze des dix-neuf terroristes des attaques de 2001 étaient de nationalité saoudienne. JASTA autorise les proches des victimes des attentats du 11 septembre 2001 à traîner l'Arabie Saoudite devant les tribunaux. Mais Riyad n'est pas sa seule cible potentielle. En théorie, cette loi fait tomber l'immunité souveraine de tous les pays. On peut donc parfaitement imaginer qu'un pays comme l'Allemagne puisse être poursuivi pour ne pas avoir repéré le terroriste Mohamed Atta, membre du commando du 11 Septembre et ancien étudiant à l'université de Hambourg. Et que dire de la France ? N'est-ce pas l'un de ses ressortissants, Zacarias Moussaoui, considéré comme le vingtième membre du groupe, qui a été arrêté aux États-Unis quelques semaines avant les attaques alors qu'il prenait des leçons de pilotage ? Bien qu'incarcéré au moment des faits, Moussaoui a été reconnu coupable par le tribunal fédéral de Virginie de complot en liaison avec les attentats du 11 septembre 2001 et purge une peine de prison à perpétuité (verdict de mai 2006). À l'avenir, Paris devra surveiller de très près ses 12 000 radicalisés[1] et les empêcher de se rendre sur le sol américain pour y perpétrer

---

1. 12 000, c'est le nombre d'individus fichés S (atteinte à la sûreté de l'État) selon le rapport 2016 de la délégation parlementaire au

des attentats. Sinon, la France risque de se retrouver sur le banc des accusés. Comment faire face à une telle menace juridique ? Les députés Pierre Lellouche et Karine Berger ont leur petite idée. Cela s'appelle la réciprocité : adopter une législation identique. En 2016, ils signent un amendement dans ce sens mais leur initiative ne reçoit aucun écho. Nous reviendrons dans le chapitre 5 sur le rapport parlementaire signé par ces deux élus portant sur l'extraterritorialité des lois américaines.

## *US or non-US Person ?*<br>Un flou savamment entretenu

Aux États-Unis, deux catégories de personnes (physiques et morales) sont soumises aux lois extraterritoriales : les *US Persons* et les *non-US Persons*. *Person* pouvant signifier individu, entité, entreprise ou gouvernement. Les premières font l'objet de sanctions dites primaires, appliquées uniquement aux entreprises américaines, les secondes de sanctions dites secondaires, appliquées aux sociétés étrangères. Reste à définir les *US Persons*. En théorie, elles sont de nationalité américaine. En pratique, c'est moins évident car on trouve également dans cette catégorie les résidents étrangers permanents, les entités soumises à la loi américaine et les branches des établissements financiers américains situées à l'étranger. L'OFAC, l'organisme rattaché au département du Trésor et chargé de veiller à la bonne application des sanctions, précise que les institutions financières non américaines localisées à l'étranger

---

renseignement (DPR). Voir : http://www2.assemblee-nationale.fr/static/14/DPR/i4573.pdf.

ne sont pas des *US Persons*. À condition toutefois qu'elles n'utilisent pas leurs filiales aux États-Unis pour mener des transactions avec un pays sous embargo. La précision est d'importance car d'elle dépend la compétence des États-Unis à poursuivre ou non une entreprise. Prenons l'exemple de l'Iran. En dépit de l'accord sur le nucléaire iranien signé le 14 juillet 2015[1] (arrêt de l'enrichissement d'uranium à des fins militaires de Téhéran contre levée d'une partie des sanctions économiques internationales), la plupart des sanctions américaines contre le pays des mollahs sont restées effectives pour les *US Persons*. Le problème, c'est que la définition de l'*US Person* est tellement flottante qu'une entreprise étrangère ne pouvait avoir l'assurance que les autorités judiciaires ne trouvent quelque lien entre elle et une *US Person*. Avec l'Iran, l'ambiguïté est levée depuis le 8 mai 2018 : Donald Trump s'est retiré de l'accord de 2015. Désormais, toute entreprise, *US Person* ou pas, s'expose à de graves difficultés si elle contracte avec ce pays.

1. Joint Comprehensive Plan of Action (JCPOA) : accord signé en juillet 2015 entre le groupe des 5 + 1, soit les cinq membres permanents du Conseil de sécurité de l'ONU (États-Unis, Russie, Chine, Grande-Bretagne, France) + 1 (l'Allemagne) et l'Iran. En échange d'une diminution drastique du programme nucléaire iranien, la plupart des sanctions économiques devaient être progressivement levées.

# 4

# UNE AFFAIRE DE PROCUREUR, JAMAIS DE JUGE

Pour comprendre les critiques adressées à la législation extraterritoriale américaine, il faut avoir à l'esprit un fait simple mais capital : ce n'est pas la justice qui juge mais l'administration qui sanctionne. La justice est exclue du processus qui aboutit aux lourdes sanctions financières imposées aux entreprises. C'est une affaire de procureur.

Rappelons que le système juridique américain *(common law)* fonctionne sur le mode accusatoire, notre droit civil (ou droit continental), sur le mode inquisitoire. Dans la *common law*, l'accusateur s'oppose au défendeur devant un juge et éventuellement devant un jury populaire. Le juge américain revêt un rôle d'arbitre. Alors que, dans le droit civil, c'est le juge qui mène les débats en s'appuyant sur les preuves amenées par les deux parties mais également sur des éléments qu'il peut librement solliciter. Autre caractéristique du droit américain : le rapport à la vérité. En France, un accusé peut mentir pour assurer sa défense : "le mensonge est un droit de la défense puisque la loi reconnaît à toute personne suspectée ou poursuivie en justice le droit de mentir, contrairement aux législations anglo-saxonnes qui incriminent le parjure[1]". Aux États-Unis, le parjure est un crime qui peut valoir à son auteur jusqu'à plusieurs années de prison. Les cadres supérieurs et les dirigeants des multinationales savent donc que mentir à une autorité américaine leur fait prendre un risque considérable.

Voilà pour la théorie. En pratique et dans les affaires économiques internationales qui nous concernent, l'administration judiciaire américaine n'intègre le juge qu'à la toute fin de la procédure, lorsque les deux parties se sont entendues sur un accord *(settlement)*. Il n'y a donc pas de procès. Cette justice négociée s'appuie sur des aveux de l'entreprise. Ceux-ci sont obtenus *via* l'enquête interne que l'entreprise mène contre elle-même à la demande du procureur. Dans le droit américain, le plaider coupable est une tradition qui permet d'éviter un procès long et coûteux pour les deux parties[2]. Selon la Cour suprême américaine, "le plaider coupable est plus que la reconnaissance d'une conduite passée, il est le consentement du défendeur à ce qu'un jugement de condamnation soit prononcé sans procès – une renonciation à son droit au procès devant un jury ou un juge[3]"… La *common law* offre un véritable statut juridique à l'aveu de culpabilité qui permet une transaction rapide entre l'accusé et le

---

1. Diane Protat, "Les aspects laïques dans les procédures civiles et pénales", *Revue internationale de droit comparé*, vol. 66, n° 3, 2014, p. 740. https://www.persee.fr/doc/ridc_0035-3337_2014_num_66_3_20415.
2. George Fisher, *Plea Bargaining's Triomph, A History of Plea Bargaining in America*, Stanford University Press, 2003.
3. Cour suprême, affaire Brady v. United States, 397 US 742, 748 (1970). Cité et traduit par Jean Pradel, "Le plaider coupable, confrontation des droits américain, italien et francais", *Revue internationale de droit comparé*, vol. 57, n° 2, 2005, p. 481. https://www.persee.fr/doc/ridc_0035-3337_2005_num_57_2_19357.

ministère public. Résultat : aux États-Unis, 95 % des affaires fédérales sont traitées par cette voie et ne font donc pas l'objet d'un procès[1].

On comprend donc pourquoi dans le système juridique américain aucune des affaires qui nous intéressent n'a été réglée devant un tribunal, et que toutes ont été traitées dans les bureaux des agents de l'administration judiciaire américaine. C'est comme si le ministère de la Justice en France réglait lui-même les contentieux avec les entreprises sans passer par un magistrat du siège, chargé de rendre la justice. Ni Siemens, ni Alstom, ni BNP… n'ont été jugés par un tribunal américain. Toutes ces multinationales ont signé un accord avec une ou plusieurs autorités américaines : le département de la Justice (Department of Justice, DOJ), le procureur de New York, la Securities and Exchange Commission (SEC), l'Office of Foreign Assets Control (OFAC)[2]. Des autorités et des agences pilotées par des hauts fonctionnaires et non des juges.

Aux États-Unis, ce sont donc des procureurs qui mènent les poursuites et sanctionnent les entreprises. Il est par conséquent totalement erroné de parler de justice au sens où nos vieilles démocraties l'entendent. Il n'y a ni juré, ni juge face aux entreprises, seulement un procureur ou un directeur d'agence de contrôle et de surveillance des marchés. “Pour le gouvernement américain, écrit Olivier Boulon, ancien avocat chez Skadden, la démonstration de

1. Antoine Garapon, Ioannis Papadopoulos, *Juger en Amérique et en France*, Odile Jacob, 2003, p. 72.
2. L'OFAC est chargé du contrôle du respect des lois et de l'application des sanctions internationales américaines dans le domaine financier, notamment dans le cadre du FCPA. Cet organisme de contrôle financier est rattaché au département du Trésor. Il emploie 200 agents et bénéficie d'un budget de 30 millions de dollars.

la culpabilité de grands groupes internationaux devant la justice nécessite un travail colossal d'enquête et d'analyse de preuves aux résultats incertains. Obtenir la coopération des entreprises poursuivies pour qu'elles acceptent de participer activement aux investigations menées à leur encontre est une solution nettement plus satisfaisante, et surtout plus économique[1]."

Les juges, eux, ne sont sollicités qu'à la toute fin de la procédure, au moment où les deux parties, l'autorité américaine et l'entreprise, en sont à s'accorder sur un compromis. Le juge appose alors son tampon sur l'accord, le *consent judgment*. Le plus souvent, ces *rubber stamp judges* (juges des timbres en caoutchouc), comme on les surnomme, ne connaissent pas le dossier, ne posent aucune question et se contentent de tamponner et de signer. "Le juge américain, écrit le juriste Jean Pradel, n'effectue en pratique qu'un contrôle superficiel[2]."

Au point que certains magistrats commencent à s'interroger. À quoi servent-ils réellement ? Est-ce vraiment cela la justice : un cachet sur une transaction financière ? Non. Ces magistrats ont une tout autre opinion de leur travail et exigent d'être associés en amont à la procédure. Le juge fédéral Jed Saul Rakoff, du tribunal de Manhattan, est l'un de ces rebelles. En 2011, il bloque l'accord entre la SEC et Citigroup, la SEC accusant la banque d'avoir vendu à des investisseurs des titres qu'elle savait toxiques. Le juge estime que ce type d'accord entre l'entreprise et

---

1. Olivier Boulon, "Une justice négociée", *in* Antoine Garapon, Pierre Servan-Schreiber (sous la dir.), *Deals de justice. Le marché américain de l'obéissance mondialisée*, PUF, 2013, p. 42.
2. Jean Pradel, "Le plaider coupable, confrontation des droits américain, italien et francais", *Revue internationale de droit comparé*, vol. 57, n° 2, 2005, p. 484.

le procureur ne sert pas la justice. Trop d'opacité et d'allégations à son goût. Il en appelle aux grandes valeurs de la justice : la transparence, l'intérêt général et la vérité[1]. Le montant de l'amende infligée à Citigroup est de 285 millions de dollars ; Jed Saul Rakoff en conclut que l'accord demandé n'est "ni raisonnable, ni équitable, ni adéquat, ni respectueux de l'intérêt public[2]". Il s'étonne du fait que les preuves manquent pour condamner Citigroup. Bref, il refuse de jouer les caisses enregistreuses, donc de signer l'accord. Mécontente, la SEC fait appel devant le deuxième circuit à New York qui lui donne raison. Le juge Jed Saul Rakoff est contraint de signer l'accord[3]. Ses prises de position inspirent certains confrères mais ils sont encore peu nombreux à tenter de faire bouger les lignes. Il y a pourtant de quoi s'interroger sur l'État de droit *(rule of law)* en Amérique et sur les méthodes inquisitrices des autorités.

## La lettre noire des autorités américaines

L'histoire commence souvent de la même manière. Un jour, le PDG d'une entreprise étrangère et le président de son conseil d'administration reçoivent un courrier du DOJ, ou de l'OFAC ou de la SEC, l'une de ces agences de surveillance américaine, indiquant que l'entreprise "a probablement violé la loi américaine". L'expéditeur propose

---

1. Edward Wyatt, "Judge Blocks Citigroup Settlement With SEC", *New York Times*, 28 novembre 2011.
2. Les conclusions du juge sont lisibles ici : http://www.nysd.uscourts.gov/cases/show.php?db=special&id=138.
3. Joseph Ax, "US judge Reluctantly Approves SEC Citigroup $285 million Deal", Reuters, 5 août 2014.

à la société interpellée de collaborer, sinon elle prend le risque d'être traduite devant un tribunal américain. L'entreprise n'a guère le choix. Avec un pistolet pointé sur la tempe, elle ne peut qu'accepter de collaborer. Le procès est toujours un long et tortueux chemin qui place l'entreprise dans l'incertitude pendant des années. Qui plus est, il l'expose médiatiquement et nuit gravement à son image. Enfin, et c'est sans doute le pire, si elle refuse de collaborer, les autorités américaines peuvent lui retirer ses licences aux États-Unis. Ce qui la condamne quasiment à mort. Pas d'alternative donc, l'entreprise doit se plier à l'oukase américain.

En outre, la peur du gendarme américain est telle que certaines entreprises n'attendent plus de recevoir un courrier, et se dénoncent elles-mêmes. C'est le cas d'Airbus en 2017 qui a fait amende honorable auprès de la justice anglaise et française… espérant ainsi éviter les foudres des Américains (l'affaire Airbus est développée au chapitre 8). Généralement, l'entreprise révèle la fraude aux autorités à la suite d'une alerte et/ou d'un audit interne, exercice régulier qui consiste à passer au crible l'ensemble des procédures de conformité *(compliance)*, c'est-à-dire à vérifier si l'ensemble des lois nationales, des conventions internationales et des règles déontologiques ont été appliquées sur tel marché, dans telle zone géographique ou même dans les relations avec tel client important.

## De l'audit interne à l'enquête interne

Dans les grandes entreprises, l'audit interne est généralement mené avec l'appui d'un cabinet d'avocats, souvent anglo-saxon. "Sur la place parisienne, fait remarquer un avocat d'affaires qui travaille pour un grand cabinet anglo-saxon à Paris, il n'y a qu'une poignée d'avocats qui connaissent parfaitement ces questions car elles sont particulièrement complexes. Au cours de l'audit, on revoit entièrement toutes les procédures de *compliance* et de *due diligence*. On passe au peigne fin toutes les relations de l'entreprise avec les tiers qui lui ont permis de remporter ou de préserver des marchés. On pousse notre enquête le plus loin possible, jusqu'à vérifier qu'il n'y a aucun lien familial ou amical avec ces tiers et des membres de l'entreprise. On vérifie également les antécédents de ces intermédiaires, si ce sont des personnes parfaitement intègres ou si au contraire il s'agit de personnalités douteuses. On cherche à savoir si le tiers a été imposé par le client, ce qui est un très mauvais signe. Dans ce dernier cas, on conseille fortement à notre client de stopper net les relations et même de suspendre les paiements. C'est un argument qui comptera si le dossier un jour se retrouve sur le bureau du DOJ, du Serious Fraud ou du Parquet national financier[1]."

Encore faut-il savoir ce que l'on cherche. Quelles pratiques commerciales tombent sous le coup des lois américaines et quelles autres, pas ? Les Américains savent qu'il y a des zones d'ombre, et ils en profitent. Elles leur permettent de maintenir la pression sur les entreprises en se réservant de multiples angles d'attaque. Difficile alors de connaître les limites à ne pas franchir.

Jusqu'en 2012, le département de la Justice a refusé de publier des lignes directrices énonçant dans le détail ce qui est autorisé et ce qui ne l'est pas. Dans ces conditions, comment les entreprises pourraient-elles installer des

1. Entretien de janvier 2018, Paris.

programmes de conformité réellement efficaces ? Même l'OCDE s'en est plainte en 2010. Voici ce que l'on peut lire dans le rapport sur la mise en œuvre par les États-Unis de la convention OCDE de lutte contre la corruption. "L'équipe d'examen leur a en outre recommandé de regrouper et de synthétiser les informations mises à la disposition du public sur la mise en œuvre du FCPA[1]." Finalement, deux ans plus tard, en novembre 2012, le DOJ et la SEC consentent à publier leurs *Guidelines. A Resources Guide to the US Foreign Corrupt Practices Act*[2] devient le vade-mecum des bonnes pratiques commerciales : dix chapitres permettant de suivre et d'appliquer les recommandations (comptabilité, formation du personnel, poursuites, sanctions...).

Le cadre a beau s'éclaircir, certains angles morts persistent et compliquent la vie des entreprises. À partir de combien d'invitations au restaurant peut-on parler de tentative de corruption ? Faut-il absolument déclarer toutes les personnes que les commerciaux rencontrent dans le cadre d'un marché ? Quelles procédures suivre pour remplir correctement ses notes de frais ? Prendre en stage une personne issue de la famille d'un client est-il considéré comme un acte de corruption ? Etc.

Montrer patte blanche ne suffit pas. Les entreprises doivent également prouver qu'elles s'engagent pleinement contre la corruption. Comme en amour, seules les preuves comptent. Ainsi le DOJ peut-il exiger qu'on

---

1. Rapport de phase 3 sur la mise en œuvre par les États-Unis de la convention de l'OCDE sur la lutte contre la corruption, 2010, p. 5-6.
2. By the Criminal Division of the US Department of Justice and the enforcement Division of the US Securities and Exchange Commission. https://www.documentcloud.org/documents/515229-a-resource-guide-to-the-u-s-foreign-corrupt.html.

lui transmette le contrat de travail du salarié chargé de la conformité. Si c'est un junior ou un jeune senior qui gagne 60 000 euros par an et qui ne bénéficie pas d'un accès direct au grand patron, le DOJ estimera que l'entreprise ne prend pas au sérieux la lutte contre la corruption. Il est donc nécessaire que ce salarié soit expérimenté, qu'il gagne un bon salaire et surtout qu'il ait un accès régulier et rapide aux plus hauts dirigeants de la société.

L'audit interne sert donc à vérifier que les règles sont scrupuleusement respectées par les salariés – l'entreprise évite ainsi de prêter le flanc à l'intrusion des autorités américaines. Admettons que l'audit révèle certains faits douteux, l'entreprise doit alors réagir promptement. Pas question de glisser la poussière sous le tapis. Les conseils juridiques anglo-saxons préconisent systématiquement l'autodénonciation auprès des autorités américaines. C'est alors une enquête interne qui est diligentée et supervisée par les autorités en question.

## Une enquête interne généralement à charge

Au début de cette phase, l'entreprise doit immédiatement prendre des premières mesures urgentes et conservatoires : communiquer en interne (auprès de son conseil d'administration, de ses salariés…) et en externe (auprès de ses partenaires, des médias et des marchés) sur le fait qu'elle entre dans le radar des autorités judiciaires américaines ; veiller à la préservation des preuves et ordonner au responsable du service informatique de cesser les suppressions automatiques sur le ou les serveurs de l'entreprise, une procédure habituelle et régulière qui évite de surcharger les disques durs. Si le déclenchement de l'enquête est dû à un salarié, lanceur d'alerte, les dirigeants doivent garantir son anonymat et le protéger en n'exerçant aucune pression sur lui.

Une fois l'entreprise entre les mains des autorités américaines, elle peut négocier le périmètre de l'enquête : quel marché, quels pays, quelle période, quelles personnes impliquées, quelles données, quels documents, quels ordinateurs, quels disques durs externes, etc. Dans le droit américain la prescription pour les crimes de corruption et de violation d'embargo est de cinq ans. Pourtant, les autorités américaines n'hésitent pas à demander à l'entreprise d'enquêter sur les dix dernières années. "Dans ce cas, explique Sophie Scemla, avocate au barreau de New York et de Paris, je conseille à mes clients de ne pas céder à la pression et de rappeler à l'autorité américaine que la prescription est de cinq ans et non dix[1]."

Une fois toutes ces questions réglées, l'enquête commence. Enquête qui fait fi des droits de l'entreprise comme le remarque l'avocat Olivier Boulon. "Un long processus informel de coopération, parfois lourd, se met ainsi en place. Il est confidentiel et se déroule en dehors de tout cadre légal[2]." L'enquête est le plus souvent menée par une *law firm*, un cabinet d'avocats anglo-saxons – Norton Rose, Clifford Chance, Hugues Hubbard & Reed, tous les grands ont ouvert des antennes à Paris et dans diverses capitales –, appuyé par des sociétés spécialisées dans le recueil d'informations sur supports informatiques,

---

1. Entretien de septembre 2018.
2. Olivier Boulon, "Une justice négociée", *in* Antoine Garapon, Pierre Servan-Schreiber (sous la dir.), *Deals de justice. Le marché américain de l'obéissance mondialisée*, PUF, 2013, p. 70.

appelées *Forensic*. Avocats et consultants sont rémunérés par l'entreprise elle-même. Le coût est important ; il s'élève à plusieurs dizaines, voire plusieurs centaines de millions d'euros dans les grandes affaires telles que BNP, Société générale, Airbus, ou Alstom.

Pourquoi s'agit-il toujours de cabinets américains ou anglais très implantés aux États-Unis ? Les avocats français, allemands, italiens… sont-ils incompétents en la matière ? C'est en tout cas l'avis des autorités américaines qui ne veulent traiter qu'avec des avocats anglo-saxons. Question de compétence et de confiance. Les Américains craignent qu'un avocat français travaillant pour une multinationale tricolore ne remplisse pas aussi bien sa mission. Enquêter à charge contre son client ? Le système américain oblige l'entreprise à devenir le bourreau d'elle-même, comme le rappelle Olivier Boulon, ancien avocat au cabinet Skadden[1]. Cette conception du conseil est assez étrangère à la mentalité des défenseurs français. Or aux yeux des procureurs américains, le but de l'enquête interne n'est pas de défendre l'entreprise mais, au contraire, de l'accabler. Dans l'ex-Union soviétique et dans la Chine communiste, plus l'accusé se chargeait lui-même, plus les autorités étaient satisfaites ! Le droit extraterritorial américain place donc l'avocat dans une situation particulièrement inconfortable. Et visiblement, l'avocat français est bien moins armé que son homologue américain pour affronter une telle situation. "Il faut être crédible auprès de ces autorités, précise un avocat français travaillant pour un cabinet anglo-saxon à Paris, et

1. Olivier Boulon utilise le titre d'un poème de Baudelaire tiré des *Fleurs du mal*, "L'Héautontimorouménos", terme grec qui signifie "bourreau de soi-même", in *ibid.*, p. 41 et 43.

aligner des avocats qui maîtrisent parfaitement le droit américain[1]." Cette maîtrise implique-t-elle la mise au rebut de la déontologie ?

Ces avocats mi-défenseurs mi-accusateurs sont appuyés par des consultants chargés de récupérer toutes les données informatiques *(forensic)* de l'entreprise qui serviront de preuves légales. Les data sont regroupées sur un serveur spécial qui contient des centaines de milliers voire des dizaines de millions de courriels et autres documents appartenant à l'entreprise visée. En théorie, ces serveurs sont installés en Europe, ils sont censés être ultra-cryptés, et seuls les avocats du cabinet anglo-saxon parisien ainsi que quelques administrateurs détiennent les codes pour y accéder. Mais comment être sûr que les accès et les mots de passe ne sont pas divulgués à New York et à Washington ? C'est à partir de cette immense base de données très sensibles que les avocats rédigent leurs premiers rapports aux autorités américaines.

## Des avocats transformés en procureurs

Les premiers rapports établis, les avocats passent à la phase des entretiens. Les salariés sont convoqués pour répondre à certaines questions. "Je n'ai aucun moyen juridique, précise un avocat d'affaires américain travaillant à Paris, d'obliger un membre du personnel à honorer cette convocation, mais je doute fort que sa hiérarchie apprécie un éventuel refus de sa part. Mon rôle n'est pas de monter un dossier contre lui, mais de rechercher des faits, de

1. Entretien de janvier 2018.

vérifier et de croiser des informations[1].” Un travail qui s'apparente à celui de journaliste ou de policier…

En réalité, les salariés ont souvent le sentiment que les avocats de leur entreprise enquêtent à charge contre eux. “Ce sont des moments extrêmement déplaisants, relate cette cadre d'Airbus. On se sent seule et faible car vos interlocuteurs cherchent à vous déstabiliser en vous mettant sous le nez des courriels qui datent de Mathusalem et dont vous ne gardez aucun souvenir[2].” Les entretiens, que certains salariés qualifient carrément d'interrogatoires, sont souvent réalisés par des avocats américains. Lorsque ces juristes ne parlent pas français, ils demandent que les entretiens aient lieu en anglais. Et l'expérience peut être particulièrement déstabilisante pour un salarié qui ne maîtrise pas les subtilités de la langue de Shakespeare. D'autant qu'il n'y a pas forcément d'interprète lors de ces rencontres.

Marc est cadre supérieur chez Airbus. Il a été interrogé à plusieurs reprises par les avocats anglo-saxons. “La première fois, ils étaient trois du cabinet Hughes Hubbard & Reed. Leur chef était américain et souhaitait mener l'entretien en anglais. C'est une langue que je parle couramment mais j'estime que sur le territoire de la République je dois pouvoir m'exprimer en français. L'entretien a donc tourné court, l'avocat américain ne parlant pas un mot de notre langue[3].” Finalement Marc a accepté un autre entretien avec la présence d'un interprète.

Les avocats et les entreprises manquent d'expérience et de cadre pour réaliser ce type d'entretien. Alors chacun

1. Entretien de février 2018, Paris.
2. *Ibid.*
3. Entretien de mai 2018, Paris.

improvise. Certains salariés se plaignent de ne pas avoir accès au procès-verbal (PV) de leur entretien. "Il est vrai que nous n'en fournissons pas et que je ne le fais jamais relire par le salarié", reconnaît cet avocat d'un grand cabinet américain. "Je ne fais pas signer le document aux salariés", constate un autre avocat d'affaires anglo-saxon situé à Paris.

Témoignage plus édifiant encore, celui d'un avocat français exerçant dans une *law firm* américaine à Londres. Il a notamment travaillé sur le dossier BNP et en garde un souvenir particulièrement amer. "Avec le recul, je me rends compte que nous nous sommes vraiment mal comportés et n'avons pas tenu compte des droits des salariés. Il nous est arrivé d'interroger plusieurs fois pendant deux semaines d'affilée le même salarié de la filiale suisse de la Banque. J'étais toujours accompagné d'un avocat américain qui posait ses questions uniquement en anglais. Nous avions installé des postes pour accueillir un interprète. Nous préparions les entretiens en épluchant des milliers de courriels et de documents qui dataient parfois d'une dizaine d'années. Nous savions pertinemment que certains d'entre eux mettaient le salarié en difficulté. Pourtant, jamais nous ne lui avons proposé de se faire accompagner par un avocat. Nous ne lui avons jamais fait relire les PV d'entretiens. Nous étions parfaitement conscients que nos méthodes bafouaient les droits élémentaires de la défense[1]."

Pourtant, faire relire les déclarations d'un salarié est une recommandation de l'Ordre des avocats. Un procès-verbal d'entretien n'est pas un document neutre. Il n'est pas couvert par le secret professionnel et peut donc être présenté devant un tribunal comme pièce à charge contre le

1. Entretien de juin 2018, Londres.

salarié. Et ce même s'il a été réalisé en anglais et n'a été ni relu ni signé. "De la chancellerie à l'Ordre des avocats, remarque un ancien d'un cabinet anglo-saxon, reconverti dans le conseil, tout le monde est au courant de ces pratiques très limites, mais tout le monde s'en fiche. Cela fait pourtant tache pour notre démocratie qui prétend défendre les règles de droit." Cette négligence aurait-elle un lien avec le fait que les plus gros contributeurs[1] du barreau parisien soient des cabinets anglo-saxons ?

Le Conseil de l'Ordre des avocats s'est tout de même saisi de la question tant elle commençait à faire des remous dans la profession et a considéré que l'enquête interne pouvait entrer dans le champ professionnel de l'avocat. Dans les recommandations générales de son "Vademecum de l'avocat chargé d'une enquête interne[2]", ajouté en 2016 au Règlement intérieur national de la profession d'avocat, il est précisé que l'avocat "veillera notamment à observer les principes essentiels de conscience, d'indépendance, d'humanité, de loyauté, de délicatesse, de modération, de compétence et de prudence. Il s'abstiendra de toute pression sur les personnes qu'il entendra". Le Conseil de l'Ordre demande par conséquent que la personne auditionnée ait "la possibilité de relire ses déclarations et de les signer si elle y consent" lorsque ses déclarations sont recueillies *verbatim*. Il préconise en revanche que l'avocat s'abstienne "de lui en remettre une copie si la préservation de la confidentialité de l'enquête commande de s'en

---

1. Les montants des contributions au barreau étant fonction du chiffre d'affaires des cabinets.
2. Nouvelle annexe XXIV. "Vademecum de l'avocat chargé d'une enquête interne", séance du Conseil de l'Ordre du mardi 13 septembre 2016. http://www.avocatparis.org/mon-metier-davocat/publications-du-conseil/nouvelle-annexe-xxiv-vademecum-de-lavocat-charge-dune.

abstenir au regard des règles de confidentialité françaises ou étrangères applicables". Cette référence aux règles étrangères montre que le droit américain peut tout à fait s'appliquer sur le territoire français. Le Conseil rappelle que la personne auditionnée "peut se faire assister ou conseiller par un avocat lorsqu'il apparaîtra, avant ou pendant son audition, qu'elle puisse se voir reprocher un agissement à l'issue de l'enquête interne". Il précise enfin que l'avocat chargé de l'enquête interne ne peut pas représenter son client dans une procédure dirigée contre une personne qu'il a auditionnée. "C'est l'ensemble du système qui est vicié, dénonce cet avocat en colère. Mes confrères oublient complètement leur mission première : défendre leurs clients. Au lieu de cela, ils encaissent de généreux chèques en facturant des services de *compliance*. Cela fait marcher le business, pas la justice."

Tout au long de l'enquête interne (qui dure selon la taille de l'entreprise plusieurs mois, voire plusieurs années), les avocats, mandatés et rétribués par l'entreprise envoient régulièrement des rapports aux autorités américaines, lesquelles peuvent demander des compléments, l'approfondissement de certains points, ou même de creuser vers d'autres directions. Lorsque l'enquête est bouclée, les avocats la présentent aux autorités américaines. Celles-ci en apprécient la qualité tout en évaluant le programme de conformité de l'entreprise à partir de dix critères connus sous le nom de *Filip Factors*[1] : nature et gravité de l'infraction ; antécédents de l'entreprise ; présence répétée d'actes répréhensibles ; volonté de

1. Du nom du juriste Mark Robert Filip qui les a formalisés en 2008, alors qu'il était procureur général adjoint. https://www.justice.gov/criminal-fraud/page/file/937501/download.

coopération à l'enquête de l'entreprise ; existence et efficacité d'un programme de conformité ; divulgation volontaire de la part de l'entreprise d'actes répréhensibles ; mesures prises par la société pour corriger ces actes ; conséquences collatérales d'éventuelles sanctions sur les actionnaires ou le public…

## Les accords du plus fort

C'est à partir du bilan des *Filip Factors* que le procureur trouve un compromis avec les dirigeants de l'entreprise. Il existe trois accords possibles. Un *guilty plea* (plaider-coupable), dans lequel l'entreprise reconnaît ses fautes et s'expose à des sanctions importantes. Il intervient lorsque les fautes sont particulièrement graves et que le DOJ estime que l'entreprise n'a pas suffisamment collaboré. Ainsi BNP et Alstom ont-ils signé (respectivement en juin 2014[1] et décembre 2014[2]) un *guilty plea* accompagné de fortes amendes mais en préservant leur accès aux marchés américains. Plus fréquent, le Deferred Prosecution Agreement (DPA) que l'on peut traduire par "accord de poursuite différée". Il permet aux deux parties de ne pas prononcer les gros mots de corruption ou de violation de l'embargo. La faute n'est donc pas caractérisée. L'entreprise reconnaît

1. "BNP Paribas Agrees to Plead Guilty and to Pay $8.9 Billion for Illegally Processing Financial Transactions for Countries Subject to US Economic Sanctions", 30 juin 2014. https://www.justice.gov/opa/pr/bnp-paribas-agrees-plead-guilty-and-pay-89-billion-illegally-processing-financial.
2. "Alstom Pleads Guilty and Agrees to Pay $772 Million Criminal Penalty to Resolve Foreign Bribery Charges", DOJ, 22 décembre 2014. https://www.justice.gov/opa/pr/alstom-pleads-guilty-and-agrees-pay-772-million-criminal-penalty-resolve-foreign-bribery.

toutefois les faits *(statement of facts)*, s'engage à ne pas les réitérer, paie une lourde amende et met en place des mesures de surveillance et de prévention. Les sociétés Technip et Alcatel-Lucent ont respectivement signé un DPA le 24 juin et le 20 décembre 2010. Enfin, troisième accord, le Non Prosecution Agreement (NPA) : le DOJ lève les poursuites tout en conservant la possibilité de les relancer plus tard en cas de non-respect de l'accord. Il arrive également que le DOJ renonce de lui-même à poursuivre lorsqu'il estime que les procédures internes de lutte contre la corruption sont irréprochables. C'est ainsi qu'en 2012 la banque américaine Morgan Stanley évite une sanction à la suite d'actes de corruption en Chine. Ce n'est pas la banque qui a été sanctionnée mais l'un de ses dirigeants installé à Singapour. Garth Peterson a d'ailleurs plaidé coupable devant un tribunal de Brooklyn (New York) pour corruption d'officiels chinois et enrichissement personnel[1]. Le DOJ a donc estimé que la banque avait mis en place les bonnes procédures même si son salarié était parvenu à les contourner à son profit.

Dans les deux premiers accords (*guilty plea* et Deferred Prosecution Agreement), il arrive fréquemment que le DOJ ne se contente pas de mettre les entreprises à l'amende, mais impose aussi la nomination d'un surveillant en intégrité *(corporate monitor)*. Choisie en accord avec le DOJ, cette personne est directement en contact avec les plus hauts dirigeants de l'entreprise. Elle bénéficie ainsi d'un accès à tous les documents de la société,

---

1. "Former Morgan Stanley Managing Director Pleads Guilty for Role in Evading Internal Controls Required by FCPA", 25 avril 2012, Department of Justice. https://www.justice.gov/opa/pr/former-morgan-stanley-managing-director-pleads-guilty-role-evading-internal-controls-required.

des plus banals ou plus sensibles. Elle peut également interroger n'importe quel cadre ou dirigeant. Le *corporate monitor* est chargé de surveiller l'entreprise afin d'assurer que les bonnes pratiques sont respectées et qu'il n'existe plus de risque de fraude ou de corruption. Il rend des comptes aux autorités américaines à travers des rapports réguliers. Jusqu'aux années 2000, Washington imposait un homme ou une femme de nationalité américaine. À partir de l'affaire Siemens en 2008 et des protestations des gouvernements étrangers, les entreprises européennes ont obtenu la possibilité de nommer un surveillant de leur nationalité. Chez Alcatel, c'est l'avocat français Laurent Cohen-Tanugi qui a été chargé de surveiller l'entreprise. Il est l'auteur d'un texte plutôt favorable à l'extraterritorialité du droit américain[1]. Chez Total et Technip, c'est Jean-François Théodore, fondateur de la Bourse paneuropéenne Euronext, qui a occupé cette fonction.

Les documents rédigés par le *corporate monitor* sont extrêmement complets. Le surveillant ayant accès à tous les secrets de l'entreprise, ses rapports regorgent d'informations inestimables qui feraient le bonheur des concurrents. La plupart revêtent un caractère confidentiel. Pour éviter les fuites de certaines informations, le rapport est censé être lu par des agents des ministères de la Justice et de l'Économie afin de vérifier qu'il ne viole pas la loi française sur la transmission d'informations économiques à un État étranger[2]. Toute la question est de savoir si des

---

1. "L'application extraterritoriale du droit américain, fer de lance de la régulation économique internationale", *Les Cahiers*, En temps réel (think tank), décembre 2014.
2. Loi n° 68-678 du 26 juillet 1968 relative à la communication de documents et renseignements d'ordre économique, commercial, industriel, financier ou technique à des personnes physiques ou

informations à priori anodines ne se révèlent pas très sensibles. Par exemple, la liste des déjeuners, des dîners et plus largement des rencontres des cadres dirigeants, ou encore l'inventaire de leurs déplacements en France et à l'étranger. Ces informations, apparemment banales, sont précieuses pour qui souhaite connaître les réseaux internationaux de l'entreprise, déchiffrer sa stratégie commerciale et même connaître ses projets en recherche et développement (R&D), voire la cible de sa prochaine OPA... Aujourd'hui encore, de nombreux dirigeants d'entreprises ne semblent pas conscients du problème, comme l'indiquent certains témoignages recueillis par la mission parlementaire sur l'extraterritorialité du droit américain sur laquelle nous revenons dans le chapitre 5. Des chefs d'entreprise y déclarent que les rapports des moniteurs ne portent que sur la mise en œuvre des programmes de conformité "mais en aucun cas sur leurs activités opérationnelles[1]".

Ce n'est pas l'avis de Claude Revel. Déléguée interministérielle à l'intelligence économique de 2013 à 2015, elle a lu les rapports des moniteurs consignés au Service central de prévention de la corruption[2] (SCPC) : "J'étais effarée de constater que des informations hautement confidentielles étaient envoyées aux États-Unis[3]." Claude Revel propose alors de modifier certains passages, d'en présenter d'autres différemment, de s'abstenir de communiquer certains détails. Bref, elle fait son travail. "Et

---

morales étrangères, modifiée par la loi n° 80-538 du 16 juillet 1980, dite "loi de blocage".

1. Pierre Lellouche, Karine Berger, "Rapport d'information sur l'extraterritorialité de la législation américaine", *op. cit.*, p. 69.
2. Devenu l'Agence française anticorruption (AFA) en 2016.
3. Entretien de mars 2018, Paris.

encore, je me retenais pour ne pas passer pour le censeur de service." Ces propositions ont-elles été prises en compte ? Elle n'en sait rien car elle n'a jamais eu de retour. Elle estime néanmoins que les risques n'étaient pas négligeables. "On ne peut pas exclure l'instrumentalisation de ces rapports. Ils peuvent affaiblir l'entreprise avant un éventuel rachat. Certaines informations surévaluées par le rapporteur peuvent être mal interprétées et entraîner l'exclusion d'un marché." Claude Revel craint le zèle des moniteurs. Lorsque c'est un avocat inscrit au barreau de Paris et de New York, il a tendance à trop vouloir plaire aux autorités américaines. De plus, le moniteur est aidé dans sa mission par des experts (consultants et avocats). Du coup, il n'est pas le seul à avoir accès aux informations sensibles de l'entreprise, ce qui multiplie les risques de divulgation. Cet ancien cadre chargé de la *compliance* chez HSBC peut témoigner de l'attention portée par les Américains à ces informations : "C'est fou le nombre de ces experts de sociétés qui sont d'anciens agents du FBI et de la CIA."

## Loi dite de blocage : une législation pour rien !

Qu'en est-il de la loi dite de blocage votée en 1968 et qui défend aux entreprises de transmettre des informations économiques à des autorités étrangères ? Elle a été révisée en 1980 par des députés conscients du "climat de guerre économique[1]" qui règne à l'aube de la mondialisation

1. Rapport n° 1814 d'Alain Mayoud au nom de la commission de la production et des échanges de l'Assemblée nationale, 19 juin 1980.

actuelle et qui oppose aussi bien les pays de l'Ouest au bloc soviétique que les pays du monde libre entre eux au moment où la puissance américaine est contestée par la croissance économique de l'Europe.

Entreprises ou État, personne ne la respecte. Dans son article 1, elle stipule qu'il est "interdit à toute personne physique de nationalité française ou résidant habituellement sur le territoire français [...] de communiquer par écrit, oralement ou sous toute autre forme, en quelque lieu que ce soit, à des autorités publiques étrangères, les documents ou les renseignements d'ordre économique, commercial, industriel, financier ou technique, dont la communication est de nature à porter atteinte à la souveraineté, à la sécurité, aux intérêts économiques essentiels de la France...", sous réserve des traités internationaux. On peut difficilement être plus clair. Or tout le monde se moque de cette loi, aussi bien les autorités américaines que la justice et les entreprises françaises.

Loin d'accabler les dirigeants, elle est censée protéger les entreprises en leur donnant un prétexte imparable pour ne pas livrer des informations sensibles à un État étranger. Le problème, c'est qu'elle n'est pas ou quasiment pas appliquée car elle place les entreprises dans une situation intenable : livrer les informations et donc tomber sous le coup de la loi française ou ne pas livrer les informations et voir le marché américain se fermer ! Les condamnations sont à compter sur les doigts d'une seule main. Un avocat d'un cabinet américain parisien a été condamné en décembre 2007 à 10 000 euros d'amende pour avoir demandé à un interlocuteur de l'assureur MAAF "de lui fournir des indications sur la manière dont les décisions du conseil d'administration avaient été prises à l'époque du rachat d'Executive

Life[1]". Quatre autres petites affaires ont été jugées sur la base de l'article 1 *bis* qui interdit de demander, de rechercher et de communiquer des informations commerciales, financières…

C'est très peu et cela permet aux autorités américaines d'en conclure que cette loi dite de blocage n'est pas crédible et ne peut donc être un prétexte pour refuser de fournir les renseignements exigés[2]. C'est d'ailleurs l'avis de la Cour suprême des États-Unis. Elle constate dans un arrêt rendu en 1987 que cette loi n'a été que trop rarement appliquée[3]. Elle donne aux juges américains toute latitude pour apprécier par eux-mêmes si la violation de cette loi est plus risquée pour les dirigeants de l'entreprise que le non-respect de la législation américaine. Dans la majorité des cas, les juges statuent en faveur de la violation de la loi française. Car les risques pour les contrevenants sont minimes au regard de la loi française : six mois de prison et 18 000 euros d'amende pour une personne physique et 90 000 euros pour une personne morale. Résultat : ce sont les autorités administratives et les juges américains qui évaluent la valeur d'une loi votée au nom du peuple français.

Les dirigeants et leurs avocats sont donc coincés. La plupart du temps, ils préfèrent obéir aux Américains et prendre le risque d'être poursuivis par des salariés, des

1. https://www.legifrance.gouv.fr/affichJuriJudi.do?idTexte=JURITEXT000017837490. Consulté le 2 novembre 2018.
2. Bryan Cave LLP, "La loi de blocage : une protection française efficace contre les procédures de communication de preuves internationales ?", *Bulletin*, juin 2014. https://www.bryancave.com/images/content/2/1/v2/2182/ComLit-Alert-FR-6-19.pdf.
3. Société nationale industrielle aérospatiale v. United States District Court for the Southern District of Iowa, 482 US 522 (1987).

syndicats ou même des commissaires aux comptes. "Alors, on se débrouille, explique un avocat français. On envoie les documents exigés en prenant soin de caviarder les noms et les informations économiques sensibles[1]." Parallèlement, les avocats de l'entreprise aident les autorités américaines à bien formuler leur demande d'entraide judiciaire à la justice française. Pour obtenir exactement ce qu'elles recherchent, la demande doit être rédigée avec précision. "Malgré nos conseils, il arrive parfois que les questions posées par les autorités américaines ne soient pas correctement rédigées et que les autorités françaises retardent les réponses. On ne bloque pas pour autant les informations sinon les Américains interpréteraient le retard comme une volonté de ne pas collaborer." Lorsque les demandes américaines sont bien formulées, et donc validées par les autorités françaises, alors intervient la police française qui se rend au siège de l'entreprise, parfois accompagnée d'un représentant du DOJ, pour recueillir les réponses. Ce n'est qu'à partir de cette étape que les informations peuvent être transmises légalement aux autorités américaines.

## Une clause qui muselle les entreprises

Revenons à l'accord signé entre l'entreprise et les autorités américaines à l'issue de l'enquête interne. C'est un accord inscrit dans le marbre, et l'entreprise ne peut en aucun cas le contester. Elle signe d'ailleurs une convention spéciale appelée *muzzle clause*, littéralement "clause muselière", interdisant à l'entreprise de désavouer le contenu de l'accord devant une juridiction américaine ou étrangère.

---

1. Entretien de septembre 2017.

Ses dirigeants sont également sommés de se taire et de ne jamais le remettre publiquement en cause. Autrement dit, l'entreprise est pieds et poings liés. Impossible d'interpréter la moindre virgule de l'accord, même devant les journalistes. L'entreprise n'a pas le droit de présenter sa propre version des faits à la presse. Sinon le département de la Justice américain lui tape sur les doigts. John Peace, chairman de la banque britannique Standard Chartered, en a fait l'amère expérience. En 2013, sa banque écope d'une amende de 327 millions de dollars pour violation de l'embargo envers l'Iran et la Libye. Le 5 mars 2013, il déclare aux journalistes que les faits reprochés sont fondés sur des erreurs d'appréciation et qu'il n'y a aucun acte volontaire de la part de la banque pour détourner la loi américaine. Il est immédiatement rappelé à l'ordre par le procureur américain qui exige une rétractation et des excuses[1].

L'accord avec les justiciers américains fait force de loi. Il peut donc être utilisé comme élément à charge dans un procès ultérieur. La reconnaissance des faits *(statement of facts)* fonctionne comme un aveu de culpabilité. Or l'entreprise ne peut pas le contester sans prendre le risque de s'exposer au courroux des procureurs américains. Elle peut toutefois désamorcer la charge en expliquant devant une juridiction les conditions très particulières d'obtention de ses "aveux". Elle peut aussi et surtout en appeler à la règle *non bis in idem* qui interdit de juger et de condamner une personne physique et une personne morale pour les mêmes faits. C'est une règle, pas une loi internationale. Ce qui signifie qu'elle reste à la discrétion de chaque

1. Isabella Steger, "Standard Chartered Chairman Retracts Comments on US Sanction Violations", *Wall Street Journal*, 21 mars 2013.

État. L'OCDE a pris la précaution de l'inscrire dans sa Convention sur la lutte contre la corruption d'agents publics étrangers dans les transactions commerciales internationales[1]. L'article 4 § 3, recommande aux États de se concerter "afin de décider quelle est la Partie la mieux à même d'exercer les poursuites". En Europe, la Cour de justice estime qu'un accord avec une autorité américaine revêt le statut d'un jugement et que la règle *non bis in idem* doit s'appliquer[2]. Toutefois, rien n'empêche un État de poursuivre l'entreprise à la suite de délits et de crimes commis sur son propre territoire quand bien même ils ont fait l'objet d'un accord avec une autorité américaine.

## L'extraterritorialité à l'épreuve de la Constitution américaine

Comme on vient de le voir, l'extraterritorialité des lois américaines contredit certains principes du droit international. Mais respecte-t-elle pour autant la Constitution américaine ? Jusqu'au début des années 2000, écrit un juge de la Cour suprême américaine, la Cour "interprète ordinairement les lois ambiguës de façon à éviter une interférence déraisonnable avec la souveraineté d'autres nations. Un membre de la Cour, le juge Scalia, a estimé que ce principe d'interprétation constituait l'équivalent du principe internationalement reconnu de « courtoisie internationale prescriptive » qui recommande aux États d'éviter d'appliquer abusivement leurs lois à des personnes situées à l'étranger

---

1. Ainsi que dans le Pacte international sur les droits civils et politiques de 1966.
2. CJUE, 11 février 2003, n° 187/01.

ou à des activités se produisant en dehors des frontières, par respect pour la souveraineté des autres États[1]". Une position confirmée par la Cour suprême en 2010[2] qui pose le principe de "présomption contre l'extraterritorialité" des lois fédérales américaines, excepté si le législateur le précise explicitement dans la loi. L'administration judiciaire américaine semble faire fi de cette conception et estime qu'aujourd'hui les interférences avec la souveraineté des autres États ne sont plus déraisonnables.

D'autre part, le cinquième amendement de la Constitution américaine, par exemple, donne au grand jury le monopole de l'accusation, interdit la double condamnation pour le même crime et exclut l'auto-incrimination. "Nul ne sera tenu de répondre d'un crime capital ou infamant sans un acte de mise en accusation, spontané ou provoqué, d'un Grand Jury [...] ; nul ne pourra pour le même délit être deux fois menacé dans sa vie ou dans son corps ; nul ne pourra, dans une affaire criminelle, être obligé de témoigner contre lui-même..." Autant de protections que l'administration de la justice américaine semble ignorer. C'est parce qu'elle a trouvé la parade : le cinquième amendement ne s'applique pas à l'entreprise car celle-ci... coopère ! Il ne s'agit donc pas d'une enquête à charge mais d'une collaboration entre l'entreprise et le DOJ. D'ailleurs, la Cour suprême a tranché la question à plusieurs reprises : le cinquième amendement – notamment le droit de ne pas s'accuser soi-même – ne concerne que les individus, pas les entreprises. "Le cinquième amendement, ont écrit les juges de la haute cour

---

1. Stephen Breyer, *La Cour suprême, le droit américain et le monde*, trad. Renaud Beauchard, Odile Jacob, 2015, p. 117.
2. Morrison v. National Australia Bank.

en 1906, protège les libertés civiles individuelles, et non les intérêts économiques des entreprises[1]."

Pour pointer l'écart entre la Constitution et les pratiques de l'administration américaine, il faudrait qu'une entreprise ait le courage d'aller jusqu'au procès afin qu'un tribunal puisse trancher aussi bien sur la forme que sur le fond. Qu'est-ce que les autorités judiciaires ont le droit de demander à une entreprise étrangère au cours de l'enquête interne ? Qu'est-ce qu'elles n'ont pas le droit d'exiger ? Mais aucune entreprise étrangère n'a osé réclamer ses droits devant un tribunal. C'est pourtant l'unique moyen de savoir si les agences américaines enfreignent les lois en abusant du concept d'extraterritorialité.

Signe positif qui devrait encourager les entreprises à emprunter cette voie : le 24 août 2018, une cour d'appel américaine a limité l'extraterritorialité du FCPA dans l'affaire dite "United States v. Hoskins"[2]. Lawrence Hoskins est un ancien cadre britannique d'Alstom UK accusé de corruption par le DOJ dans un marché en Indonésie. Dans cette affaire, la société Alstom a été condamnée en 2014 à une amende de 772 millions de dollars par le DOJ. Mais certains cadres restaient dans le collimateur de la justice américaine. En première instance, Lawrence Hoskins avait déjà obtenu gain de cause. Ce jugement a donc été confirmé par la cour d'appel qui considère qu'un étranger non résident aux États-Unis ne peut pas être poursuivi pour complicité dans le cadre du FCPA si l'administration n'apporte pas de preuves suffisantes pour

---

1. Cour suprême, Hale v. Henkel, 1906. Décision confirmée en 1974 dans le cas Bellis v. United States et en 1988 dans le cas Braswell v. United States.

2. https://law.justia.com/cases/federal/appellate-courts/ca2/16-1010/16-1010-2018-08-24.html. Consulté le 24 septembre 2018.

établir un lien solide entre cette personne et le territoire américain. La cour d'appel estime que les courriels et les autorisations de paiement signés par Lawrence Hoskins ne sont pas des liens suffisants pour incriminer un étranger dans ce type d'affaire. Lawrence Hoskins n'étant pas physiquement présent sur le territoire des États-Unis pendant les faits et n'ayant pas agi comme mandataire d'une société américaine ou d'une filiale américaine d'une société étrangère, ses activités n'entrent pas dans le cadre de la loi FCPA. Cet arrêt démontre les limites d'une justice administrative laissée en roue libre[1]. Reste à guetter la décision finale de la Cour suprême qui devrait se prononcer sur cet arrêt important. Lequel, s'il est confirmé, pourrait freiner la machine de guerre juridique américaine.

Un procès en bonne et due forme permettrait de savoir si le droit américain peut réellement s'appliquer à des entreprises étrangères à partir de faits n'ayant pas eu lieu sur le territoire américain. "Faute de procès devant un juge, écrivent les avocats Félix de Belloy et Ralph Moughanie du cabinet Boken, les jurisprudences relatives à l'application des lois pénales à portée extraterritoriale, notamment en matière de corruption, sont quasi inexistantes, et le DOJ règne ainsi sur la moralité des relations économiques mondialisées[2]."

Un tribunal des États-Unis, s'il était sollicité par une entreprise ou un individu, pourrait également statuer

1. Maître Sophie Scemla, "Le FCPA n'a pas un champ d'application extraterritorial automatique", revue *actuEL Direction juridique*, 2 octobre 2018. http://www.actuel-direction-juridique.fr/content/le-fcpa-na-pas-un-champ-dapplication-extraterritorial-automatique-indique-m-scemla.
2. Félix de Belloy et Ralph Moughanie, "Une brèche dans la suprématie juridique américaine", *Le Monde*, 26 octobre 2018.

sur la fameuse théorie des effets tant invoquée dans les lois extraterritoriales. Cette théorie est-elle vraiment pertinente ? La corruption des entreprises étrangères en dehors des frontières américaines entraîne-t-elle des conséquences directes et significatives sur le territoire américain ? L'utilisation du dollar est-il un argument suffisant pour sanctionner une entreprise qui commerce avec un État que Washington a classé parmi les États voyous ? Faut-il admettre que le billet vert offre *de facto* une compétence juridictionnelle universelle aux États-Unis ? Et que le dollar doit piloter la gouvernance mondiale ? Seul un tribunal peut répondre à ces questions car les réponses ne figurent jamais dans les accords signés, souvent opaques, à l'issue de l'enquête interne. Accords dont on ne connaît qu'une infime partie, généralement la plus visible, les montants des amendes. Des sommes tellement folles qu'elles ont fini par réveiller nos députés.

5

## L'INDIGNATION DES DÉPUTÉS FRANÇAIS

À partir de 2008, les coups pleuvent sur les entreprises européennes. Les Américains ont décidé de frapper fort et de montrer qu'ils n'accepteront plus aucun dérapage de la part de leurs alliés. C'est la tolérance zéro en matière de corruption et de violation des embargos. Les blessures infligées aux entreprises européennes sont d'abord financières : de quelques dizaines de millions d'euros au début des années 2000, les amendes passent à plusieurs centaines de millions d'euros, jusqu'à atteindre plusieurs milliards d'euros en 2014. Les coups peuvent aussi être mortels. Certaines entreprises visées par l'administration américaine ne se relèvent pas et n'ont d'autres choix que de se vendre à la concurrence. C'est le cas d'Alcatel, Technip et Alstom.

Alstom est l'affaire de trop pour les Français. Le rachat en 2014 de sa filiale énergie par le géant américain General Electric met l'opposition parlementaire en émoi. La droite réclame une commission d'enquête. Elle veut comprendre pourquoi et comment un joyau industriel français a été ainsi bradé. Finalement, elle renonce, faute de véritable volonté de la part des députés de l'opposition.

Mais tous ne baissent pas les bras. Le député Pierre Lellouche veut comprendre car il doute des intentions de l'allié américain. Avocat, député UMP réputé très atlantiste, secrétaire d'État chargé des Affaires européennes puis du Commerce extérieur sous la présidence de Nicolas Sarkozy, cet élève de Raymond Aron est un ami des Américains. Mais l'affaire Alstom ébranle ses convictions. Il renoue alors avec ses racines gaullistes et les valeurs qu'elles incarnent, notamment l'indépendance de la France. En février 2016, Pierre Lellouche propose la création d'une mission parlementaire d'information sur l'extraterritorialité de la législation américaine. Les socialistes de la commission des finances sollicitent alors Karine Berger pour en être la rapporteure au côté du député de droite qui la préside au nom de la commission des affaires étrangères.

"Franchement, explique Karine Berger, à l'époque, je ne connaissais strictement rien au sujet. Ni mes camarades socialistes ni moi-même ne voyions quels problèmes le droit américain posait à nos entreprises[1]." Au Parti socialiste (PS), la guerre économique n'est pas un sujet, elle n'a jamais fait l'objet de débat. Le PS ne dispose d'aucune vision stratégique sur le sujet. Pour lui, défendre l'entreprise contre des attaques étrangères, c'est défendre le patronat et personne, au PS, ne perçoit les enjeux cachés de l'hyper-compétition mondiale. Personne ne connaît les pratiques déloyales, voire illégales de certains États. En gros, pour les socialistes français, la guerre économique est un sujet de droite. "Il n'y a aucune pensée dans ce domaine au Parti socialiste", regrette Karine Berger.

---

1. Entretien de mars 2018, Paris. J'ai sollicité Pierre Lellouche à plusieurs reprises mais nos agendas n'ont pu concorder.

Les premières auditions ne convainquent pas la députée socialiste. Elle s'y ennuie et ne voit pas l'intérêt d'une telle mission parlementaire. Tout bascule lors de son voyage aux États-Unis. Effarée, elle découvre alors comment un État utilise sa police, ses procureurs et ses agences de surveillance des marchés pour défendre ses intérêts économiques. Première surprise, lors de sa rencontre avec des agents du FBI : "Pierre Lellouche et moi étions sidérés de les entendre nous dire tranquillement qu'ils avaient les moyens d'espionner n'importe quelle entreprise dans le monde et qu'ils n'avaient pas besoin de l'autorisation d'un juge pour cela. La moindre information, la moindre suspicion sur une entreprise, et ils investiguent en utilisant des moyens techniques particulièrement intrusifs. Cela leur suffit pour engager des poursuites. C'est simplement sidérant." D'autant que le FBI explique aux deux parlementaires français que l'agence déploie autant de moyens dans la lutte contre le terrorisme que dans la recherche de renseignements économiques. "Je réalise alors que le cœur du système d'intelligence économique américain est fondé sur l'espionnage économique et industriel." Sentiment confirmé lors de la rencontre avec les agences de régulation financière américaine, comme la SEC. "Leur lecture des intérêts américains est extensive et radicale. La moindre relation avec le territoire des États-Unis vous place automatiquement dans leur radar." À la SEC, les deux députés sont surpris par l'accueil qui leur est réservé. Leur interlocutrice refuse de décliner son identité. Sans doute, pense Karine Berger, n'assume-t-elle pas ses opinions car elle est persuadée que la justice française ne fait pas son travail. "J'ai alors menacé de l'écrire noir sur blanc dans notre rapport. Elle s'est affolée et nous a demandé de ne pas retranscrire ses propos." La tension monte d'un cran lorsque les deux députés abordent la question des sanctions contre l'Iran. Malgré l'accord de juillet 2015[1] signé par les États-Unis et qui lève les sanctions internationales contre Téhéran, la jeune femme refuse de garantir l'immunité des entreprises européennes qui commercent avec l'Iran. "Elle a franchement paniqué lorsque nous lui avons dit que nous écririons dans notre rapport que les États-Unis n'appliquent pas cet accord international." Soixante-douze heures et une visite au pays de l'Oncle Sam changent radicalement la vision qu'a Karine Berger du problème. "J'ai compris que nous étions dans une guerre économique sans foi ni loi."

De retour à Paris, elle tente de mobiliser sa majorité. En vain. Personne ne bouge. Pis, on la soupçonne d'avoir été retournée par Pierre Lellouche et de se faire l'avocate des intérêts capitalistes. Lorsqu'il lui prête une oreille, un ministre important du gouvernement Hollande en tire une conclusion pour le moins légère : "Décidément, lui dit-il, cette affaire est bien compliquée !!!" Même réaction du côté des entreprises qui ne souhaitent pas se mobiliser. Heureusement, le travail de Karine Berger et de Pierre Lellouche n'est pas totalement vain. Les députés parviennent à faire bouger les lignes sur un point important : l'introduction dans notre droit d'une procédure de plaider-coupable, une sorte de Deferred Prosecution Agreement (DPA) à la française. L'idée est de couper l'herbe sous le pied aux Américains et de leur signifier clairement que c'est à la France de laver son linge sale en famille. "C'était la seule façon de leur montrer que la

1. Voir chapitre 3, p. 102. De leur côté, les États-Unis maintiennent leurs propres sanctions contre l'Iran.

justice française fait son travail, poursuit les entreprises soupçonnées de corruption et condamne leurs mauvaises pratiques."

Le rapport Lellouche-Berger marque une étape. Il montre que la classe politique commence à ouvrir les yeux sur la violence des rapports économiques et les faux amis de la France. Pierre Lellouche s'interroge sur "cette situation qui a des conséquences macroéconomiques perceptibles [...] et entraîne aussi, inévitablement, des interrogations sur un possible « ciblage » des entreprises européennes et sur la loyauté de certaines pratiques des administrations américaines[1]". Sur 170 pages, les députés révèlent les ambiguïtés du droit extraterritorial américain. Tout y est : la légitimité juridique en regard du droit international, les enjeux politiques, économiques, financiers, diplomatiques, l'analyse juridique, le fondement des poursuites administratives, les intrusions abusives dans les affaires des entreprises, les réactions françaises et européennes et, enfin, les recommandations.

## Relever la tête

La mission parlementaire souligne la nécessité d'envoyer un message clair au gouvernement américain et envisage trois réactions : "jouer la confrontation ; essayer de contourner les difficultés ; chercher à limiter cette extraterritorialité par une coopération renforcée[2]". Et de préciser que les administrations françaises ont choisi de coopérer

1. Pierre Lellouche, Karine Berger, "Rapport d'information sur l'extraterritorialité de la législation américaine", *op. cit.*
2. *Ibid.*, p. 109.

avec les États-Unis. Les hauts fonctionnaires français ne se sentent-ils pas de taille à les affronter ?

Pierre Lellouche et Karine Berger ne partagent pas cette approche. Ils considèrent que la coopération avec Washington ne permettra pas de résoudre le cœur du problème. Ils militent pour l'établissement d'un rapport de force avec l'Amérique et proposent un plan de bataille : relancer les plaintes à l'Organisation mondiale du commerce (OMC) et réarmer juridiquement la France en adoptant une législation extraterritoriale similaire. Karine Berger et Pierre Lellouche exigent la réciprocité.

Les deux députés en appellent à l'Europe. Ils proposent de s'inspirer des États-Unis pour créer un OFAC européen : une agence chargée de poursuivre les entreprises qui ne respectent pas la législation européenne en matière de sanctions internationales. Après tout, Bruxelles dispose bien d'un Office européen de lutte antifraude (OLAF). Pourquoi ne pas prolonger ses missions en y incluant les sanctions économiques ? Le rapport Lellouche-Berger préconise également de soutenir l'euro, d'en faire la monnaie de référence des entreprises européennes et de leur permettre d'échapper au radar américain. Autres recommandations : renforcer les moyens de l'État affectés au renseignement économique et rendre ces informations plus accessibles aux entreprises : "Il est nécessaire que notre pays dispose en matière de renseignement économique d'outils permettant, sinon d'être « à armes égales » avec les services américains – compte tenu de l'énormité de leurs moyens et, de fait, de la qualité des dossiers qu'ils « montent » contre les entreprises –, du moins d'être plus crédible[1]."

---

1. *Ibid.*, p. 124.

Une préoccupation que partageront les parlementaires français trois ans plus tard. Dans son rapport déposé en avril 2018, la délégation parlementaire au renseignement (DPR) préconise de renforcer les moyens des services de renseignement dans le domaine économique et d'améliorer la coordination entre les différents services nationaux et régionaux de l'État en charge de protéger les intérêts économiques du pays[1]. Députés et sénateurs s'inquiètent d'une "prédation économique [qui] n'a jamais été aussi prégnante au niveau international" et "d'une persistance, voire [de] l'intensification, d'un espionnage économique agressif, orienté vers la captation d'informations et de données stratégiques". Ils pointent également la menace juridique américaine. "De nombreux pays tendent par ailleurs à faire de la législation une véritable arme d'ingérence économique [...] l'exemple de la législation américaine, notamment en matière de corruption, demeure le plus illustratif[2]..."

Enfin, la mission Lellouche-Berger propose de moderniser deux lois, l'une française, l'autre européenne. La première est la loi dite de blocage de 1968[3], renforcée en 1980, qui réglemente la communication d'informations économiques à un État étranger. Il s'agit d'encadrer strictement les surveillants d'intégrité *(corporate monitor)* et de punir plus sévèrement les contrevenants afin de rendre plus crédible cette loi aux yeux des procureurs et juges américains qui lui reprochent son manque

---

1. "Activité de la délégation parlementaire au renseignement pour l'année 2017", rapport de M. Philippe Bas, sénateur, fait au nom de la délégation parlementaire au renseignement, Assemblée nationale (n° 875), Sénat (n° 424), 12 avril 2018.
2. *Ibid.*, p. 43.
3. Baptisée ainsi par les Américains.

de caractère contraignant. La deuxième loi est le Règlement européen de blocage de 1996, censé protéger les entreprises du Vieux Continent contre les injonctions des procureurs américains. Pierre Lellouche et Karine Berger proposent de l'actualiser en y intégrant les lois extraterritoriales américaines votées depuis 1996.

Trois ans après la publication de leur rapport, peu de choses ont changé. La situation s'est même dégradée. Aucun rapport de force n'a été instauré avec les États-Unis. Les shérifs américains poursuivent leur travail. Dans la haute administration française et chez nos gouvernants, le sujet reste soit tabou, soit méconnu. À Bercy et au ministère des Affaires étrangères, on fait profil bas. Pas question de critiquer ouvertement et publiquement les méthodes de l'ami américain. Surtout pas de vagues. Baisser la tête, se boucher les oreilles et laisser passer la tempête. Le problème, c'est que la tempête s'est transformée en ouragan depuis que le président Trump a décidé le 8 mai 2018 de déchirer l'accord sur le nucléaire iranien. Total, PSA, Renault, Airbus… une soixantaine d'entreprises françaises doivent refaire leurs bagages et quitter l'Iran si elles ne veulent pas tomber ou retomber dans la gueule du loup américain.

# 6

# L'AMÉRICANISATION DE LA JUSTICE FRANÇAISE

Le retrait des entreprises françaises d'Iran devrait se faire sous l'œil attentif et méfiant des Américains. Notre justice est placée sous surveillance américaine depuis quelques années[1]. À Washington, on considère qu'en matière de lutte contre la corruption, notre justice est l'une des plus laxistes des pays de l'OCDE. Les faits donnent en partie raison aux Américains. Depuis l'adoption en 1997 de la convention de l'OCDE contre la corruption, une poignée seulement d'entreprises françaises ont été poursuivies pour des faits de corruption internationale. Le rapport de phase 3 de l'OCDE sur la France évoque seulement trente-trois procédures ouvertes entre 2000 et 2012[2]. C'est peu, très peu même. Pis, le nombre d'entreprises condamnées se compte sur un seul doigt ! "La France, reconnaît un juge, spécialiste des affaires économiques, affiche des années de retard dans ce domaine[3]."

---

1. Bruna Basini, Bernard Poulet, "Le droit, cheval de Troie de l'Amérique", interview d'Emmanuel Rosenfeld et Jean Veil, *L'Express-L'Expansion*, 1er mai 2004.
2. Rapport de phase 3 sur la mise en œuvre par la France de la convention de l'OCDE sur la lutte contre la corruption, OCDE, octobre 2012, p. 10-11. https://www.oecd.org/fr/daf/anti-corruption/FrancePhase3FR.pdf. Consulté le 24 avril 2018.
3. Entretien d'avril 2018.

Un exemple parmi tant d'autres qui illustre la clémence de la justice française envers des entreprises pourtant prises la main dans le sac : l'affaire dite "Pétrole contre nourriture". C'est le nom d'un programme onusien mis en place entre 1996 et 2003. Il autorisait l'Irak de Saddam Hussein, alors sous embargo international, à vendre son pétrole pour acheter de la nourriture et des médicaments afin de soulager les souffrances de son peuple. Or après la découverte en 2003, à la suite de l'invasion de l'Irak par les troupes américaines, de documents suspects, l'ONU charge Paul Volcker, l'ancien président de la FED (Federal Reserve System[1]), d'une enquête sur la corruption entre certaines entreprises et le gouvernement irakien. Les investigations de Paul Volcker vont révéler un gigantesque système de corruption au profit des dirigeants irakiens qui a servi à financer le lobbying de Saddam Hussein à l'ONU. Le rapport Volcker pointe plus de 2 200 entreprises dans 66 pays qui, à travers un système de surfacturation, ont rétrocédé des centaines de millions de dollars en liquide au gouvernement irakien. Des personnalités comme l'ancien ministre français de l'Intérieur, Charles Pasqua, mais aussi l'entreprise Total sont visées par l'enquête, laquelle aboutit à un procès en France et à une relaxe générale en 2013[2]. Le parquet fait appel et certaines entreprises comme Total et certains hommes d'affaires sont condamnés à une amende : de 750 000 euros pour le pétrolier français à 5 000 euros pour des personnes physiques. Total se

1. Banque centrale américaine.
2. Dans un deuxième volet de cette affaire, le 18 juin 2015, quatorze sociétés françaises ont également été relaxées en première instance, dont Renault Trucks, Legrand, Schneider Electric, etc. Yohan Blavignat, "Affaire « Pétrole contre nourriture » II : quatorze sociétés jugées en appel à Paris", *Le Figaro*, 21 novembre 2018.

pourvoit en cassation mais perd en mars 2018. Le montant de l'amende est confirmé. 750 000 euros pour une multinationale qui affiche en 2017 un bénéfice de 9 milliards d'euros, c'est ridicule. À peine, les notes de frais d'une année de ses dirigeants. Et encore ! La Cour de cassation confirme également la condamnation de la société pétrolière suisse Vitol à 300 000 euros d'amende alors que pour les mêmes faits l'administration américaine lui a infligé une amende de 17,5 millions de dollars ! Difficile dans ces conditions d'apparaître aux yeux des Américains comme des gens sérieux. Charles Duchaine, magistrat et directeur de l'Agence française anticorruption (AFA), reconnaît que "la France n'a pas fait les efforts nécessaires pour poursuivre et condamner les faits de corruption[1]".

Depuis, les Français ont renforcé leur arsenal juridique contre la corruption, histoire de montrer aux Américains qu'ils n'ont pas besoin d'eux pour faire le job : création du Parquet national financier en 2014, vote de la loi Sapin II en 2016 avec la création de l'Agence française anticorruption (AFA).

## La loi Sapin II contre la corruption : la France s'aligne sur les standards internationaux

C'est une loi fourre-tout au titre pompeux : loi relative à la transparence, à la lutte contre la corruption et à la modernisation de la vie économique[2]. Votée sous

1. Entretien de juin 2017.
2. Loi n° 2016-1691 du 9 décembre 2016. https://www.legifrance.gouv.fr/affichLoiPubliee.do?idDocument=JORFDOLE000032319792&type=general&legislature=14.

la pression de Washington, la loi Sapin II se présente comme une réponse à l'extraterritorialité américaine. Les Français envoient un message clair : ils sont assez grands pour faire la police chez eux. Les Américains doivent donc cesser de "rançonner" leurs entreprises. Si la corruption est avérée, c'est au Trésor français et non à celui des États-Unis d'empocher les amendes. Le rapport Berger-Lellouche indique que l'impact de ces ponctions sur les entreprises n'est ni négligeable ni neutre. Prenons un exemple, celui de l'amende infligée par le DOJ à la banque BNP accusée d'avoir commercé avec des pays sous embargo américain (Iran, Soudan…). 9 milliards de dollars décaissés par la BNP qui ont atterri dans les poches de l'administration américaine. Résultat : ce transfert d'argent a affecté négativement de 4 milliards d'euros[1] la balance des transactions courantes de la France en 2014. Sur le plan européen, ce sont plus de 20 milliards de dollars de pénalités qui ont quitté les caisses des entreprises pour atterrir sur des comptes américains. "Tout cela représente un véritable prélèvement, sans contrepartie, sur les économies européennes et le niveau de vie de leurs citoyens[2]."

La loi Sapin II espère donc stopper l'hémorragie financière. Dorénavant, toutes les entreprises de plus de 500 salariés dont le chiffre d'affaires dépasse les 100 millions d'euros doivent adopter un programme de conformité et des procédures afin de détecter et réduire les risques de corruption. Sapin II nourrit également des prétentions

1. Le reste de l'amende ayant été réparti sur la filiale suisse de la banque française. Voir le chapitre 7.
2. Pierre Lellouche, Karine Berger, "Rapport d'information sur l'extraterritorialité de la législation américaine", *op. cit.*, p. 35.

extraterritoriales puisque la loi s'applique aux filiales étrangères des maisons mères installées en France. L'entreprise contrevenante s'expose à une amende pouvant s'élever jusqu'à 5 millions d'euros ou dix fois le bénéfice tiré de la corruption. En cas de condamnation, elle est exclue des marchés publics de toute l'Union européenne pour une durée de cinq ans (sauf précision du juge) ainsi que des marchés qui reçoivent des subsides des grands bailleurs de fonds internationaux comme la Banque mondiale. Quant aux cadres et aux dirigeants, ils risquent une amende de 1 million d'euros maximum et une peine de prison pouvant aller jusqu'à dix ans.

La loi (art. 17) oblige les "présidents et directeurs généraux d'établissements publics à caractère industriel et commercial employant au moins 500 salariés" à mettre en œuvre huit mesures et procédures : établissement d'un code de conduite définissant clairement les types de comportement à proscrire pouvant entraîner des actes de corruption ou de trafic d'influence ; formation des salariés aux risques de corruption ; sanctions pour ceux qui ne respectent pas le code de bonne conduite ; installation d'un dispositif d'alerte interne permettant le recueil des signalements des mauvaises pratiques (et protection du lanceur d'alerte) ; réalisation d'une cartographie des risques géographiques et sectoriels ; mise en place d'une procédure d'évaluation des partenaires de l'entreprise (clients, fournisseurs, sous-traitants...) ; consolidation des procédures de contrôle comptables afin de veiller à ce que les livres de comptes ne masquent pas des pratiques illégales ; évaluation régulière de l'ensemble du dispositif. En cas de manquement, le dirigeant peut se voir infliger une amende administrative de 200 000 euros et l'entreprise jusqu'à 1 million d'euros.

La loi Sapin II crée également l'Agence française anticorruption (AFA) qui a un rôle de conseil, de contrôle et de sanction mais uniquement administrative. Elle veille à ce que les entreprises appliquent consciencieusement les obligations de la loi mais n'a aucun pouvoir de répression. Elle remplit un vide juridique et permet à la France de marquer son territoire. "Certains, explique le juge Charles Duchaine, directeur de l'AFA, profitant de l'absence des autres, se sont érigés en gendarmes de l'humanité et poursuivent des faits de corruption alors qu'ils sont moins épris de justice que de concurrence déloyale. Il était temps que la France se montre de façon à ce que les entreprises françaises ne soient pas les seules victimes de ses agissements[1]." L'Agence anticorruption est également chargée de suivre les programmes de conformité imposés aux entreprises. Enfin, elle supervise le travail des surveillants en intégrité *(corporate monitor)* qu'ils soient nommés par la justice française ou par une autorité étrangère. C'est dorénavant à l'agence de lire, de valider les rapports des surveillants et de veiller à ce qu'ils ne livrent pas d'informations sensibles.

## Une justice française aux couleurs anglo-saxonnes

En adoptant la loi Sapin II, la France se protège contre la prétention américaine à régenter le monde des affaires, mais sa défense lui coûte cher. Le droit français y perd une partie de son identité. Il "s'anglo-saxonnise" en adoptant certains éléments du modèle américain. L'exemple

1. Entretien de juin 2017.

le plus symbolique est la Convention judiciaire d'intérêt public (CJIP)[1], un accord transactionnel entre la justice et l'entreprise. La CJIP est quasiment un copier/coller du Deferred Prosecution Agreement (DPA) américain. Elle permet à la justice de gagner du temps, d'éviter une procédure longue et coûteuse, et enfin d'obtenir la réparation d'un préjudice dû à des faits de corruption ou de fraude fiscale sans attendre l'issue d'un procès. Quant à l'entreprise, elle lui évite un procès médiatiquement néfaste pour son image. Cette dernière admet les faits sans pour autant reconnaître sa culpabilité. Ce qui lui évite l'inscription d'une condamnation à son casier judiciaire, condamnation qui lui fermerait les portes des marchés publics français et étrangers. En contrepartie, elle paie une amende limitée à 30 % de son chiffre d'affaires moyen sur les trois derniers exercices, auquel s'ajoute une sanction financière versée aux éventuelles victimes de la corruption. Enfin, l'accord peut éventuellement comprendre un volet surveillance. Dans ce cas, l'entreprise se soumet pendant trois ans maximum à un contrôle de l'Agence française anticorruption.

La Convention judiciaire d'intérêt public (CJIP) est appliquée pour la première fois en octobre 2017, non pas dans une affaire de corruption mais de fraude. Elle concerne la société PBRS, filiale du puissant banquier britannique HSBC. La justice française lui reproche d'avoir aidé des contribuables français (entre 2006 et 2007) à cacher une partie de leur fortune à l'étranger. Soit plus de 8 900 noms tirés d'un listing saisi chez un ex-salarié de PBRS. Les sommes cachées au fisc français sont évaluées à plus de 1,6 milliard d'euros mais elles

1. Contenue dans la loi Sapin II.

pourraient, d'après les enquêteurs, atteindre 6 milliards d'euros.

PBRS est donc mis en examen pour démarchage bancaire et financier illicite et blanchiment aggravé de fraude fiscale. La convention stipule que "PBRS reconnaît ces faits et accepte ces qualifications pénales[1]". Pour sa part, le groupe HSBC reconnaît un défaut dans le contrôle de sa filiale. La justice française pointe la mauvaise volonté de coopération de la société suisse et note qu'elle n'a jamais dénoncé elle-même les faits reprochés. En conséquence, elle lui inflige le montant maximum de l'amende, soit 30 % d'un chiffre d'affaires moyen entre 2014 et 2016 évalué à 526 millions d'euros. L'amende atteint donc 158 millions d'euros[2], auxquels s'ajoutent 142 millions de dommages-intérêts. Soit un total de 300 millions d'euros. À peine un cinquième du montant des avoirs cachés. HSBC s'en sort bien. Peu importe, la justice française a atteint son objectif : sortir les crocs et régler l'affaire promptement… à l'américaine ! "L'enjeu, explique le professeur de droit Antoine Gaudemet, est d'asseoir la crédibilité internationale de la France dans la répression de la délinquance économique et financière mondialisée et, ce faisant, de restaurer la souveraineté de notre pays en ce domaine[3]."

---

1. Cour d'appel de Paris. Tribunal de grande instance de Paris. Parquet national financier. N/Réf. : PNF 11 024 092 018. JIRSIF 14/9. Consulté le 18 décembre 2018. https://www.economie.gouv.fr/files/files/directions_services/afa/CJIP_HSBC.pdf.
2. 86 millions d'euros pour le profit tiré de la fraude entre 2006 et 2007 auxquels s'ajoute une pénalité complémentaire de plus de 71 millions pour défaut de coopération.
3. Le Club des juristes, 21 novembre 2017. Consulté le 18 mars 2018. http://www.leclubdesjuristes.com/3-questions-a-antoine-gaudemet-convention-judiciaire-dinteret-public/.

Le prix à payer est une certaine "américanisation" du droit français. "C'est une bonne nouvelle, insiste un avocat d'un grand cabinet anglo-saxon. Cela permet de gagner du temps et d'éviter l'encombrement des tribunaux. D'ailleurs, il faudrait que ce type de convention s'applique à l'ensemble des infractions et pas seulement aux délits et aux crimes économiques. Aux États-Unis, 97 % des affaires ne rentrent jamais dans le cycle judiciaire[1]."

1. Entretien de janvier 2018, Paris.

# II

# LE DROIT AMÉRICAIN : UNE IMPLACABLE MACHINE DE GUERRE ÉCONOMIQUE

Même la presse d'outre-Atlantique s'en étonne. Dans le tableau de chasse des autorités américaines, les entreprises européennes sont à l'honneur. Tandis que leurs concurrents américains brillent par leur quasi-absence. Faut-il en déduire que les secondes sont plus vertueuses que les premières ? Ou faut-il en tirer la conclusion que les entreprises américaines sont plus futées pour éviter les radars de leurs autorités ? Ou pire encore, que les cerbères de Washington et de New York ont un sens développé du patriotisme économique et qu'ils détournent le regard pour ne pas s'immiscer dans les petits arrangements des sociétés américaines ? Toutes les hypothèses sont permises. Reste à les étudier pour savoir si Alstom, Technip, Siemens (et demain peut-être Airbus) ont été traités de la même façon que leurs concurrents du Nouveau Monde. Une chose est sûre, les déboires des entreprises européennes font le bonheur des multinationales anglo-saxonnes du droit (souvent américaines). Ces dernières disposent d'un quasi-monopole dans le traitement de ces dossiers. Ce qui pose de sérieux problèmes notamment pour la sécurité des données récupérées lors des enquêtes internes.

# 7

# DES ENTREPRISES EUROPÉENNES EN LIGNE DE MIRE

En sommeil depuis 1977, la loi FCPA (contre la corruption) refait brusquement surface au début des années 2000 pour lutter contre les fraudeurs mais également les groupes criminels et terroristes. Les États-Unis sont en guerre contre le terrorisme et ne veulent pas que l'argent sale nourrisse des criminels et encore moins les activistes ultra-violents. Alors ils vont frapper fort. "On retrouve dans la lutte anticorruption, et plus généralement contre la criminalité économique, des traits communs à la lutte antimafia d'avant-hier ou au combat d'hier contre le terrorisme : un certain relâchement des preuves, une tendance inquisitoriale[1]..."

L'École de droit de l'université Stanford[2] fournit des statistiques sur le recours à cet instrument juridique[3] : 3 cas en 1999, 5 en 2001 ; 7 en 2006 ; 19 en 2007[4]... Plus

---

1. Antoine Garapon, Pierre Servan-Schreiber (sous la dir.), *Deals de justice. Le marché américain de l'obéissance mondialisée*, PUF, 2003, p. 20.
2. Stanford Law School FCPA Clearinghouse. http://fcpa.stanford.edu. Cliquez sur l'onglet Advanced Search, puis Enforcement Actions, puis Defendant Country.
3. http://fcpa.stanford.edu/statistics-heat-maps.html.
4. Graphique très clair illustrant l'augmentation des poursuites de la SEC et du DOJ à partir des années 2000. http://fcpa.stanford.edu/statistics-analytics.html.

généralement, de 1977 à 2016, les autorités américaines ont lancé 478 actions dont 138 concernent des individus ou des entreprises non américains. Parmi elles, 13 sont françaises.

C'est en octobre 2006 que les foudres du DOJ et de la SEC se sont abattues pour la première fois sur une entreprise étrangère pour des faits non commis sur le territoire américain : la compagnie norvégienne Statoil a violé le FCPA en versant en 2001 et 2002 un pot-de-vin de plusieurs millions de dollars (au total 15 millions qui devaient être répartis sur onze ans) à un représentant iranien, en échange de son aide à l'obtention de futurs contrats gaziers[1]. Contrats particulièrement juteux, bien évidemment. L'entreprise, qui n'a ni reconnu ni nié les faits, a accepté de payer une amende de 10,5 millions de dollars. Deux ans plus tard, en décembre 2008, le groupe allemand Siemens est condamné par le DOJ et la SEC à verser au total 800 millions de dollars d'amende – 80 fois plus ! – pour avoir eu recours à la corruption afin d'obtenir des contrats internationaux. (Précisons au passage que la justice allemande a également condamné la firme à verser une très lourde amende pour corruption avérée.)

À lire les statistiques du DOJ, on a le sentiment que les entreprises européennes sont particulièrement corrompues et contournent les embargos mis en place par l'Amérique[2].

---

1. US v. Statoil, ASA, n° 1:06-CR-00960-RJH-1 (SDNY 2006).
2. Même si la condamnation de la société chinoise ZTE en avril 2018 pour violation de l'embargo sur l'Iran (plus de 1 milliard de dollars d'amende et la présence d'un surveillant en intégrité durant trois ans) montre que les Américains comptent s'attaquer également aux entreprises de l'Empire du Milieu. Un banquier turc a également été condamné le 16 mai 2018 par un tribunal de Manhattan à trente-deux mois de prison pour contournement de l'embargo contre l'Iran. Marie Jégo, "Un banquier turc condamné aux États-Unis pour avoir violé l'embargo américain contre l'Iran", *Le Monde*, 17 mai 2018.

Elles figurent en effet largement en tête des entreprises sanctionnées : “Entre 1977 et 2014, 30 % des enquêtes ouvertes dans le cadre de la loi FCPA ont visé des entreprises étrangères, mais celles-ci ont réglé 67 % du total des amendes collectées[1].” Même la presse américaine s'en étonne. En 2012, le *New York Times* observe que le FCPA a rapporté plus de 3 milliards de dollars au fisc américain. Le journaliste signale dès le début de son article une anomalie dans la liste des sociétés épinglées par le DOJ : “elle manque de noms américains[2]”. En effet, une seule entreprise américaine (KBR, Kellogg Brown & Root, filiale d'Halliburton) figure dans le Top 10 des plus lourdes amendes jamais infligées[3] avec 579 millions de dollars en 2009. Derrière Siemens qui a versé plus de 800 millions de dollars l'année précédente. Les faits parlent d'eux-mêmes, les entreprises les plus sanctionnées sont européennes et ce sont majoritairement des banques. Entre 2004 et 2014, une seule banque américaine (JP Morgan Chase) a été condamnée à une amende de... 88 millions de dollars. C'est si peu comparé aux amendes de la BNP (9 milliards de dollars), de HSBC (2 milliards), de Commerzbank (1,5 milliard), du Crédit agricole (787 millions de dollars)... sanctionnés pour corruption, violations d'embargos ou non-respect de la loi américaine sur la conformité.

---

1. Pierre Lellouche, Karine Berger, “Rapport d'information sur l'extraterritorialité de la législation américaine”, *op. cit.*, p. 28.
2. Leslie Wayne, “Foreign Firms Most Affected by a US Law Barring Bribes”, *New York Times*, 3 septembre 2012.
3. Voir le site très complet sur la question The FCPA Blog fondé par Richard L. Cassin qui recense chaque année les décisions du DOJ : The FCPA blog. http://www.fcpablog.com/.

## Fatale corruption

La corruption existe et cet ouvrage ne prétend nullement le contraire. Les entreprises épinglées par les autorités américaines ont effectivement versé des pots-de-vin pour décrocher un marché. “On n’a guère le choix”, avoue un ancien cadre supérieur ayant travaillé pour plusieurs sociétés du CAC 40[1]. Il raconte comment, au cours des années 1990 et 2000, il décrochait des contrats à coups de pots-de-vin et autres services rendus à ses intermédiaires. En Asie, en Amérique latine, en Afrique, la corruption est inévitable même si les agents publics y sont plus ou moins sensibles selon les pays. À ses yeux, les Cubains sont les plus vertueux : ils refusent systématiquement les dessous-de-table. Les pires sont les Vénézuéliens. “Chavez avait remplacé toutes les têtes de la fonction publique et des grandes entreprises. Le problème, c’est qu’il avait mis à leur place des militaires qui ne connaissaient absolument rien à la fonction qu’ils occupaient et qui n’étaient là que pour encaisser l’argent de la corruption.” Des valises de billets aux petits arrangements, notre témoin a tout connu. Des grosses sommes qui transitent par plusieurs banques pour brouiller les pistes, à la petite corruption qui consiste le plus souvent à accueillir à Paris ou dans les grandes villes françaises des enfants de hauts fonctionnaires étrangers. Leurs frais de scolarité et la location d’un appartement sont discrètement pris en charge par l’entreprise.

Avec le recul, notre homme s’interroge : “J’ai signé de nombreux papiers pour obtenir ou préserver des marchés. J’ai pris des risques, j’étais un jeune cadre et je

---

1. Entretiens d’octobre 2017 et de juin 2018, Paris et Londres.

n'étais pas très conscient de ce que je faisais. Aujourd'hui, les risques sont trop importants. Je ne le ferais pas." Il estime toutefois qu'il ne faut pas céder "au chantage de la législation américaine, sachant que leurs entreprises déploient des techniques extrêmement sophistiquées pour faire discrètement la même chose". Il est donc favorable à la poursuite des relations commerciales avec les pays qui ne plaisent pas aux États-Unis. Simplement, il faut être plus malin.

"Je n'ai pas commis l'erreur de la BNP dont les cadres me semblent bien naïfs ou complètement stupides. Pourquoi ont-ils poursuivi leurs transactions en dollars avec l'Iran ? Pour ma part, j'ai vendu en 2013 du matériel médical à Téhéran en évitant les radars américains. J'ai envoyé les produits à Téhéran, les Iraniens ont livré gratuitement du pétrole à une entreprise espagnole qui nous a versé la somme correspondant à notre marché avec les Iraniens."

Referait-il une telle opération aujourd'hui ? Non. "Les Américains ont des oreilles absolument partout, généralement tournées vers les concurrents étrangers, jamais vers leurs entreprises. Du coup, elles peuvent tranquillement corrompre ou violer les embargos en utilisant des sociétés bien cachées dans les paradis fiscaux. À ce jeu, on sera toujours les dindons de la farce."

## Siemens, première cible du shérif américain

Le cas Siemens marque un tournant dans la diplomatie juridique américaine. C'est l'occasion de montrer que l'Oncle Sam ne plaisante plus et qu'il n'hésitera pas à dégainer ses armes juridiques pour démasquer et punir les hors-la-loi du commerce mondial. L'industriel allemand, qui emploie plus de 42 800 personnes et opère dans 190 pays, va servir de parfait bouc émissaire et permettre d'envoyer un message au monde. En 2006, le DOJ apprend par la presse d'Outre-Rhin que la justice allemande enquête sur Siemens pour corruption d'agents publics au niveau mondial. Il n'en faut pas plus pour que le DOJ se saisisse de l'affaire. Il convoque les dirigeants du conglomérat allemand et les somme d'enquêter euxmêmes sur ces soupçons. Et peu importe que les faits ne concernent pas le territoire américain, mais l'Argentine, le Bangladesh, la Chine, la Russie, l'Irak… Peu importe aussi que les filiales de Siemens suspectées soient enregistrées au Bangladesh, en Argentine et au Venezuela mais pas cotées à la Bourse de New York (NYSE).

Qu'est-ce qui permet alors au DOJ de poursuivre ? Deux raisons : 1. l'entreprise allemande a enregistré des certificats de ses actions (American Depository Receipts) auprès de l'autorité boursière, la SEC, afin d'être cotée sur le marché américain ; 2. certains versements suspects de corruption ont transité par des comptes bancaires aux États-Unis. Le lien avec le territoire américain est donc établi et le DOJ peut mener la charge. Siemens n'a plus qu'à enquêter elle-même pour prouver sa propre culpabilité. Elle mandate les cabinets d'avocats anglo-saxons Debevoise et Deloitte pour mener les investigations dans 34 pays. Des millions de documents sont épluchés et de nombreux rapports détaillés envoyés au DOJ. La collaboration est parfaite et le DOJ s'en réjouit[1]. Ce qui ne l'empêche pas d'avoir la main lourde : Siemens écope

1. United States of America v. Siemens Aktiengesellschaft, Department's sententing memorandum, 12 décembre 2008, p. 3.

d'une double amende – 450 millions de dollars pour le DOJ, 350 millions de dollars pour la SEC – qui s'ajoutent à l'amende de 596 millions d'euros versée en 2008 aux autorités allemandes. Plus de 1 milliard de dollars ! À l'évidence, Siemens n'a pas bénéficié de la règle du *non bis in idem* qui empêche d'être jugé deux fois pour les mêmes faits. Preuve que ce n'est qu'une règle et pas une loi internationale.

## Alcatel-Lucent, le long calvaire de l'ex-fleuron français des télécommunications

Grandeur et décadence d'un rejeton de l'ancienne Compagnie générale d'électricité (CGE). Dans les années 1980 et 1990, Alcatel est un géant mondial des équipements électroniques (commutateurs téléphoniques numériques, câbles sous-marins, réseaux mobiles, centres d'appels, satellites...). La société est même leader mondial sur les marchés des réseaux optiques, des accès DSL et des routeurs. Présente dans plus de 130 pays à la fin des années 1990, l'ancienne filiale de la CGE affiche un chiffre d'affaires de plusieurs milliards d'euros. Puis les choses tournent mal. Au début des années 2000, la conjoncture se resserre et Alcatel perd de l'argent (5 milliards d'euros en 2002) et licencie 30 000 personnes. La solution : un mariage avec l'Américain Lucent en 2006. Les marchés financiers s'en félicitent. Les entreprises sont complémentaires : à Alcatel, les marchés européens, à Lucent les contrats américains. La fusion donne naissance à un poids lourd mondial qui pèse 21 milliards d'euros et occupe 40 % du marché de l'accès DSL. Avant de s'offrir à son partenaire américain, Alcatel a pris soin de sanctuariser ses activités sensibles ; elle a vendu ses satellites et sa division sécurité à Thales, histoire que ces actifs stratégiques demeurent français.

Mais le mariage tourne court, les managements français et américains ne s'entendent pas, et les déboires s'accumulent. La nouvelle entreprise franco-américaine ne parvient pas à garder ses marchés, encore moins à en conquérir d'autres. Les plans sociaux s'enchaînent. Le rapprochement est un échec. Parallèlement, Alcatel se débat sur le front judiciaire depuis 2006.

Le DOJ et la SEC enquêtent sur des faits de corruption ayant eu lieu entre 2001 et 2006 au Costa Rica, au Honduras, à Taiwan et en Malaisie. En 2007, un ex-cadre d'Alcatel, arrêté à Miami, reconnaît avoir versé des pots-de-vin à des agents d'une société publique costaricienne. Il est condamné à trente mois de prison. Son plaider-coupable nourrit le dossier contre son ancien employeur. Dossier qui se conclut en 2010 par une amende de 137 millions de dollars : 92 millions dans le cadre de l'enquête du DOJ et 45 millions dans celle de la SEC[1]. Cinq ans plus tard, Alcatel-Lucent est racheté par le finlandais Nokia. L'année suivante, le titre Alcatel-Lucent est radié de la Bourse parisienne, la société n'existant plus sous son ancien nom.

## Alstom, lâchée par le gouvernement, passe sous pavillon américain

C'est en 2010 que les Américains sonnent l'alerte et que le DOJ ouvre une procédure contre le Français Alstom.

---

1. https://www.justice.gov/opa/pr/alcatel-lucent-sa-and-three-subsidiaries-agree-pay-92-million-resolve-foreign-corrupt.

Trop, c'est trop. Voilà des années que la société pratique la corruption, enchaîne les condamnations, pourtant rien ne change. En 2004, la justice mexicaine condamne Alstom à plusieurs milliers de dollars et à une exclusion pour deux ans des marchés publics pour corruption de fonctionnaires. L'Italie avait fait de même en 2008. En 2011, c'est la justice suisse qui épingle le Français pour corruption et trafic d'influence en Tunisie, Lettonie et Malaisie et condamne Alstom à une amende de plus de 40 millions d'euros. Prévenants, les Suisses, qui savent que la justice américaine s'intéresse également à Alstom, lui envoient l'ensemble des pièces de cette affaire. Lesquelles alourdissent le dossier ouvert par Washington.

En 2010, Patrick Kron est PDG de l'industriel français depuis sept ans. D'après Pierre Laporte, ancien directeur juridique d'Alstom Grid, le patron est parfaitement au fait de la corruption dans son entreprise. Pis, il s'en accommode. "M. Kron a donc trouvé des comportements de corruption en arrivant chez Alstom en 2003, mais il n'a ni su ni voulu la combattre. Bien au contraire, dirais-je, il l'a généralisée, tout en la masquant. C'est d'ailleurs ce que le DOJ indique dans sa décision du 22 décembre 2014, pointant, à juste titre, l'absence d'une fonction *compliance* et d'un programme de conformité effectif au moment des faits et de la décision du DOJ (décembre 2014). En effet, ce programme de conformité n'avait rien d'effectif, c'était une pure fiction. M. Bruno Vigogne ne manquera pas de vous expliquer que des efforts ont été faits, mais ces efforts n'ont pas empêché que persistent les pratiques de corruption. C'est ce qui est le plus troublant dans ce dossier : la concomitance entre des efforts avérés et la poursuite d'un système de corruption systématique et généralisé[1]." Autant dire que les Américains ne manquent pas d'éléments pour aller chercher querelle à Alstom et exiger que l'entreprise lance une enquête interne. Alstom confie cette mission au cabinet d'avocats Winston Straw. Ses conclusions sont accablantes et confirment les méthodes peu orthodoxes des cadres de la société. Patrick Kron s'affole. Il stoppe ses relations avec Winston Straw et licencie Fred Einbinder, directeur juridique de l'entreprise, "avec un coup de pied au derrière[2]" parce qu'il s'est permis de recommander une large collaboration avec la justice américaine. Bruno Vigogne le remplace.

Patrick Kron pense avoir fait le job, referme le dossier et ignore les menaces américaines. Les ennuis ne cessent pas pour autant. En 2012, Alstom est soupçonné de corruption en Zambie et en Slovénie. Les institutions financières internationales commencent sérieusement à douter de l'éthique des dirigeants d'Alstom. La Banque mondiale exclut l'entreprise de ses appels d'offres. L'année suivante, la justice brésilienne met en examen onze cadres de la société pour corruption et blanchiment sur le marché de construction du métro de São Paulo. En 2014, c'est au tour des Britanniques de mettre Alstom sous surveillance pour des marchés en Tunisie, en Pologne et en Inde. Quant à la justice française, elle brille par son absence. En 2012, dans son rapport sur la lutte contre

1. Audition de Pierre Laporte devant la commission d'enquête chargée d'examiner les décisions de l'État en matière de politique industrielle… Présidée par Olivier Marleix, p. 492. http://www2.assemblee-nationale.fr/15/autres-commissions/commissions-d-enquete/commission-d-enquete-sur-les-decisions-de-l-etat-en-matiere-de-politique-industrielle-notamment-dans-les-cas-d-alstom-d-alcatel-et-de-stx/(block)/RapEnquete.
2. *Ibid.*, p. 493.

la corruption, l'OCDE s'en plaint et regrette la lenteur, voire l'inertie des tribunaux français[1].

La coupe est pleine, et les Américains passent à l'attaque en 2013. Le DOJ se concentre sur l'Indonésie. Un cadre d'Alstom est en effet accusé par une commission officielle d'avoir versé 300 000 dollars à un homme politique pour décrocher le marché de construction d'une centrale à charbon. La police indonésienne perquisitionne dans les locaux d'Alstom et met la main sur des documents compromettants signés par plusieurs dirigeants de la société. Un seul d'entre eux paiera le prix fort : Frédéric Pierucci, vice-président d'Alstom Chaudière.

Malgré les charges qui s'accumulent, Patrick Kron refuse l'accord proposé par le DOJ : Alstom reconnaît les faits, plaide coupable, paie une amende et l'affaire est classée. Conséquence : les Américains poursuivent leurs investigations et lancent des poursuites pénales contre certains cadres d'Alstom.

Au siège social de l'entreprise, c'est la panique. Une note circule pour prévenir la cinquantaine de cadres potentiellement ciblés par les Américains de limiter leurs déplacements à l'étranger. Jusqu'où les Américains peuvent-ils aller ? La réponse ne tarde pas à tomber. En avril 2013, Frédéric Pierucci est arrêté à l'aéroport John F. Kennedy (New York) et incarcéré dans une prison de la ville. L'administration américaine ne lâchera rien. Elle arrête quatre cadres dirigeants et est prête à en mettre d'autres derrière les barreaux[2]. Elle fait même monter les

---

1. Rapport de phase 3 sur la mise en œuvre par la France de la convention de l'OCDE sur la lutte contre la corruption, octobre 2012. https://www.oecd.org/fr/daf/anti-corruption/FrancePhase3FR.pdf.
2. Quatre cadres seront arrêtés aux États-Unis.

enchères en évoquant une amende de 1 milliard de dollars. Une telle saignée serait mortelle pour l'entreprise. En outre, elle n'a provisionné aucune somme pour faire face à cet "accident juridique". Les griffes américaines se referment sur Alstom.

La rumeur dit même que Patrick Kron est menacé d'un emprisonnement s'il met les pieds aux États-Unis. Après tout, il est le big boss, donc le premier responsable des comportements de ses salariés. Interrogé à de multiples reprises par les médias et les députés, il répond toujours par la négative et argue systématiquement de rumeurs. Et jusqu'en avril 2018, devant la commission d'enquête chargée d'examiner la politique industrielle de la France, il affirme : "Je n'ai jamais subi quelque pression que ce soit, je n'ai jamais été exposé à aucun chantage de quelque juridiction que ce soit, ni des Américains, ni d'aucune autre juridiction[1]." Ce n'est pas l'avis de l'ancien directeur juridique d'Alstom Grid. Pierre Laporte est persuadé que les autorités américaines ont menacé Patrick Kron. Pour preuve, ce que lui a relaté Keith Carr, directeur juridique du groupe Alstom, le lendemain d'une réunion avec le DOJ, en 2013 : le DOJ aurait menacé de les incarcérer Kron et lui. Patrick Kron dit-il la vérité ? Pour la commission d'enquête parlementaire, il s'agit d'un "système de défense clairement mensonger[2]". Mais, au fait, pourquoi l'ancien PDG d'Alstom se rend-il régulièrement aux États-Unis ?

---

1. Audition de Patrick Kron devant la commission d'enquête chargée d'examiner les décisions de l'État en matière de politique industrielle… Présidée par Olivier Marleix, mercredi 4 avril 2018.
2. Avant-propos d'Olivier Marleix, *op. cit.*, 19 avril 2018, p. 4.

Pendant que Frédéric Pierucci croupit sous les verrous[1] – il est alors en préventive –, Patrick Kron négocie dans le plus grand secret la vente de la branche énergie (Alstom Power) de son entreprise à l'Américain General Electric. Il est donc le bienvenu aux États-Unis. D'autant qu'Alstom a finalement décidé de collaborer avec le DOJ, une collaboration pleine et entière. Toutes les demandes du DOJ sont honorées. L'autorité américaine est vorace au point qu'Alstom est obligé de créer un service consacré à satisfaire l'appétit informationnel des Américains.

Le 23 avril 2014, alors que Patrick Kron et Jeffrey Immelt, PDG de General Electric, discutent aux États-Unis des derniers détails de la vente, Lawrence Hoskins, ancien vice-président d'Alstom Asie, est arrêté dans les îles Vierges américaines : transféré sur le sol américain, il fera quelques mois de prison avant d'être relâché sous caution. Le même jour, l'agence Bloomberg publie une dépêche révélant les négociations entre les deux PDG. Et la presse prend immédiatement le relais. La fuite est-elle organisée par les Américains ? General Electric veut-il mettre la pression sur Patrick Kron ou l'information vient-elle du DOJ, comme le suggère le journaliste Jean-Michel Quatrepoint[2] ?

À Paris, Arnaud Montebourg est furax. Comment, lui, ministre de l'Économie, peut-il apprendre par une

---

1. En 2017, il sera condamné par la cour fédérale de Newhaven à trente mois de prison pour corruption et 20 000 dollars d'amende. Il a effectué quatorze mois de préventive entre le 3 avril 2013 et juin 2014 et sera réincarcéré à partir d'octobre 2017 pour les seize mois restants. Matthieu Aron avec Caroline Michel, “Le prisonnier de l'affaire Alstom”, *L'Obs*, n° 2787, 5 avril 2018.
2. Jean-Michel Quatrepoint, *Alstom, scandale d'État. Dernière liquidation de l'industrie française*, Fayard, 2015, p. 109.

dépêche que l'un des fleurons de l'industrie française est en train de basculer dans les mains des Américains ? Des mois que les bruits courent, pourtant, chaque fois qu'il en a parlé à Patrick Kron, le patron d'Alstom a démenti. Faut-il mettre un micro dans les bureaux des dirigeants des grandes entreprises, ironise le ministre devant l'Assemblée nationale ? Arnaud Montebourg se sent trahi. Il accuse le coup mais refuse de laisser Kron agir à sa guise. Que peut-il faire ? L'État n'a pas de participation dans le capital d'Alstom. Qui plus est, le fougueux ministre apparaît bien seul. L'Élysée semble avoir déserté. On ne compte pas vraiment se battre pour empêcher la vente. On semble même la souhaiter. En 2012, Emmanuel Macron, alors secrétaire général adjoint de la présidence, a demandé *via* l'Agence des participations de l'État (APE) une étude au cabinet américain AT Kearney sur les conséquences du retrait de l'actionnaire principal, le groupe de BTP Bouygues ainsi que "sur la pertinence de la solution de rapprochement avec General Electric[1]" ! Bref, au plus haut niveau de l'État, la messe est déjà dite. Mais le ministre de l'Économie semble ne pas le savoir.

Arnaud Montebourg ne s'avoue pas vaincu et dégaine son arme. Le 14 mai 2014, il publie un décret baptisé plus tard "le décret Montebourg" qui élargit les secteurs

1. Compte rendu de la commission d'enquête chargée d'examiner les décisions de l'État en matière de politique industrielle, au regard des fusions d'entreprises intervenues récemment, notamment dans les cas d'Alstom, d'Alcatel et de STX, ainsi que les moyens susceptibles de protéger nos fleurons industriels nationaux dans un contexte commercial mondialisé. Présidée par Olivier Marleix, jeudi 15 mars 2018. Séance de 16 heures. Compte rendu n° 36, p. 2. www.assemblee-nationale.fr/15/pdf/cr-cepolind/17-18/c1718036.pdf.

économiques où les investissements étrangers sont soumis à l'autorisation préalable de l'État[1]. Le texte place *de facto* Alstom dans le radar étatique. Le ministre pense avoir trouvé la parade en obligeant Alstom et General Electric à créer trois coentreprises (réseaux électriques, énergies renouvelables et turbines pour centrales nucléaires) dont chacune est actionnaire à 50/50. En fait, un simple habillage médiatique pour cacher sa défaite. Le 25 août 2014, Arnaud Montebourg quitte le gouvernement, le 27, il est remplacé par Emmanuel Macron. Le 19 décembre, lors de l'assemblée générale d'Alstom, c'est une autre musique que l'on joue aux Français. Dans les trois coentreprises Énergie, General Electric est majoritaire. Les Américains y pilotent les deux directions les plus stratégiques : les directions financières et opérationnelles. Les Français sont cantonnés à la technologie. C'en est fini de l'indépendance atomique française chère au général de Gaulle. La fabrication des turbines, élément indispensable au fonctionnement de nos centrales nucléaires, passe sous pavillon américain[2].

---

1. Ce décret étend le champ d'application de l'article R 153-2 (2005), du Code monétaire et financier, aux domaines de l'eau, de la santé, de l'énergie, des transports et des télécommunications. Il sera de nouveau complété par le projet de loi Pacte (article 55).
2. Le 10 mai 2018, Alstom signe un accord avec GE pour sortir définitivement du capital des trois coentreprises et encaisser 2,6 milliards d'euros pour le plus grand bonheur de ses actionnaires. Toutefois, l'État français conserve une *golden share* dans l'entreprise qui fabrique des turbines (notamment les turbines Arabelle) pour centrales nucléaires. Ce dispositif lui donne un droit de regard, voire un droit de veto, sur certaines décisions stratégiques de cette division de GE. On ignore si elle permettra au gouvernement de contraindre GE à tenir sa parole sur la préservation de l'emploi en France. Car l'entreprise américaine se porte mal. Le 1er octobre 2018, elle licenciait son PDG, John Flannery pour ses mauvais résultats

Alstom Power n'est plus. "Même si la corruption n'est pas la seule cause ayant entraîné le rachat de la division « Énergie » d'Alstom, peut-on lire dans le rapport de la commission d'enquête de l'Assemblée nationale, elle y a largement contribué en affaiblissant et en déstabilisant le groupe Alstom, en faisant d'elle une proie facile pour ses concurrents[1]." Ne reste à Alstom que le secteur ferroviaire… du moins jusqu'à son rachat par Siemens en septembre 2017. Près de quatre-vingts ans après sa naissance, Alstom a rendu l'âme.

Dernière pilule à avaler pour les Français : contrairement à l'accord initial entre General Electric et Alstom, ce n'est pas à l'Américain de payer l'amende du DOJ (plus de 700 millions) mais bien aux Français[2].

Les Américains ont-ils tout orchestré ? General Electric (GE) et le DOJ étaient-ils de mèche ? Ont-ils synchronisé leurs actions pour permettre au premier de mettre la main sur la technologie française ? Aucun élément tangible ne prouve l'existence d'un tel lien. Toutefois, certains faits en disent long sur les méthodes américaines. Notons qu'une trentaine d'anciens du DOJ travaillent chez GE, ce qui facilite la circulation des informations. De plus, il semble que GE se préparait depuis très longtemps au rachat d'Alstom et que sa stratégie

---

(perte historique de 20 milliards d'euros au troisième trimestre). Lawrence Culp, le nouveau PDG, a donc annoncé une restructuration de la branche énergie qui avait absorbé Alstom en 2015. Jean-Michel Bezat, "GE impose un remède de cheval à son pôle énergie", *Le Monde*, 1er et 2 novembre 2018.

1. Audition de Pierre Laporte devant la commission d'enquête chargée d'examiner les décisions de l'État en matière de politique industrielle… *op. cit.*, p. 5.

2. Alstom SA signe un DPA tandis qu'Alstom Network Switzerland, qui a effectué les paiements frauduleux, plaide coupable.

reposait justement sur les difficultés judiciaires de l'entreprise française. Pierre Laporte, avant d'entrer chez Alstom a occupé des fonctions au sein de la direction juridique de la branche "Santé" de General Electric, il explique que l'entreprise américaine fait une veille systématique sur la corruption dans le monde. Il se souvient même que lors d'une réunion avec le directeur juridique de GE et son staff, "il y avait été dit qu'il faudrait à peu près dix ans pour arriver à mettre à genoux Alstom et Siemens, sur les fondements de la lutte contre la corruption[1]".

Quatre ans après cette affaire, les députés français sont persuadés que l'amende a pesé sur la décision de vendre Alstom aux Américains. "Même si elle n'en est probablement pas la cause déterminante – qui reste économique – il est clair que cette amende qui aurait absorbé la moitié de la trésorerie de l'entreprise [...] a accéléré la prise de décision de M. Kron[2]", suggère le député Olivier Marleix. "C'est une formidable et ingénieuse opération de la part des Américains", reconnaît Alain Juillet, ancien haut responsable chargé de l'intelligence économique sous la présidence de Jacques Chirac. Et d'ajouter : "Le temps de la naïveté est terminé. Les élites françaises doivent se réveiller avant de dire adieu à notre souveraineté économique[3]."

1. Audition de Pierre Laporte devant la commission d'enquête chargée d'examiner les décisions de l'État en matière de politique industrielle..., *op. cit.*, p. 504.
2. Avant-propos d'Olivier Marleix, *op. cit.*, p. 4.
3. Entretien de décembre 2017, Paris.

## BNP crucifiée par une amende record

La perte d'Alstom n'est pas le seul souci des autorités françaises. Sur le front de la guerre économique, les banques françaises prennent de rudes coups. L'une d'entre elles va payer une addition record, c'est la BNP. Mais avant de nous pencher sur son cas, voyons comment les autres banques ont dû faire face aux autorités américaines.

En mars 2014, la presse annonce que les autorités américaines s'intéressent à trois banques françaises : la BNP, la Société générale et le Crédit agricole[1]. Elles les soupçonnent de blanchir de l'argent et de violer l'embargo sur certains pays comme le Soudan, l'Iran et Cuba. Cette fois, ce n'est pas une mais trois autorités américaines qui sont à la manœuvre : l'OFAC (département du Trésor), le DOJ (département de la Justice) et le régulateur des services financiers de New York. Les Américains chassent en meute et les banques vont lourdement saigner.

On reproche également à la Société générale d'avoir menti sur le taux de ses emprunts interbancaires (Libor[2]). Dans le sillage de la crise de 2007-2008, la banque craint l'effet "stigmatisation" qui n'aurait pas manqué de se produire si elle avait déclaré qu'elle empruntait à des taux supérieurs à ceux de ses concurrents. Cette information

---

1. En 2015, la banque écope d'une amende de 787 millions de dollars pour violation de l'embargo. Mise à l'épreuve pendant trois ans, elle sort du radar de la justice américaine en octobre 2018. Anne Bodescot, "Aux États-Unis, le Crédit agricole sort de trois ans de mise à l'épreuve", *Le Figaro*, 23 octobre 2018.
2. C'est un taux de référence de différentes devises calculé quotidiennement sur le marché londonien. Il permet de fixer le taux auquel les banques se prêtent de l'argent. Libor signifie en anglais : London Interbank Offered Rate. En français : taux interbancaire pratiqué à Londres.

l'aurait fragilisée et l'aurait rendue suspecte aux yeux des marchés. Le risque était alors vital pour elle. La Société générale, comme d'autres banques, a donc déclaré quotidiennement les mêmes taux interbancaires.

Pour ces motifs, les autorités américaines et européennes ont infligé plus de 9 milliards de dollars d'amende à toutes les banques suspectées de manipulation du Libor : UBS, Rabobank, Royal Bank of Scotland, Société générale, Citigroup, JP Morgan Chase, Barclays, Deutsche Bank… La Société générale a négocié une ristourne sur ses 450 millions de dollars d'amende. Elle a cru l'affaire classée. À tort. En août 2017, elle rebondit : la justice américaine inculpe deux dirigeantes de la banque française pour manipulation des taux interbancaires[1]. Les deux parties finissent par s'accorder sur le montant d'une nouvelle amende. Mais soudain, côté américain, les discussions butent car Washington réclame des têtes. Pas celle d'un second couteau, celle du numéro 2 de l'établissement. Au siège de la banque française, c'est la consternation. Le PDG, Frédéric Oudéa, demande à ses avocats de sauver celui qu'il considère comme son successeur. Mission impossible. Les Américains demeurent intransigeants, pas d'accord sans le départ du lieutenant d'Oudéa. C'est chose faite en mars 2018 : Didier Valet, directeur général délégué de la banque, tire sa révérence.

---

1. Danielle Sindzingre et Muriel Bescond. Le 17 décembre 2018, Muriel Bescond déposait au tribunal de l'Eastern District de New York une demande d'annulation de sa mise en examen, estimant qu'il y avait prescription et que les intérêts des États-Unis n'avaient pas été lésés. Arnaud Leparmentier, "Les trésorières de la Société générale à la merci de la justice américaine", *Le Monde*, 18 décembre 2018 ; Valérie de Senneville, "Les cadres, grands perdants de la justice négociée", *Les Échos*, 14 et 15 décembre 2018.

Revenons aux accusations de violation de l'embargo. En février 2014, un mois avant les révélations de la presse sur les poursuites américaines, la BNP, alors première banque française, provisionne 798 millions d'euros, montant qu'elle a estimé en fonction de l'amende infligée deux ans plus tôt par les autorités américaines à la banque britannique Standard Chartered (650 millions de dollars) pour des motifs équivalents.

À l'époque, la BNP ne saisit pas la gravité des faits malgré l'assistance de ses avocats français et américains. "Les dirigeants de la banque, m'explique l'un d'eux, n'avaient aucune idée de ce qui allait se passer[1]." Ils pensaient alors que les Américains allaient se calmer et se contenter d'une amende se situant entre 600 millions et 1 milliard d'euros. Hélas pour eux, les Américains ne l'entendent pas de cette oreille. Alstom n'était qu'un tour de chauffe. L'ardoise pour la BNP sera huit fois plus élevée.

De quoi exactement accuse-t-on la banque ? D'avoir réalisé des transactions en dollars avec des États inscrits sur la liste noire américaine. "Les plus hauts dirigeants n'étaient même pas au courant de ces échanges en dollars avec l'Iran et Cuba, affirme un ancien cadre de la banque. Ce sont souvent des cadres du deuxième, voire du troisième cercle qui autorisent ces opérations avec le souci de ne pas déranger leur hiérarchie[2]."

Néanmoins, les alertes n'ont pas manqué. Les plus hauts dirigeants n'ont pas voulu les entendre. Il suffisait pourtant d'observer à quelle sauce les Américains ont mangé certaines banques européennes comme la

---

1. Entretien de septembre 2017, Paris.
2. Entretien d'octobre 2017, Paris.

néerlandaise ABN Amro condamnée en 2005 pour activités commerciales illégales avec des pays sous embargo. Cette année-là, l'état-major de la BNP finit par s'inquiéter et demande une nouvelle revue des risques à ses cabinets d'avocats, Clifford Chance, Skadden et Cleary Gottlieb. En 2004, lors d'une première expertise, le cabinet Cleary Gottlieb avait conclu à l'inexistence d'un risque. “Les responsables de la BNP, se souvient un avocat de Cleary Gottlieb, nous avaient dissimulé certaines informations, ce qui avait affecté notre analyse et nos conseils[1].” Désormais, tous les conseillers juridiques de la BNP s'accordent pour dire que le risque est élevé.

D'autant que certaines activités de la banque brillent par leur opacité. Notamment celles de la branche Energy, Commodities and Export Project (ECEP) tombée dans l'escarcelle de la BNP après sa prise de contrôle de Paribas en mai 2000. Paribas, une vieille institution née en 1872 qui a fait beaucoup parler d'elle dans l'affaire des ventes d'armes à l'Angola au milieu des années 1990. Or Paribas possède une filiale suisse avec des clients et courtiers en matières premières dont le fort n'est pas la transparence. Peu importe pour les dirigeants de la BNP, ce qui compte, c'est que cette filiale affiche de très juteux bénéfices.

Jusqu'au jour où la menace gronde. Au sein de la banque, l'inspection générale alerte la direction sur les méthodes de la filiale helvète. Son rapport de 70 pages évoque “un environnement juridique devenu plus pressant” et des “risques d'image et juridiques liés à l'exposition aux embargos américains[2]”. Nous sommes en 2006,

1. Entretien de juin 2018, Londres.
2. Benjamin Masse-Stamberger, “Le rapport qui aurait dû alerter BNP Paribas”, *Le Vif/L'Express*, 27 juin 2014.

la banque sait à quoi s'en tenir. Pourtant, elle ne prend aucune mesure sérieuse pour se remettre dans les clous de la législation américaine. Elle ne bouge pas non plus lorsque le sous-secrétaire américain au Trésor, Stuart Levey, la met directement en garde.

Huit années passent, et la pression américaine se fait de plus en plus forte, poussant les avocats de la banque à durcir l'enquête interne. Les Américains exigent l'analyse de centaines de milliers de données, de courriels, de documents internes et externes de la banque… Les entretiens avec les salariés révèlent l'ampleur du problème. Certains se sentent lâchés par leur entreprise et sombrent dans une détresse absolue. Rien n'arrête New York et Washington. Il faut toujours plus d'informations, de données et de rapports.

Comment le DOJ peut-il réclamer autant de pièces à la BNP ? C'est la procédure dite de *discovery*. Aux États-Unis, comme dans la plupart des pays adoptant la *common law* (droit anglo-saxon), les parties impliquées dans une procédure judiciaire sont tenues de fournir toutes les preuves qu'elles possèdent quand bien même il s'agit de secrets d'affaires[1]. Pour éviter les fuites d'informations confidentielles (brevets, savoir-faire, procédés de fabrication…), la convention de La Haye[2] organise la transmission entre États des informations économiques et commerciales, par l'intermédiaire de commissions rogatoires internationales. Une procédure jugée trop longue (entre neuf mois et un an) pour des Américains pressés

1. Olivier de Maison Rouge, *Le Droit de l'intelligence économique. Patrimoine informationnel et secrets d'affaires*, Lamy, 2012, p. 117.
2. Convention sur l'obtention de preuves à l'étranger en matière civile ou commerciale, n° 0.274.132, La Haye, 18 mars 1970.

d'en finir. Aussi, le DOJ outrepasse-t-il parfois ses droits. "Lors de conférences téléphoniques organisées avec le DOJ, se souvient un témoin direct, des informations sont délivrées en toute illégalité." Les barrières juridiques sautent sans que personne ne s'en émeuve. La BNP va progressivement se trouver totalement dépassée par la tournure des évènements.

Il n'existe aucune alternative. "C'est un système extraordinairement rodé et efficace, remarque l'un des avocats de la BNP[1]. Il n'y a aucune raison qu'il disparaisse." Avant de passer à la caisse en signant un chèque d'un montant historique de 9 milliards de dollars, la banque s'est mise à nu en livrant toutes ses informations sensibles aux Américains. Elle a dû accueillir dans sa filiale américaine un surveillant en intégrité *(corporate monitor)*, en l'occurrence Shirah Neiman conseillère du procureur fédéral de New York. De quoi rassurer Washington.

Pourquoi une telle sévérité ? Après tout, les faits reprochés à la BNP ne sont interdits ni par l'ONU, ni par l'OMC, ni par le FMI, ni par aucune institution internationale. Est-il juste alors que la banque paie une telle somme pour ce qui n'est un crime qu'aux seuls yeux de Washington ?

## Technip croqué par son petit concurrent américain

La BNP a payé une amende record. Alstom a versé une belle somme aux autorités américaines. Technip lui paiera également une somme conséquente et, comme Alstom, sera racheté par une entreprise américaine. Parmi

1. Entretien de septembre 2017.

les champions énergétiques français, il y avait Total et Technip, le pétrolier et le parapétrolier. Un duo industriel français de haute volée dans le secteur de l'énergie. Aujourd'hui, ne subsiste en France que le pétrolier. Technip s'en est allé en 2016, racheté par l'Américain FMC Technologies. Son siège social a quitté la France pour la Grande-Bretagne, présentée comme un terrain neutre entre l'Hexagone et les États-Unis. Un détail géographique car, dans les faits, l'entreprise est pilotée par des managers américains. Les Français ont dit adieu à cette société créée en 1958 par l'Institut français du pétrole (IFP). L'IFP (rebaptisé depuis IFP Énergies nouvelles) est le bras armé de la France dans le secteur pétrolier. Fondé au lendemain de la Première Guerre mondiale – un conflit où l'essence a joué un rôle crucial dans la victoire des forces de l'Entente –, il a été chargé de développer l'industrie pétrolière française. En 1943, une loi l'autorise à créer des entreprises et des établissements professionnels pour mener des actions spécifiques. C'est ainsi que Technip voit le jour. La société s'occupe de l'ingénierie et de la construction des projets pétroliers et gaziers… Technip s'élance rapidement en dehors des frontières nationales, en particulier en Asie et en Afrique. Dès les années 1970, la société prend une dimension internationale et rachète d'autres entreprises dans le monde (Speichim, KTI, Krebs…). Sa taille et ses marchés lui permettent de rivaliser avec les géants du secteur. En 2000, elle figure dans le Top 5 des leaders mondiaux, déploie ses compétences dans le gaz liquéfié mais aussi dans les énergies renouvelables. En 2012, elle remporte un grand contrat pour la fabrication d'une centaine d'éoliennes offshores au large des côtes bretonnes.

Ses ennuis commencent en 2010, quand elle entre dans le collimateur du DOJ et de la SEC. L'entreprise est soupçonnée de corruption dans un contrat au Nigeria pour la construction d'une usine de gaz naturel liquéfié entre 1995 et 2004 sur le site de Bonny Island. Elle n'cst pas la seule visée. Les corrupteurs agissent en bande. Technip est allié à l'Américain Kellogg Brown & Root (KBR), l'Italien ENI et le Japonais Japan Gas Corporation (JGC). L'entreprise française possède 25 % des parts de ce consortium baptisé TSKJ[1]. Le contrat s'élève à 6 milliards de dollars. Les quatre entreprises ont mis en place un système extrêmement huilé pour arroser des officiels nigérians, précise Robert Khuzami dans le communiqué de la SEC[2]. Un "comité culturel" dans lequel les dirigeants de ces quatre entreprises discutaient des personnes à corrompre et des sommes à leur allouer. En tout, plus de 180 millions de dollars tombent dans les poches de hauts fonctionnaires mais aussi de membres du gouvernement nigérian, *via* une société commerciale japonaise. Le Nigeria est loin de l'Amérique mais entre 2001 et 2007, Technip possède des titres cotés à la Bourse de New York. Il tombe donc dans le cadre du FCPA.

Les agences américaines et Technip, *via* son défenseur, le cabinet Hughes Hubbard, trouvent un accord. Technip n'admet ni ne conteste les accusations mais signe un DPA (Deferred Prosecution Agreement) et écope d'une amende de 338 millions de dollars, 240 pour le Trésor

1. Pour Technip, Snamprogetti, Halliburton KBR and JGC Corporation.
2. "SEC Charges Technip with FCPA Violations", Release 2010-110, 28 juin 2010. https://www.sec.gov/news/press/2010/2010-110.htm. Voir également le communiqué du DOJ : "Technip SA Resolves Foreign Corrupt Practices Act Investigation and Agrees to Pay $240 Million Criminal Penalty." https://www.justice.gov/opa/pr/technip-sa-resolves-foreign-corrupt-practices-act-investigation-and-agrees-pay-240-million.

américain et 98 pour la SEC. Le montant est inférieur à l'amende de KBR (402 millions de dollars). Enfin, la SEC place la société sous la surveillance d'un *corporate monitor* pendant deux ans. Affaiblie, la société tricolore peine à remonter la pente. Six ans après la condamnation américaine, elle est rachetée par un de ses concurrents, plus petit, l'Américain FMC Technologies. Comme Alstom, elle passe sous pavillon américain.

# 8

## AIRBUS, PROCHAINE CIBLE DES PROCUREURS AMÉRICAINS ?

Printemps 2016. Airbus Group entre dans une zone de turbulences. Thomas Enders, PDG de l'avionneur européen, décide d'ouvrir le parapluie en se confessant de son propre chef à l'agence britannique de crédit à l'exportation (UK Export Finance, UKEF) : son entreprise a oublié de mentionner certains intermédiaires dans plusieurs contrats à l'export. C'est la conclusion de l'audit interne qu'il a commandité deux ans plus tôt à John Harrison, son directeur juridique. Les deux hommes se connaissent bien, ils ont travaillé ensemble lorsque Tom Enders dirigeait la branche défense du groupe EADS (alors maison mère d'Airbus). John Harrison a œuvré de 2003 à 2007 dans la branche défense d'EADS, puis il est parti chez Technip où il a notamment géré les relations du parapétrolier français avec la justice américaine pour une affaire de corruption. Et ce avant que cette société ne tombe dans l'escarcelle de l'Américain FMC Technologies en 2016 (voir chapitre 7). Au printemps 2015, Tom Enders le rappelle à ses côtés et le nomme *general counsel*, c'est-à-dire secrétaire général, directeur juridique et responsable de l'éthique. Mais en le rattachant au conseil d'administration, il ne sera pas en mesure de maîtriser toutes ses initiatives. Erreur…

Au printemps 2016 donc, Enders et Harrison ouvrent volontairement la boîte de Pandore. Leur confession aura de graves conséquences, et le Serious Fraud Office (SFO), l'agence britannique chargée de la lutte contre la fraude, ainsi que son homologue français, le Parquet national financier (PNF), s'en saisissent, respectivement en juillet 2016 et mars 2017 pour exiger un grand déballage sur les méthodes commerciales d'Airbus. La partie s'annonce plus que serrée et ardue pour le groupe. Car le SFO britannique a la réputation d'être coriace…

Leur dernière directrice en date, Lisa Osofsky, est d'ailleurs une experte. Cette Britannique, qui possède également la nationalité américaine, a passé trente années au FBI et au DOJ à lutter contre la corruption. Après avoir travaillé dans le secteur bancaire privé, chez Goldman Sachs, où elle a dirigé le département dédié à l'intelligence économique, puis chez Control Risks (cabinet anglo-saxon d'intelligence économique) et enfin dans le conseil, chez Exiger à Londres comme directrice des investigations, elle a donc accepté ce poste au SFO qui lui offre une vue imprenable sur les affaires d'Airbus.

Que dénoncent exactement Enders et Harrison aux autorités françaises et britanniques ? Certains noms d'intermédiaires (intervenants, consultants et même traducteurs) qui aident Airbus à décrocher des contrats et que le groupe a oublié de mentionner dans ses déclarations. La loi britannique impose aux entreprises de les déclarer tous sans exception. Or il semble que le service Sales & Marketing Organization (SMO) d'Airbus, que Tom Enders ne porte pas dans son cœur au point qu'il l'a surnommé le *Bullshit Castle* (château des conneries), ait oublié d'en déclarer certains. Est-ce grave ? Pas forcément. À moins que ces oublis n'aient servi à dissimuler des opérations de corruption.

Pourquoi ce soudain excès de vertu chez Tom Enders et John Harrison ? Pressentent-ils que leur entreprise peut être une cible du DOJ et qu'il vaut mieux prendre les devants en remettant son sort entre les mains des justices anglaise et française plutôt qu'entre celles des États-Unis ? C'est possible, voire malin de la part du dirigeant allemand. Dans son édition du 14 octobre 2017, *Le Monde* confirme cette version en précisant toutefois que cette stratégie répond à une attaque du concurrent américain. Selon ses journalistes, Marie-Béatrice Baudet, Dominique Gallois et Chloé Aeberhardt, l'avionneur européen est en fait victime d'une guerre économique menée par Boeing[1].

À l'époque, le géant de Chicago est fortement contrarié par une décision politique du Congrès américain qui vient de lui fermer les robinets de l'Export-Import Bank of the United States (Ex-Im). Cette agence officielle de crédit aux exportations américaines soutient financièrement environ 15 % des ventes de Boeing. Autrement dit, elle propose des garanties et des assurances aux clients de l'avionneur américain afin qu'ils puissent acquérir ses avions. C'est un coup dur pour la firme américaine qui craint de voir certains marchés lui échapper. En attendant de renouer avec le Congrès, il lui faut trouver un moyen d'empêcher la concurrence étrangère de profiter de la situation. Comment donc affaiblir Airbus ?

Selon l'article du *Monde*, les services de renseignement américains montent un dossier contre Airbus, ses affaires

1. Marie-Béatrice Baudet, Dominique Gallois, Chloé Aeberhardt, "Les dessous de l'opération mains propres en cours chez Airbus", *Le Monde*, 14 octobre 2017.

au Moyen-Orient et la vente en février 2017 de l'activité électronique de défense du groupe au fonds d'investissement américain KKR. L'objectif est de mettre des bâtons dans les roues de l'avionneur européen afin d'entraver sa conquête des marchés. Ce dossier à charge atterrit au DOJ, lequel avertit Airbus des soupçons existant contre lui. Pour contrer cette menace, Airbus a trouvé la seule parade possible : couper l'herbe sous le pied aux Américains en se dénonçant aux Anglais et aux Français.

Pourtant, au plus haut niveau de l'État français, la stratégie du duo Enders-Harrison passe mal. L'affaire est directement suivie par Alexis Kohler, secrétaire général de l'Élysée. Au Palais, on ne comprend pas pourquoi Airbus lâche tant d'informations aux Anglais et n'invoque pas la loi de blocage qui interdit aux entreprises de livrer des renseignements économiques à une autorité étrangère. Réponse des dirigeants d'Airbus : pas question de faire appel à la loi de blocage ; il est préférable de se soumettre au SFO pour court-circuiter le DOJ. De son côté, l'exécutif français prétend qu'il ne peut rien faire. C'est à l'entreprise d'invoquer cette loi. En revanche, rien n'empêche la justice française de demander des comptes à une entreprise qui ne la respecte pas.

Comme se plaisait à le dire l'ancien président Jacques Chirac, "les emmerdes volent toujours en escadrille". Les Anglais et les Français ne sont pas les seuls à s'intéresser à Airbus. Le ministère de la Défense autrichien poursuit le groupe aéronautique et le parquet allemand[1] enquête sur la vente de quinze avions de combat Eurofighter Typhoon (pour un montant de 1,7 milliard d'euros) à l'Autriche

---

1. Airbus étant une société privée mais détenue par deux États : la France et l'Allemagne.

en 2003. À l'époque, Tom Enders dirigeait la branche défense d'EADS (rebaptisé Airbus Group en 2014, puis Airbus en 2017). Les Autrichiens soupçonnent l'existence de commissions occultes. Au début du mois de février 2018, le parquet de Munich rend sa décision. Il ne retient pas les soupçons de corruption mais reproche à Airbus d'avoir manqué de vigilance et de contrôle sur le versement de 80 millions d'euros à des intermédiaires sans prestations véritables et documentées. L'avionneur écope d'une amende de 81 millions d'euros et la justice allemande passe l'éponge. À l'heure qu'il est, les tribunaux autrichiens doivent encore se prononcer sur ce dossier.

Dans "l'escadrille", il y a aussi le Kazakhgate. Un dossier instruit par le Parquet national financier pour "corruption d'agent public étranger, abus de biens sociaux, recel et blanchiment de ces délits". Airbus aurait versé des millions d'euros pour corrompre, entre autres personnes, le Premier ministre kazakh et vendre au Kazakhstan quarante-cinq hélicoptères EC145 en 2010-2011 (*via* sa filiale Eurocopter) et deux satellites. Le groupe est également cité dans une information judiciaire pour "escroquerie et abus de confiance" dans le cadre de la faillite de la mine d'or de Kodiéran, au Mali. Il aurait investi dans cette mine pour dégager des fonds occultes et favoriser l'obtention de contrats de matériels militaires avec le Mali. En outre, l'État malien détient 20 % de la mine et l'actionnaire majoritaire de la mine est très proche du pouvoir.

## À quoi joue Major Tom ?

La question est dans tous les esprits, à Paris, Berlin, mais aussi à Toulouse, au siège d'Airbus : quelle est la stratégie de Tom Enders ? Quelle est sa vision de l'entreprise pour les prochaines années ? Que compte-t-il faire de l'avionneur européen ? "Une chose est sûre, explique un cadre, il veut se débarrasser des branches aérospatiale et militaire[1]." Un autre se demande si le rêve de Tom Enders n'est pas de marier Airbus avec un géant américain de l'aéronautique[2]. Enders est réputé très atlantiste et pas franchement francophile. Il semble même détester les Français, si l'on en juge par le nombre de Français qu'il a mis à la porte et remplacés par des Allemands, des Anglais et même des Américains. Tom Enders inquiète aussi bien la chancellerie allemande que la présidence de la République française. Le PDG est donc sous surveillance et sur le départ. Il n'aura pas droit à un nouveau mandat. En octobre 2018, le nom de son successeur est rendu public : il s'agit de Guillaume Faury, ancien directeur d'Airbus Helicopters.

N'a-t-il pas placé au poste le plus stratégique de la société, la direction technique, un Américain et pas n'importe lequel ? Paul Eremenko, arrivé chez Airbus en juin 2016, est un ancien cadre de Google, de Motorola mais aussi de la Darpa (Defense Advanced Research Projects Agency), le centre de recherche du Pentagone ! Aux yeux de Tom Enders, il incarne l'avenir de l'entreprise, il est l'homme qui va la transformer en une sorte de "Google des airs". Hélas pour Enders et son protégé, Paul Eremenko fera long feu : il est brusquement débarqué en décembre 2017. Officiellement pour des motifs qui ne concerneraient ni ses compétences ni ses activités

---

1. Entretien de mai 2018, Paris.
2. Boeing ou un autre géant de l'aéronautique américaine comme Northrop Grumman…

professionnelles. Pour quelles raisons alors ? Les rumeurs parlent d'un comportement inadéquat en dehors de la société.

Quelques mois auront suffi à Paul Eremenko pour bousculer Airbus. Il se heurte à la culture maison qu'il trouve *old school* (vieille école), il dégrade l'ambiance au sein de ses équipes, bouscule les habitudes de travail. Il ferme le centre de recherche et développement de Suresnes, déplace les 500 salariés qui y travaillaient, essentiellement des ingénieurs. Bref, son départ n'est pas un drame pour les cadres du groupe qui n'ont jamais accroché avec son esprit start-up. En revanche, Tom Enders perd une pièce maîtresse de son dispositif. D'autant que Paul Eremenko a rejoint la société UTC Aerospace Systems, leader mondial des équipementiers de l'aéronautique et… sous-traitant d'Airbus. L'avionneur toulousain n'a plus qu'à espérer que l'homme ne transmette pas d'informations sensibles à son nouvel employeur américain. Il paraît que personne chez Airbus n'a songé à lui faire signer une clause de non-concurrence !

Du coup, Tom Enders est déstabilisé sur tous les fronts au point d'être persuadé que des forces obscures veulent sa peau. Mais la réalité est plus prosaïque. Paris et Berlin ne lui font plus confiance. Pour qui roule-t-il ?… Certainement pas pour les Français qui prennent la porte à la queue leu leu.

Pour certains hauts cadres français et allemands d'Airbus, la réponse ne fait pas de doute : Tom Enders est l'homme des Américains. “Il est très proche d'eux, explique un manageur rattaché à la direction financière. C'est un atlantiste pur. Il n'a qu'un objectif : ne rien faire qui déplaise aux Américains car il veut continuer à se rendre aux États-Unis[1].” À l'instar de Patrick Kron, l'ex-PDG d'Alstom, Tom Enders est-il tenu par les Américains ? Possèdent-ils des informations compromettantes à son sujet ? Notamment sur sa gestion dans la vente d'avions de chasse à l'Autriche ?

“Moi, trop américain ? C'est stupide”, se défend Tom Enders dans un entretien accordé au *Monde* en octobre 2017[2]. En effet. Ce n'est pas parce qu'il a recruté un ancien du Pentagone pour prendre en charge la technologie du groupe, qu'il a offert la digitalisation de son entreprise à la société américaine Palantir, très proche de la communauté du renseignement américain, qu'il a eu recours majoritairement à des cabinets d'avocats anglo-saxons (Hubbard & Reed, Clifford Chance, etc.) pour mener les enquêtes internes exigées par les Anglais et les Français, qu'il a demandé à une firme d'intelligence économique américaine, Forensic Risk Alliance, de procéder aux fouilles dans les ordinateurs de ses employés, qu'il faut en déduire qu'il est le cheval de Troie des Américains parvenu au cœur du fleuron de l'aéronautique européenne. Ce n'est pas non plus parce qu'il a fait une partie de ses études à l'université de Californie-Los Angeles, qu'il appartient au groupe Bilderberg (réunion des élites occidentales) et qu'il adhère à l'Atlantik-Brücke (Pont atlantique), une association ultralibérale germano-américaine, qu'il faut en faire un petit soldat de la bannière étoilée.

Autant d'éléments pourtant qui inquiètent sérieusement le président Emmanuel Macron et ses équipes à

1. Entretien de mai 2018, Paris.
2. Propos recueillis par Marie-Béatrice Baudet, Dominique Gallois et Guy Dutheil, *Le Monde*, 13 octobre 2017.

l'Élysée. L'opération "Il faut lâcher le soldat Enders" est donc enclenchée dès la rentrée 2017 ! Restait à trouver son successeur ainsi que celui de Denis Ranque, président du conseil d'administration d'Airbus que les élites politiques ne jugent pas non plus à la hauteur de la situation. Ce sera donc le Français Guillaume Faury.

Le grand nettoyage pourrait emporter aussi John Harrison, directeur juridique d'Airbus, et plus fidèle collaborateur de Tom Enders. Harrison est anglais mais "son style est moins *british* qu'américain", remarque un salarié d'Airbus qui le fréquente souvent[1]. Et il a la réputation d'être très ambitieux. "Il travaille en roue libre et semble tellement grisé par le pouvoir qu'on se demande s'il ne rêve pas de prendre la place du grand vizir", poursuit-il. L'homme sait s'entourer des meilleurs cabinets d'avocats : Hughes Hubbard & Reed, Clifford Chance (pour lequel il a travaillé en début de carrière) et Dechert. Ce dernier emploie Neil Gerrard, un avocat qui entretient, selon le quotidien *The Guardian*[2], des relations étroites avec le Serious Fraud Office (SFO) britannique. Rien qu'en 2016, les honoraires de ses avocats de luxe s'élèvent à plus de 60 millions d'euros. Par ailleurs, John Harrison ignore parfois la notion de conflit d'intérêts : c'est à la société dans laquelle travaille son ancienne compagne, Forensic Risk Alliance, qu'il a confié la mission de récupérer toutes les données informatiques d'Airbus pour les besoins des enquêtes internes.

---

1. Entretien de mai 2018, Paris.
2. Simon Goodley, "ENRC Splits with US Law Firm Overseeing Corruption Inquiry", *The Guardian*, 11 avril 2013.

## Airbus : dangereuses turbulences ?

L'opération mains propres menée par Tom Enders et son acolyte John Harrison met-elle en danger l'avionneur européen ? Une soixantaine de cadres, notamment du service commercial, sont partis ou en partance. L'état-major du groupe se décompose. Y a-t-il encore un pilote dans l'avion ? Depuis quelques mois, les départs se succèdent : Fabrice Brégier, le numéro 2, Marwan Lahoud, responsable de la stratégie, Paul Eremenko, directeur technique du groupe, John Leahy, directeur commercial et même son successeur Eric Schulz qui a tenu à peine huit mois[1], Charles Champion, directeur de l'ingénierie, Didier Evrard, directeur des programmes, Tom Williams, directeur des opérations, Harald Wilhelm, directeur financier. C'est beaucoup pour une multinationale qui, de surcroît, n'a pas anticipé cette hémorragie. "Comment voulez-vous motiver des équipes qui ne savent pas s'il y a un commandant de bord dans leur entreprise", se lamente un cadre d'Airbus qui travaille pour la branche défense[2]. Par ailleurs, les forces vives, celles qui travaillent sur le terrain pour vendre les avions, sont décimées. En cessant toute relation avec ses intermédiaires dans le monde, même avec ceux qui ne sont pas suspects, Airbus s'est tiré une balle dans le pied. Sans ses réseaux patiemment construits au fil des années, la société devient sourde, aveugle et muette. Dans certains pays, les intermédiaires de l'entreprise se retournent même contre elle, furieux de ne pas avoir été rémunérés à la suite des enquêtes

1. Bruno Trévidic, "Airbus change de directeur commercial en plein vol", *Les Échos*, 14 et 15 septembre 2018.
2. Entretien de mai 2018, Paris.

internes exigées par les justices anglaise et française et qui ont abouti, sous la recommandation des avocats, à stopper tous les versements, même à ceux qui ne posaient, à priori, pas de problème. “Non seulement, regrette un cadre du secteur défense d'Airbus, ils déposent plainte pour réclamer leur argent mais certains se retournent contre nous et mènent campagne pour nous exclure des marchés. Dans certains pays, nous sommes *persona non grata*[1].”

Chez Airbus, c'est l'affolement, alors que le carnet de commandes est pléthorique. Au prix catalogue des aéronefs, le chiffre d'affaires de la prochaine décennie est évalué à 1 000 milliards d'euros. Airbus a donc largement le temps de reconstituer ses forces commerciales. “C'est vrai, précise un membre de l'équipe de vente, mais uniquement si l'économie mondiale continue de croître et ne connaît pas de crise majeure pendant les dix prochaines années[2].” Si de nouvelles secousses financières advenaient, certains clients renonceraient à leurs commandes, faute de pouvoir les honorer. Airbus risque alors de se retrouver dans une situation particulièrement délicate. Quoi qu'il en soit, analyse un expert du secteur[3], Airbus est dans une position fragile. Deux programmes ont du plomb dans l'aile : l'avion militaire A400M et le gros-porteur A380. La réussite commerciale d'Airbus repose donc essentiellement sur l'A320. Mais qui aime avoir tous ses œufs dans le même panier ? Les Américains de Boeing, ou même de nouveaux venus, chinois ou russes, peuvent remettre en question le succès de ce programme en proposant un modèle concurrent.

1. Entretien de mai 2018, Paris.
2. *Ibid.*
3. Entretien de juin 2018.

Dans ce cas, c'est la survie d'Airbus qui est engagée "et je ne suis pas sûr, ajoute l'expert, que Tom Enders ait parfaitement conscience de ce risque". Au printemps 2018, les premiers signes de craquement sont perceptibles. Face aux difficultés que rencontrent ses deux programmes, Airbus supprime 3 700 postes dont 400 en France[1].

Les enquêtes anglaise et française en cours n'arrangeront certainement pas la situation. Et de leur côté, les Américains sont aux aguets. Ils ont même ouvert un dossier en octobre 2017, invoquant la réglementation ITAR (International Traffic in Arms Regulations) qui leur permet d'autoriser ou pas la vente et l'exportation d'un système d'armes d'un pays étranger vers un autre quand ce matériel contient au moins un composant américain. Airbus a reconnu ne pas avoir fourni toutes les informations au Département d'État américain dans le cadre de la vente de l'Eurofighter et des avions de transport Casa à des pays étrangers. Conséquence : les Américains ont placé leur épée de Damoclès au-dessus d'Airbus. Si les sanctions anglaise et française leur paraissent insuffisantes, ils lâcheront leurs chasseurs de prime. En outre, le DOJ a ouvert en décembre dernier une procédure judiciaire contre Airbus pour corruption de marchés en Asie, notamment en Malaisie[2]. Les éléments rapportés par les éclaireurs américains sur la piste d'Airbus depuis deux ans y sont vraisemblablement pour quelque chose.

---

1. Gaëlle Fleitour, "3 700 postes impactés chez Airbus dont 470 en France", *L'Usine nouvelle*, 7 mars 2018.
2. Chloé Aeberhardt, Marie-Béatrice Baudet, avec Vincent Nouvet et Stéphanie Pierre, "La justice américaine a ouvert une enquête sur Airbus", *Le Monde*, 21 décembre 2018.

## L'avionneur sous haute surveillance

En janvier 2017, une société d'intelligence économique française est approchée pour une mission particulière : surveiller l'environnement informationnel du Kazakhgate. L'approche s'effectue en douceur. Un homme propose la mission au cabinet français tout en reconnaissant qu'il n'est pas le véritable commanditaire. Et sans pouvoir livrer le nom de son client. Mais une erreur d'aiguillage de courriel et quelques recherches suffisent à la société française pour découvrir que les commanditaires sont des Américains et des Israéliens. Sont-ils proches de leurs services de renseignement respectifs ? Le dirigeant de la société française a quelques doutes. Cependant, il accepte la mission : "Je la trouvais amusante, remarque son PDG et j'étais particulièrement curieux de travailler sur une affaire aussi importante[1]."

À quoi s'intéresse exactement le client ? D'abord à la presse. Il veut tout savoir sur la manière dont les journalistes ont sorti l'affaire, en particulier ceux de *Mediapart* et du *Canard enchaîné*. Ces journaux soutiennent-ils un candidat en particulier dans la campagne présidentielle française qui s'ouvre ? Y a-t-il des intérêts français et étrangers en jeu derrière cette révélation ? Plus largement, un candidat a-t-il orienté, voire payé *Mediapart* et *Le Canard enchaîné* pour en discréditer un autre. Rappelons que, deux mois plus tôt, François Hollande, alors président de la République, a déclaré qu'il ne serait pas candidat à sa succession.

La commande contient également une enquête sur l'environnement d'un journaliste du quotidien belge *Le Soir*, notamment ses relations au sein du Consortium

1. Nombreux entretiens entre septembre 2017 et juin 2018, Paris.

international des journalistes d'investigation (ICIJ). Cette organisation basée à Washington est l'émanation du Center for Public Integrity (CPI), une ONG américaine créée en 1989 qui dénonce la corruption et les abus de pouvoir des institutions autant publiques que privées. Le CPI et donc l'ICIJ[1] sont en partie financés par le milliardaire George Soros à travers ses fondations, notamment l'Open Society Foundations. L'ICIJ est particulièrement célèbre pour sa série de révélations sur les évasions et/ou les optimisations fiscales des grandes fortunes (LuxLeaks, Panama Papers, Paradise Papers…). Le mystérieux client nourrit des doutes sur la parfaite objectivité de l'ICIJ et se demande s'il n'y a pas eu manipulation. Il souhaite également que le cabinet d'intelligence français suive la piste des services russes, ne serait-ce que pour l'éliminer.

Son intérêt pour Airbus ne s'arrête pas là. Il veut savoir pourquoi l'avionneur a bloqué les versements à ses intermédiaires, en particulier le lobbyiste tunisien Lyès Ben Chédli et l'oligarque kazakh Mukhtar Ablyazov. Il demande une cartographie précise des liens entre Airbus et les cercles du pouvoir en France et au Kazakhstan. Il s'enquiert aussi de la façon dont les avocats d'Airbus négocient avec le Parquet national financier et le Serious Fraud Office. En octobre 2017, c'est carrément une copie des minutes des auditions au PNF qu'il requiert, pour connaître les premières orientations des magistrats. "Pas question d'aller sur ce terrain, précise le PDG du cabinet français, j'ai refusé catégoriquement cette demande."

Le 7 mars 2017, estimant que l'ex-président Nicolas Sarkozy est le plus négativement impacté par ces révélations,

---

1. Elle reçoit également des fonds des fondations Rockefeller, Kellogg et Ford.

le commanditaire s'interroge : qui a le plus intérêt à nuire à l'ancien président français ? Quel rôle auraient pu jouer de grands patrons de presse comme Patrick Drahi *(BFM, RMC, Libération, L'Express…)*, ou Xavier Niel *(Le Monde)*, ou même le candidat Emmanuel Macron qui monte alors dans les sondages ? Le 8 mars 2017, il veut connaître le rôle de Jean-Pierre Mignard, l'avocat de l'un des intermédiaires (Mukhtar Ablyazov), mais aussi de *Mediapart*, site d'informations qui suit l'affaire. Existe-t-il un lien ? En avril 2017, le client en veut plus sur les relations entre l'homme politique français Patrick Balkany, grand ami de Nicolas Sarkozy, et Patokh Chodiev, l'homme d'affaires proche du président kazakh Noursoultan Nazarbaïev, et principal suspect dans l'affaire du Kazakhgate.

Mario Brero, dirigeant d'une société d'intelligence économique suisse (Alp Services), qui a fait parler de lui dans l'affaire Areva/Uramin[1], intéresse également le client de la société d'intelligence économique française. Joue-t-il un rôle dans les fuites d'informations du Kazakhgate ? Travaille-t-il avec l'oligarque kazakh Bulat Utemuratov, considéré comme l'un des confidents du président kazakh ?

Mais que cherche exactement ce mystérieux client qui formule tant de demandes ? Connaître l'identité des marionnettistes qui manipulent médias et opinion publique dans l'affaire du Kazakhgate ? Rassembler des éléments sur tous les protagonistes de l'affaire ? Pénétrer les intentions des autorités juridiques françaises sur un éventuel arrangement avec Airbus ? Bref, accumuler des renseignements sur le principal concurrent de Boeing.

---

1. Une mine d'uranium achetée à prix d'or par le géant français du nucléaire.

# 9

# JUSTICIERS ET CHASSEURS DE PRIME

Toute guerre a ses guerriers. Dans ce conflit juridico-économique qui oppose les États-Unis au reste du monde, les troupes sont majoritairement issues du domaine du droit. Les procureurs américains en sont les généraux. Ils déclenchent les procédures et décident de la sentence, c'est-à-dire du montant de l'amende que devra verser l'entreprise. Certains en profitent pour se tailler une solide réputation afin de nourrir une éventuelle reconversion dans la vie politique. Ces chefs envoient en première ligne leurs équipes mais aussi et surtout les bataillons d'avocats de l'entreprise elle-même. Ces avocats qui appartiennent quasi exclusivement à des grands cabinets anglo-américains enquêtent à charge contre leur propre client et envoient régulièrement aux procureurs des informations et des rapports sur la corruption ou le viol des embargos dont leur client est accusé (chapitre 10). Peu importe si ces informations sont parfois obtenues en dehors des procédures légales. Ce qui compte, c'est de nourrir la machine juridique américaine et de prouver la culpabilité des entreprises. Et tant mieux si, au passage, les cabinets juridiques anglo-américains empochent des dizaines de millions de dollars facturés à leurs clients.

Les procureurs sont donc la terreur des entreprises. Un courrier, un courriel, un appel téléphonique de l'un d'eux et c'est la panique dans l'état-major de n'importe quelle firme mondiale. Ce sont les justiciers du droit américain, les hommes et les femmes qui travaillent dans les agences de surveillance et de régulation américaines : le DOJ (département de la Justice américaine), l'OFAC (Office on Foreign Assets Control) du département du Trésor, la SEC (Securities and Exchange Commission) et le DFSN (Department of Financial Services of New York).

Au tableau de chasse de ces procureurs des marchés figurent les plus grandes entreprises, les plus grandes banques et fonds d'investissements du monde. Parmi ceux qui ont fait vaciller des empires économiques, Benjamin Lawsky était le plus redouté de tous. “Ce type était la terreur des grands patrons, se souvient un avocat d'affaires, défenseur d'une grande banque européenne. Il avait la réputation de saigner à blanc les entreprises afin qu'elles expient leur crime[1].” Ancien procureur de New York de 2001 à 2007, ce diplômé de Columbia devient, de 2011 à 2015, procureur du DFSN, l'organisme chargé de la surveillance des marchés sur le territoire de New York (rappelons que Wall Street est installée au cœur de Manhattan). À la tête du Department of Financial Services et de ses 1 200 employés, il supervise plus de 3 800 établissements bancaires qui représentent près de 7 000 milliards de dollars.

Profite-t-il de sa fonction pour se faire un nom ? “Je l'ai rencontré à plusieurs reprises, explique notre avocat d'affaires, il s'est toujours comporté comme un politicien, pas comme un homme de loi.” Benjamin Lawsky

1. Entretien de juin 2018, Londres.

nourrit des ambitions politiques, et rares sont ceux qui en doutaient à New York. Conseiller du sénateur démocrate Charles Schumer de 1999 à 2001, il doit son ascension au futur gouverneur de l'État de New York dont il est directeur de campagne en 2010. Andrew Cuomo, lui-même ancien procureur général de ce même État, lui offre alors la direction du nouveau régulateur financier de New York, né de la fusion des régulateurs de la banque et de l'assurance. Il devient *New York State's superintendent of Financial Services*. Il s'illustrera très vite avec des méthodes musclées, voire expéditives en traitant la délinquance en col blanc comme une mafia.

Ce Saint-Just vit sa mission comme le combat du bien contre le mal. Le 31 décembre 2017, sur son compte Twitter, il poste les paroles de Roberto Clemente, star du baseball des années 1960 : "Chaque fois que tu as l'opportunité de changer le monde et que tu ne le fais pas, alors tu perds ton temps sur cette terre." Benjamin Lawsky veut agir et sauver le monde de la rapacité des entrepreneurs sans scrupules. Peu importent les moyens : lourdes amendes, mise en cause des dirigeants, menaces d'exclusion du marché américain, licenciements des brebis galeuses, remboursement des bonus et même emprisonnement pour les criminels en col blanc.

Ce jeune loup de la justice se fait la main sur la banque britannique Standard Chartered. C'est son premier gros dossier et il va s'en servir pour montrer qu'il ne plaisante pas. En 2012, la banque est soupçonnée d'activités illégales (selon la loi américaine) avec l'Iran. Dans un premier temps, ses dirigeants refusent de se plier aux injonctions du procureur et se déclarent prêts à aller en justice. Mal leur en prend. Benjamin Lawsky menace de leur retirer leur licence bancaire. Autant dire qu'il signe l'arrêt de mort de la banque. Un chantage qu'il assume contre l'avis du DOJ et de la Réserve fédérale américaine (FED), lesquels enquêtent également sur les activités de la banque. Les méthodes de Benjamin Lawsky ne plaisent pas aux autorités fédérales. Mais elles donnent des résultats. Sous pression, les banquiers britanniques finissent par céder. Le procureur de New York sort grand vainqueur du bras de fer. En août 2012, Standard Chartered accepte de signer un chèque de 340 millions de dollars, un montant historique et une première pour un procureur local[1]. Le cabinet Deloitte, conseil de Standard Chartered, est également condamné lourdement : interdiction d'accepter de nouvelles missions pendant un an. Dans la foulée, Benjamin Lawsky s'empare du dossier Crédit suisse. L'établissement helvète négocie avec le DOJ, mais là encore, Lawsky joue sa propre partition : pas question que la banque s'en tire avec une petite amende. Alors il pose des questions gênantes sur le rôle des dirigeants new-yorkais dans l'évasion fiscale des avoirs de certains clients américains. Finalement, il contraint le Crédit suisse à plaider coupable. Nouvelle victoire pour Lawsky. Le shérif financier de New York a acquis de l'expérience et sa prochaine cible, la BNP, va en faire les frais : près de 9 milliards de dollars d'amende et un état-major décapité pour avoir commercé en dollars avec des pays sous embargo comme l'Iran.

Après la BNP, c'est au tour de Commerzbank. Le 12 mars 2015, la banque allemande signe un accord

1. Jessica Silver-Greenberg, "British Bank in $340 Million Settlement for Laundering", *The New York Times*, 14 août 2012. https://www.nytimes.com/2012/08/15/business/standard-chartered-settles-with-new-york-for-340-million.html.

avec les autorités financières américaines : une amende de 1,45 milliard de dollars, le licenciement des salariés "indélicats" et la présence d'un moniteur (surveillant en intégrité) pendant quelques années[1]. Commerzbank est accusée de violation de l'embargo bancaire contre le Soudan et l'Iran. Au passage, l'État de New York, grâce aux services de Benjamin Lawsky, encaisse 610 millions de dollars. C'est quatre fois plus que la somme versée par Commerzbank au DOJ. En quatre ans de carrière au Department of Financial Services (DFS), Benjamin Lawsky a fait entrer des milliards de dollars dans les caisses de l'État new-yorkais. D'où la blague qui circule à Manhattan : les New-Yorkais sont particulièrement reconnaissants aux grandes banques étrangères d'avoir payé des programmes de rénovation et la construction de nouveaux buildings !

En 2015, le sentiment du devoir accompli, Benjamin Lawsky quitte ses fonctions pour créer sa propre société de conseil. The Lawsky Group aide les entreprises à optimiser leurs relations avec les régulateurs financiers américains. Optimiser ? Disons que l'ancien procureur met son expérience et son carnet d'adresses à la disposition des entreprises qui veulent éviter les griffes des autorités. Benjamin Lawsky renonce-t-il à une carrière politique ? Ou n'est-ce qu'une parenthèse dans une carrière qui pourrait épouser la trajectoire de ses deux prédécesseurs, Eliot Spitzer et Andrew Cuomo qui sont passés par le poste de procureur général de New York avant de devenir gouverneurs de l'État de New York. Tordre le cou

1. "NYDFS announces Commerzbank to pay $1,45 billion, terminate employees, install independent monitor for banking law violations", communiqué de presse, 12 mars 2015. https://www.dfs.ny.gov/about/ea/ea150312.pdf.

aux banquiers est toujours un excellent fait d'armes pour se présenter devant les électeurs.

Benjamin Lawsky n'est pas la seule bête noire des entreprises. C'est le plus médiatique certes, mais il y a plus efficace encore. Preet Bharara, surnommé le "Popeye de Wall Street" parce qu'il adore les épinards, est procureur du district sud de New York. Le pur produit du rêve américain a débarqué à deux ans de son Punjab natal et réalisé un parcours scolaire et universitaire exemplaire – il est diplômé en droit de Harvard et de Columbia. Nommé procureur par le président Barack Obama en 2009, il se fait très rapidement une réputation de tueur des loups de Wall Street. Raj Rajaratnam, patron du fonds spéculatif Galleon, et Rajat Gupta, secrétaire, en savent quelque chose. En 2011, Preet Bharara les fait tomber pour délit d'initié. Verdict : onze ans et deux ans de prison ferme. Trois ans plus tard, c'est au tour de la banque JP Morgan de subir les foudres du procureur. Elle paie 1,7 milliard de dollars pour son manque de vigilance dans la gestion des avoirs de Bernard Madoff, auteur de la plus grande escroquerie de l'histoire[1]. En 2012, Preet Bharara entre dans le palmarès des "100 personnes les plus influentes du monde" publié par *Time Magazine*.

Autre chevalier blanc de la finance internationale : Cyrus Vance, procureur fédéral de New York, également bourreau de la BNP. Toutefois, l'homme est plus connu pour l'affaire DSK. En 2011, Dominique Strauss-Kahn, alors directeur général du FMI, est arrêté et menotté devant la presse internationale pour une scabreuse histoire de violence sexuelle exercée sur une femme de ménage

---

1. Fondé sur la pyramide de Ponzi, montage frauduleux qui consiste à rétribuer les premiers investisseurs avec l'argent des derniers.

d'un hôtel new-yorkais. Question chasse à la délinquance en col blanc, Cyrus Vance affiche également un beau palmarès. Les amendes qu'il inflige aux entreprises atteignent plusieurs centaines de millions de dollars. Enfin, dernier acteur clé du dossier BNP, Leslie Caldwell, directrice de la division criminelle au département de la Justice. La petite soixantaine au moment des faits, Leslie Caldwell a suffisamment de bouteille pour s'attaquer à une banque aussi importante. L'affaire Enron, c'est elle. Elle a fait plonger les deux patrons du courtier en énergie, accusés de manipulation et de trafic des comptes de l'entreprise dans le but de tromper les marchés. Kenneth Lay, n° 1 d'Enron, meurt d'un infarctus peu de temps avant d'accomplir sa peine et Jeffrey Skilling, n° 2, est condamné à vingt-quatre ans de prison, durée qui sera plus tard ramenée à quatorze années. C'est dire qu'elle n'a aucune appréhension à poursuivre les plus grandes entreprises du monde.

# 10

# L'INQUIÉTANTE DOMINATION DES CABINETS JURIDIQUES ANGLO-SAXONS

Alstom, Technip, Siemens, Airbus… On trouve toujours un cabinet d'avocats anglo-saxon pour défendre les entreprises européennes en difficulté. Dans le domaine du contentieux, les avocats américains raflent tous les marchés. Il faut dire que les autorités américaines leur facilitent la tâche en ne voulant traiter qu'avec les grands noms des barreaux de New York et Washington. Skadden Arps, Norton Rose, Clifford Chance, Shearman & Sterling, Mayer Brown, White & Case…, ces *law firms*, multinationales du droit, sont implantées dans les plus grands centres économiques du monde. Véritables bataillons de juristes spécialisés dans les affaires internationales, certains cabinets emploient plusieurs milliers d'avocats. Droit de la concurrence, fusion-acquisition, droit pénal des affaires… ils accompagnent les entreprises mondiales dans tous les aspects de leurs activités, sur tous les marchés, dans tous les secteurs. Incontournables donc, mais pas exempts de critiques.

## Menace sur la confidentialité des données

Si cette domination anglo-saxonne n'était que financière, elle n'affolerait pas les spécialistes de l'intelligence économique. Or ils sont très inquiets car cette situation a des répercussions sur la protection des informations confidentielles des entreprises. Comment être absolument certain que les informations stratégiques confiées aux cabinets anglo-américains installés à Paris ne remontent pas jusqu'aux maisons mères de New York ou Washington[1] ? Pis, qu'elles ne nourrissent pas les bases de données des services de renseignements ? Comment s'assurer que les 100 000 pages de documents de Siemens[2] ou les 200 000 documents d'Alcatel-Lucent[3] fournis par leurs avocats aux autorités américaines ne tombent pas entre les mains d'autres clients de la *law firm* qui sont parfois des concurrents directs ou enfin qu'ils n'aillent pas enrichir les dossiers du FBI ou de la CIA ? "Les avocats américains ne sont pas liés à leur gouvernement", assure Ted Meyer, président du cabinet d'affaires Hughes Hubbard & Reed, conseil d'Airbus[4]. C'est sans doute vrai pour la très grande majorité d'entre eux, mais certaines affaires récentes instillent le doute.

Un jour d'avril 1995, l'avocat William Lee est promptement invité par les services de renseignement français

---

1. Paule Gonzalès, "Les cabinets d'avocats anglo-saxons, chevaux de Troie de la justice américaine", *Le Figaro*, 14 novembre 2018.
2. United States District Court for the District of Columbia, Department's sentencing memorandum, United States of America v. Siemens Aktiengesellschaft, 12 décembre 2008, p. 19. https://www.mayerbrown.com/public_docs/Siemens_Sentencing_Memo.pdf. Consulté en mai et novembre 2018, p. 3.
3. United States District Court Southern District of Florida, United States of America v. Alcatel-Lucent SA, Government's memorandum in support of the proposed plea agreements and deferred prosecution agreement, 23 mai 2011, p.13. http://fcpa.stanford.edu/fcpac/documents/4000/003099.pdf.
4. Entretien avec Dominique Gallois, *Le Monde économie*, 1er décembre 2017.

à quitter sur-le-champ le territoire français. L'homme est en effet soupçonné de renseigner la CIA et de lui livrer de nombreux documents confidentiels sur les petits secrets commerciaux des entreprises françaises. À l'époque, William Lee travaille discrètement pour Alain Gomez, PDG de Thomson, et affiche déjà une belle carrière derrière lui. Enfant du melting-pot américain (père chinois immigré aux États-Unis et mère américaine d'origine allemande), il a fait de brillantes études à l'université Stanford dont il sort diplômé en 1960. Il entre alors au Département d'État pour six années, puis s'inscrit à l'université de Harvard afin d'y décrocher son diplôme d'avocat. Direction le cabinet d'avocats Shearman & Sterling qui l'envoie dans son bureau parisien en 1972. Il grimpe tous les échelons et dirige l'antenne française du prestigieux cabinet. Vingt ans plus tard, il démissionne et entre chez Kroll Associates, célèbre cabinet d'investigations financières américain, au sein duquel il côtoie des collaborateurs qui sont d'anciens agents du FBI, de la CIA et de la SEC. Chez Kroll, il est tout particulièrement chargé des affaires parisiennes. C'est ainsi qu'Alain Gomez le repère et le mandate pour faire du renseignement sur la concurrence. Il lui demande aussi d'enquêter sur la mort suspecte, en décembre 1993, d'un militaire taiwanais : réputé incorruptible, le capitaine Yin Chin-feng, responsable des achats de la marine taiwanaise, qui venait d'effectuer un voyage en France pour connaître les conditions de production des frégates – Thomson avait conclu la vente de six frégates à Taiwan deux ans plus tôt pour 16 milliards de francs[1]. Alain Gomez charge également William Lee

---

1. Armelle Thoraval, "Ces morts qui hantent les frégates", *Libération*, 20 juin 2002.

de déstabiliser son concurrent français Matra en passe de fusionner avec Hachette. L'avocat reçoit d'importantes sommes en liquide pour nourrir la contestation de certains actionnaires qui se sentent floués par cette fusion. Il dépose plainte pour escroquerie contre Matra au nom de "petits porteurs". La guerre Thomson *versus* Matra-Hachette devient rapidement une affaire d'État, particulièrement médiatisée. Le rôle trouble de William Lee finit par alerter les services français. Et un beau jour d'avril de 1995, l'avocat est expulsé *manu militari*. Contraint par un mandat d'arrêt international, il revient en France quelques années plus tard et fait un court séjour en prison en octobre 2002. Trois ans plus tard, c'est le procès de l'affaire Thomson *versus* Matra-Hachette. William Lee reconnaît avoir reçu plusieurs centaines de milliers de dollars en liquide, sa secrétaire confirme qu'elle a transporté une partie de cette somme, pour mettre en place l'opération contre Matra-Hachette baptisée "Couper les ailes de l'oiseau". Au cours du procès, Alain Gomez admet que William Lee travaillait sur trois dossiers : la Russie, Taiwan et la fusion Matra-Hachette. Du lobbying, répond l'ancien avocat américain au juge. Et d'étaler son carnet d'adresses principalement composé d'agents et d'ex-agents des services de renseignement américains, russes et israéliens. Verdict du procès en février 2006 : relaxe générale. Le tribunal reconnaît les manœuvres déloyales organisées par Thomson contre Matra-Hachette mais estime qu'il y a prescription[1]. Combien de William Lee œuvrent en coulisse dans les cabinets d'avocats anglo-saxons ?

---

1. AFP/Reuters, "L'affaire Matra-Thomson s'achève par une relaxe générale", *Le Monde*, 6 février 2006.

Dans ce monde post-Snowden, la question inquiète les patrons européens et n'arrange pas les affaires des *law firms*. "Certains articles de presse remettant en cause la loyauté des avocats anglo-saxons me font perdre des clients", peste un avocat du bureau parisien d'un cabinet américain[1].

Alors faut-il se méfier d'eux ? Le témoignage de cet ancien avocat d'un grand cabinet américain fait froid dans le dos. Appelons-le Antoine, il est français et vient tout juste de changer de carrière et de pays pour cesser, dit-il, de "coucher avec l'occupant[2]". Loin d'être un théoricien du complot, il n'est pas pour autant naïf et sait que le monde du droit et celui du renseignement sont souvent perméables. "Le grand cabinet Sullivan & Cromwell a toujours été très proche de la CIA[3] et Cleary Gottlieb[4] était mandataire du plan Marshall de l'après-guerre. Je me souviens d'une discussion avec mon supérieur hiérarchique m'avouant avoir été approché par les services de renseignement américain."

Dans l'antenne parisienne d'un cabinet new-yorkais, Antoine traite de plusieurs dossiers dont ceux de deux grandes banques françaises visées par des enquêtes internes commanditées par des autorités américaines. Ce qu'il observe et fait à son corps défendant dépasse ses pires craintes. Le DOJ ne se contente pas de lui réclamer des rapports réguliers sur l'avancement de ses enquêtes, il exige de lui qu'il siphonne absolument toutes les informations de ses clients, même les plus sensibles. "À l'époque,

1. Entretien de mars 2018, Paris.
2. Entretien de juin 2018, Londres.
3. Allen Dulles qui fut le premier directeur civil de la CIA (1953-1961) a d'abord travaillé chez Sullivan & Cromwell.
4. https://www.clearygottlieb.com/practice-landing/brussels. Consulté le 18 novembre 2018.

explique-t-il, je me rendais toutes les semaines au tribunal financier de Nanterre. J'y déposais des dizaines de DVD contenant des millions d'informations brutes sur mes clients : courriels, notes, rapports… Un policier français réceptionnait les DVD, signait la feuille A3 où j'avais noté la liste de tous les fichiers et je repartais. Le jour même, un officier du FBI attaché à l'ambassade des États-Unis venait récupérer les DVD." Ces "dons" aux Américains ont l'apparence de la légalité puisqu'ils sont réalisés dans le cadre des accords multilatéraux d'échange d'informations[1]. Mais à y regarder de plus près, les choses apparaissent plus compliquées. Qui vérifie que la livraison de centaines de DVD contenant des millions d'informations brutes ne contrevient pas aux lois sur la protection des données personnelles des salariés, voire sur le secret des affaires ? Personne. Nul doute qu'une plainte d'un salarié ou d'un commissaire aux comptes pourrait envoyer les entreprises qui fournissent autant d'informations à une puissance étrangère devant les tribunaux. "Les autorités françaises et européennes, écrit maître Olivier Boulon, n'ont pas encore pris la mesure des transferts massifs de données réalisés dans le cadre des investigations extra-judiciaires menées par des autorités étrangères et des risques qu'ils comportent pour le patrimoine des entreprises concernées[2]."

Malgré ces risques évidents, les cabinets d'avocats anglo-saxons demeurent incontournables. Lorsqu'une

---

1. Il s'agit d'un Mutual Legal Assistance Treaty (MLAT), traité entre deux États qui facilite la coopération judiciaire et policière lors d'enquêtes. Le MLAT entre la France et les États-Unis date de 1998.
2. Olivier Boulon, "Une justice négociée", *in* Antoine Garapon, Pierre Servan-Schreiber (sous la dir.), *Deals de justice. Le marché américain de l'obéissance mondialisée*, PUF, 2013, p. 77.

entreprise a maille à partir avec une autorité américaine, ce sont toujours les mêmes que les multinationales sollicitent : Skadden Arps pour la BNP et la Société générale, Clifford Chance, Dechert et Hughes Hubbard & Reed pour Airbus, Hogan Lovells pour Alstom… Hogan Lovells avait également l'avantage d'être dirigé par le frère du PDG de General Electric (GE), en pleine opération de rachat d'Alstom Power ! Conflit d'intérêts ? Ni la justice française ni la justice américaine ne trouvent à y redire.

Aucune multinationale française n'a fait appel à un cabinet français. "C'est impossible, affirme un avocat d'affaires parisien, membre d'un cabinet américain. Les autorités américaines ne trouveraient pas cela crédible[1]." Pas crédible ? Une question de compétence ou de confiance ? Un cabinet comme Gide Loyrette Nouel, implanté à New York depuis 1984, ne dispose-t-il pas d'une expérience suffisante et solide du droit américain ? En réalité, les autorités américaines ne font pas confiance aux Français pour enquêter contre leurs clients. "Ils craignent, explique notre avocat, que nous ne soyons pas suffisamment motivés pour rechercher la vérité[2]."

À Bercy, on n'a rien contre les cabinets de conseils ou d'avocats anglo-saxons. D'ailleurs, on n'hésite pas à les solliciter pour aider les entreprises françaises à vérifier si leurs pratiques commerciales sont conformes à la législation américaine ainsi qu'à la loi Sapin II. En novembre 2017, Jean-Baptiste Carpentier, commissaire à l'information stratégique et à la sécurité économique (Cisse) au ministère de l'Économie, mandate Stéphanie Lhomme et Olivier Dorgans pour effectuer ce travail

1. Entretien d'octobre 2018, Paris.
2. *Ibid.*

auprès des 200 plus grandes entreprises françaises. Vive émotion dans les milieux économiques : la première est directrice de FTI Consulting en France, un cabinet britannique de conseil aux entreprises, et le second travaille à l'époque pour Brown Rudnick, un cabinet d'avocat américain[1]. "Inadmissible", reconnaît un très proche collaborateur du président Macron. "C'est un scandale", hurlent les experts de l'intelligence économique en France. "Une immense bêtise", reconnaît un juge français. "C'est une véritable connerie que je ne comprends pas de la part d'une personne qui a dirigé Tracfin[2]", s'insurge un ancien Premier ministre. Jean-Baptiste Carpentier se défend. La convention est *intuitu personae*, elle n'engage pas l'entreprise de ces deux experts. Une nuance qui ne convainc pas les dirigeants des cabinets français d'avocats et des sociétés d'intelligence économique françaises, vexés de ne pas être considérés comme les véritables experts made in France. Pourtant, lorsque ces derniers sont invités à participer à l'audit général commandité par Bercy, donc à se joindre à Olivier Dorgans et à Stéphanie Lhomme, ils ne donnent pas suite. Pourquoi ? Sans doute parce que cette mission n'est pas rémunérée. Olivier Dorgans et Stéphanie Lhomme (officier de réserve de la marine nationale) travaillent bénévolement pour le ministère français de l'Économie. Difficile dans ces conditions de remettre en

1. Olivier Dorgans travaille à présent au cabinet Hughes Hubbard & Reed.
2. Avant sa nomination de commissaire à l'information stratégique et à la sécurité économique (Cisse), Jean-Baptiste Carpentier dirigeait Tracfin (Traitement du renseignement et action contre les circuits financiers clandestins), l'organisme du ministère de l'Économie chargé de la lutte contre la fraude, le blanchiment d'argent et le financement du terrorisme.

cause leur engagement patriotique. Cette tempête dans un verre d'eau fait une victime. Jean-Baptiste Carpentier quitte son poste et rejoint le groupe Veolia afin de s'occuper des questions… dc conformité !

## *Legal privilege versus* secret professionnel

Aux yeux des spécialistes de l'intelligence économique et de certains grands patrons français, les avocats américains sont suspects. On leur reproche des liens trop étroits avec les autorités financières, voire avec certains services de renseignement. Et contrairement à leurs confrères français, ils ne sont pas soumis à l'indéfectible secret professionnel qui interdit de livrer à l'État et aux autorités de poursuites une information confidentielle et compromettante quand bien même leur client le leur demanderait. En France, la violation du secret professionnel est un acte gravissime qui est pénalement sanctionné et constitue un manquement aux règles déontologiques[1].

L'avocat américain est tenu au *legal privilege*, une sorte de secret professionnel en moins strict. En outre, il existe des exceptions qui l'autorisent à livrer des informations sans le consentement de son client. De surcroît, les États-Unis étant un pays fédéral, les droits et les obligations de l'avocat sont réglementés par chaque État fédéré. Autrement dit, il existe autant de statuts que d'États – soit cinquante-deux !

Au barreau de New York, auquel sont rattachés la majorité des avocats américains et (parfois) français qui traitent

---

1. Voir le bâtonnier Jean-Marie Burguburu, "Contenu et limites du secret professionnel", Le Cercle du barreau. http://www.cercle-du-barreau.org/media/01/02/992576139.pdf.

des grandes affaires économiques, il y a au moins quatre exceptions au *legal privilege*. La première, quand le client autorise son avocat à fournir des informations protégées ; la deuxième, quand il se retrouve dans une incapacité mentale ou physique ; la troisième, lorsque l'avocat sait qu'un crime (meurtre ou tout acte illégal) va se produire – il peut alors alerter le juge sans donner plus de détails sur les faits. Enfin, quatrième exception, lorsque l'avocat américain tombe sur une information qui indique que son client est en train de violer la loi. Dans ce cas de figure, les *Rules of professionnal conduct* (Guide des bonnes conduites de l'avocat) du barreau de New York lui recommandent de bien réfléchir avant d'alerter la justice. Il doit mesurer la gravité des faits en fonction de son lien avec l'entreprise. Admettons qu'il soit missionné par le service des ressources humaines et qu'il constate une infraction mineure, le barreau lui conseille alors de ne pas lever le *legal privilege*. En revanche, s'il mène une enquête commanditée par une autorité américaine sur des faits de corruption ou de viol d'embargo qui se révèlent graves, il doit en avertir d'abord les plus hauts responsables de l'entreprise. Et si la direction de l'entreprise ne réagit pas après plusieurs semaines, il est autorisé à rapporter ces évènements aux autorités. Admettons qu'il tombe sur une information sensible qui sorte du périmètre de l'enquête (autre époque, autre marché, autre secteur, autre pays) : soit cette information montre que les faits ont eu lieu et n'ont plus d'effets aujourd'hui, dans ce cas, il n'a pas le droit de la révéler aux autorités ; soit cette information indique que la violation de la loi est toujours d'actualité, et il peut en informer les agences de surveillance.

Ces quatre exceptions indiquent qu'il est possible de lever le *legal privilege*. Dans certains cas, l'avocat n'a guère le choix et se retrouve dans l'obligation d'informer la justice. Par exemple, lorsqu'une autorité américaine lui demande de fournir un document. L'avocat sollicite alors l'autorisation de son client. Si ce dernier refuse, l'avocat doit contester la légalité de la demande des autorités, qui peuvent le traîner en justice pour lui forcer la main *(under compulsion of law)*. Si l'avocat et son client perdent en appel, ils sont obligés de livrer le document aux autorités. Toutefois, la pièce en question est produite sous le sceau du "secret professionnel" devant le tribunal. Cela signifie que l'avocat peut contester cette utilisation contre le gré de son client. Enfin, il existe trois cas où l'avocat a l'obligation de livrer des informations : si le client s'est servi de lui et que cette manipulation aboutit à un crime ; s'il est en litige avec son client et qu'il doit prouver sa bonne foi ; enfin, s'il sait que son client ment au juge. C'est ainsi que les avocats américains peuvent perdre le contrôle d'une affaire et devenir "non plus des défenseurs mais des enquêteurs d'autant plus zélés que leur propre réputation est en jeu", explique Claude Revel, ancienne déléguée interministérielle à l'intelligence économique[1].

Quand la pression est trop forte, l'avocat américain n'a guère le choix, il doit céder aux autorités judiciaires de son pays. En France, le secret professionnel est plus protecteur. Néanmoins, c'est le cadre juridique américain qui s'impose dans toutes ces grandes affaires. Ainsi les procureurs américains peuvent-ils exploiter les failles du *legal privilege*. Et si la conscience des avocats en souffre, leur portefeuille en bénéficie. En imposant leur droit et leurs avocats, les Américains assurent le chiffre d'affaires des grands cabinets anglo-américains.

---

1. Entretien de janvier 2018, Paris.

Les lois extraterritoriales américaines sont une aubaine pour les *law firms*. Elles nourrissent l'industrie du droit américain présente à tous les stades de la procédure administrative. Pour l'ensemble de l'enquête interne ainsi que ses conséquences sur l'organisation de l'entreprise, Siemens estime avoir dépensé plus de 1 milliard de dollars[1] : plus de 100 avocats, 130 auditeurs externes, 1 750 auditions dans 34 pays, 24 000 documents fournis au DOJ[2], lequel félicite les cabinets d'avocats de la firme allemande (Debevoise et Deloitte) pour leur pleine coopération[3]. Le coût de la collecte et du stockage des documents et courriels est évalué à 100 millions de dollars[4]. De même pour BNP. Entre 2014, année de sa condamnation aux États-Unis, et 2016, BNP a doublé les effectifs de son service conformité, chargé de veiller au respect des lois et des règles du commerce en vigueur dans les pays où la banque intervient (1 700 à 3 500 salariés), et le budget de celui-ci est passé de 300 à 600 millions d'euros. Le phénomène ne touche pas seulement les grandes banques. Devant la mission d'information de l'Assemblée nationale sur l'extraterritorialité de la législation américaine (rapport Lellouche-Berger), un industriel indique que les règles imposées par les Américains lui coûtent au total une

1. Bruce Zagaris, *International White Collar Crime : Case and Materials*, Cambridge University Press, New York, 2010, p. 110.
2. United States District Court for the District of Columbia, Department's sentencing memorandum, United States of America v. Siemens Aktiengesellschaft, 12 décembre 2008, p. 19. https://www.mayerbrown.com/public_docs/Siemens_Sentencing_Memo.pdf. Consulté en mai et novembre 2018.
3. *Ibid.*, p. 2-3.
4. "To date, Siemens has spent over $100 million on document collection, review, processing and storage, including those facilities in Germany and China", *ibid.*, p. 21.

dizaine de millions d'euros[1]. Ces sommes qui se chiffrent en milliards d'euros au total nourrissent les multinationales américaines du droit et renforcent leur position européenne, de plus en plus hégémonique.

## L'avènement des usines juridiques anglo-saxonnes

C'est entre les deux guerres mondiales que les premiers cabinets américains comme Sullivan & Cromwell ont tenté l'aventure européenne. La greffe ne prend pas immédiatement. La crise de 1929 a grippé la machine économique mondiale. Nouvelle tentative après 1945. Cette fois, c'est la bonne. En ouvrant des bureaux en Europe, de grands cabinets comme Cleary Gottlieb et Steen & Hamilton accompagnent le plan Marshall chargé de reconstruire le Vieux Continent meurtri par six ans de guerre. La Gaule résiste à la déferlante juridique anglo-saxonne, son marché du droit demeurant très protectionniste. Un règlement interdit aux avocats français de s'associer à des sociétés américaines. Mais construction de l'Europe oblige, les cabinets anglais sont les bienvenus. Ils en profitent pour préparer le terrain à leurs cousins d'outre-Atlantique[2].

Un terrain assez vierge, car leurs confrères français sont peu portés sur le droit des affaires, considéré comme moins noble que le droit pénal ou le droit civil. "Jusque dans les années 1950-1960, les pratiques des

---

1. Pierre Lellouche, Karine Berger, "Rapport d'information sur l'extraterritorialité de la législation américaine", *op. cit.*, p. 70.
2. Gilles August, "L'internationalisation de la profession d'avocat", *Pouvoirs*, n° 140, 2012/1, p. 54.

avocats (français) participent largement de la « profession classique », qui est apparue au XVIII^e^, s'est fortifiée au XIX^e^ siècle, a atteint son apogée sous la III^e^ République pour décliner par la suite. Elle se distingue par une histoire marquée par la primauté du politique, l'engagement dans les luttes libérales, le refus explicite du marché des affaires, la transformation, sous la III^e^ République, d'une partie de l'élite professionnelle en élite dirigeante du pays et le déclin politico-économique après la Seconde Guerre mondiale[1]." C'est la vision classique de l'avocat français qui défend la veuve et l'orphelin et rejette toutes concessions faites au marché des affaires.

Le terme "avocat d'affaires" apparaît donc dans les années 1960, au moment où certaines figures de proue du barreau parisien décident de réinvestir le conseil aux entreprises, terrain "abandonné à toutes sortes de concurrents (conseils juridiques et fiscaux, mandataires devant les tribunaux de commerce, notaires, agents d'affaires, cabinets de fonds, etc.)". Tirant argument des "promesses" que recèle la mise en place du Marché commun, ils appellent à la naissance d'un "avocat d'affaires", néologisme par lequel ils désignent un praticien du droit qui ne serait "plus exclusivement un plaideur, un procédurier, un homme de litiges et de procès", mais revendiquerait "une collaboration permanente du conseil aux problèmes et aux projets du chef d'entreprise[2]".

La réglementation française et même européenne a souvent bridé les avocats intéressés par le droit des affaires.

---

1. Lucien Karpik, "Les avocats : entre le renouveau et le déclin", *Hermès, La Revue*, n° 35, 2003/1, p. 1.
2. Fernand-Charles Jeantet, "Le rôle de l'avocat, conseil des sociétés", *La Vie judiciaire*, 28 décembre-2 janvier 1965, p. 1 et 5.

“Nombre de travaux ont ainsi montré combien la distance au marché (interdiction de la publication, refus de la rémunération au profit des honoraires) constituait une dimension structurante des barreaux européens, distincts en cela de leurs homologues américains. L'expression « avocat d'affaires » fait à bien des égards figure d'oxymore. Héritiers d'une conception aristocratique de leur rôle pensé sur le mode du désintéressement et de la vocation, les représentants du barreau français ont en effet longtemps pris soin de tenir les juristes les plus proches du pôle marchand (juristes d'entreprises, conseils juridiques, agents d'affaire, etc.) en dehors de la profession. De fait, l'invention de « l'avocat d'affaires » comme figure professionnelle du barreau est tardive et indissociable de la remise en cause à partir des années 1960 de ce modèle du « barreau classique »[1].”

Heureusement pour les avocats français, le Marché commun européen pointe son nez et l'Europe réveille l'appétit des robes noires françaises. “L'avènement de ce nouvel avocat va de pair avec l'invention d'un nouveau droit – le droit des affaires – qui prétend réunir l'ensemble des savoirs juridiques relatifs à l'entreprise (en matière fiscale, commerciale, pénale, etc.) et rompait avec l'archaïsme d'un droit commercial jugé digne de l'époque désormais révolue des « boutiquiers »[2].”

Le marché se consolide en 1991 avec la grande réforme qui fusionne les professions d'avocat et de conseil

---

1. Antoine Vauchez, “L'avocat d'affaires : un professionnel de la classe dirigeante ?”, *Savoir/Agir*, n° 19, 2012/1, p. 43.
2. *Ibid.* Voir également, la thèse de Laurent Gueguen, *L'Invention du droit des affaires. La construction doctrinale d'un savoir spécialisée alliant la rationalité gestionnaire au langage juridique*, université Paris I, 2005.

juridique. C'est un peu tard. L'écart avec les Anglo-Saxons s'est largement creusé. En 1996, les cabinets anglo-saxons représentaient 17 % du total des cabinets d'affaires en France ; aujourd'hui, 27 % ; ils ont même atteint 31 % en 2006[1]. Leur domination est écrasante. En 2012, la France compte 150 cabinets d'affaires dont près d'un tiers sont anglo-saxons. Parmi les cabinets français, une vingtaine seulement déploient leurs ailes à l'étranger, essentiellement dans les États francophones. Les pays de la *common law* (droit anglo-saxon) sont protecteurs : "Les professionnels anglais et américains, qui sont les plus farouches partisans de l'internationalisation de la profession, puisqu'elle accompagne le développement de la mondialisation qui globalise leurs valeurs, sont vraisemblablement les plus convaincus des limites de ce mouvement : leurs propres marchés nationaux ont à peu près exclu les professionnels étrangers et aucun cabinet étranger, même de *common law*, n'a réussi à se développer substantiellement sur leur territoire[2]."

Au début des années 2000, "le marché du droit des affaires parisien est dominé par une *lutte concurrentielle intense* alors que les *Big Four*[3] et les cabinets anglo-saxons concentrent déjà plus de la moitié des effectifs et du chiffre d'affaires du barreau des affaires[4]". L'internationalisation

1. *Juristes associés*, 473/474, 22 septembre 2017.
2. Gilles August, "L'internationalisation de la profession d'avocat", *Pouvoirs*, n° 140, 2012/1, p. 57.
3. Ce sont les plus grands cabinets mondiaux de l'audit financier : Deloitte, PWC, Ernst & Young, KPMG.
4. Lucien Karpik, "Les avocats : entre le renouveau et le déclin", *Hermès, La Revue*, n° 35, 2003/1, p. 205.

des échanges s'accentue. L'Europe organise son marché unique, les règles du commerce mondial s'assouplissent, les marchés se financiarisent et l'anglais s'impose comme la langue des affaires... Face à tous ces phénomènes, l'entreprise a besoin de sécuriser ses contrats. Les avocats anglo-saxons sont les premiers à répondre à cette nouvelle demande. Et aussi les mieux placés[1], ils s'y préparent depuis longtemps. Les années 1960 voient l'émergence des *Wall Street firms*, des cabinets spécialisés dans les affaires de Wall Street[2], et les années 1980-1990 la création des *law firms*. De véritables usines juridiques qui recrutent les meilleurs étudiants issus des grandes universités américaines tandis que les étudiants les moins doués font carrière dans le droit des particuliers[3]. En 2017, 35 % des salariés productifs (associés, collaborateurs et personnel administratif) dans les cabinets d'avocats d'affaires en France travaillent dans les firmes juridiques internationales, essentiellement anglo-américaines.

Les Anglo-Saxons croquent la majorité des parts de marché dans le domaine du droit des affaires. Ils réalisent plus de 50 % du chiffre d'affaires du secteur, tandis que les cabinets français avoisinent les 28 %[4]. En 2017, le chiffre d'affaires moyen annuel de la profession est de 31 millions d'euros. C'est cinq fois moins que le volume d'affaires des dix premiers cabinets d'affaires (dont une très large

1. Philip Aneurin Thomas, *Tomorrow's Lawyers*, Basil Blackwell, 1992.
2. E. O. Smigel, *The Wall Street Lawyer : Professional Organization Man ?*, Indiana University Press, Bloomington, 1964.
3. Marc Galanter, "Mega-Law and Mega-Lawyering in the Contemporary United States", *in* R. Dingwall et P. Lewis, *The Sociology of the Professions : Lawyers, Doctors and Others*, Macmillan, 1983, p. 152. Consulté sur le web le 11 mars 2018. www.academia.edu/884244/Mega-law_and_mega-lawyering_in_the_contemporary_United_States.
4. *Juristes associés*, 475/476, 6 octobre 2017.

majorité d'anglo-saxons). Sur une douzaine d'activités (social, immobilier, restructurations, concurrence-distribution, public, banque…), le contentieux-arbitrage (qui comprend le conseil et la défense des clients poursuivis par une autorité étrangère) arrive en deuxième position derrière les fusions-acquisitions. Avec 55,6 % des activités en 2017, le contentieux-arbitrage a plus que doublé par rapport à 2011[1]. Résultat : sur les dix plus importants cabinets d'affaires en France en 2017, il y a seulement deux Français (Darrois Villey Maillot Brochier et BDGS Associés), sept Américains (Shearman & Sterling, Mayer Brown, White & Case, McDermott, Latham & Watkins, Weil, Gotshal & Manges, Paul Hastings) et un Anglais (Freshfields Bruckhaus Deringer)[2].

Les Français peinent à se faire une place face à des concurrents anglo-saxons confortablement installés. En 2017, le marché du droit en France pèse plus de 31 milliards d'euros, soit 7 milliards de plus qu'en 2015[3]. Tous les coups semblent permis pour arracher quelques millions. “Le marché du droit des affaires n'a jamais été si concurrentiel et si tendu que depuis le début des années 2000. Et la crise financière de 2007-2009 a encore accentué cet état de fait. La vie des cabinets d'avocats est plus que jamais fragile. […] En France, plus de 40 % des cabinets parisiens ont disparu entre 1990 et 2007. Des

1. *Juristes associés*, 473/474, 22 septembre 2017.
2. *Décideurs Magazine*, classement 2017. https://www.magazine-decideurs.com/decideurs-100/edition2017.
3. Cela comprend les deux filières, publique et privée. Voir l'enquête de l'Observatoire des acteurs économiques du marché du droit, octobre 2017. Consulté le 11 mars 2018. http://web.lexisnexis.fr/LexisActu/EY-ObservatoiredesActeursEconomiquesduMarché%20du%20Droit.pdf.

mouvements qui s'expliquent partiellement par l'arrivée de cabinets internationaux, d'origine anglo-saxonne d'abord et plus récemment américaine, dont un grand nombre inconnu jusqu'alors à l'échelon international. Il s'agit souvent de cabinets régionaux originaires de la côte ouest des États-Unis. Arrivés plus récemment à la mondialisation, ils ont décidé de donner un coup d'accélérateur à leur stratégie d'expansion, poussés par leurs clients, par le besoin de trouver de nouveaux marchés ou par la simple recherche d'une nouvelle image. Face à ce mouvement, force a été de constater la difficulté dans laquelle se trouve la grande majorité des cabinets français traditionnels [...]. Désormais, les cabinets d'avocats d'affaires doivent impérativement sortir du lot, se distinguer de leurs concurrents dont les offres et les services sont, au moins dans le discours, de plus en plus similaires. Le marché se livre une guerre féroce : une guerre des talents, une guerre pour les dossiers et les clients, une guerre pour conquérir puis conserver une position de leader. Et souvent, le prix à payer est un recul de la confraternité, des valeurs éthiques, des repères professionnels et une percée finalement de certaines désillusions et de nombreuses frustrations[1]."

La perspective du Brexit redonne de l'espoir à certains. En quittant l'Union européenne, Londres desserre les liens entre la City et l'Europe à 27. La *common law* devrait voir son influence diminuer sur les marchés européens. Pour l'avocat Frédéric Peltier, c'est une chance à saisir pour construire un droit des affaires européen. "Le Brexit a relancé une guerre économique des juridictions

---

1. Caura Barszcz, "La typologie de la profession d'avocat : l'exemple des avocats d'affaires", *Pouvoirs*, n° 140, 2012/1, p. 29.

en matière financière, qui semblait avoir été définitivement gagnée par la *common law* britannique." Le Brexit va-t-il se prolonger par un Brexlaw ? C'est le souhait de Frédéric Peltier. À condition toutefois que cette prochaine bataille ait lieu à l'échelle européenne : "ce n'est qu'au travers du droit européen que le droit français pourra s'affirmer pour que la *common law* recule[1]"...

## *Common law versus* droit civil : la guerre du droit des affaires

Depuis une vingtaine d'années, deux modèles juridiques s'affrontent[2]. D'un côté, le droit civil continental (également appelé "droit latin") d'esprit européen fondé sur une constitution écrite, de l'autre, la *common law* d'origine anglo-saxonne, privilégiant le contrat. Dans le premier, le juge se réfère aux codes, dans le second, au contrat[3]. L'ordre public contre l'intérêt des contractants. Voilà, résumées à gros traits, les principales caractéristiques des modèles qui se concurrencent.

Le front majeur de cet affrontement juridique, c'est l'économie. Certains dénoncent "un impérialisme juridique des États-Unis[4]" qui se manifeste notamment

1. Frédéric Peltier, "Le Brexit, une chance pour construire un droit des affaires européen", *Le Monde*, 29 mars 2018.

2. Thibault du Manoir du Juaye, "La guerre du droit aura bien lieu", in *Les Robes noires dans la guerre économique*, éditions Nouveau Monde, 2011.

3. Arnaud Dumourier, "Droit continental *versus common law* : des enjeux économiques, financiers et d'influence", *Le Monde du droit*, 23 février 2018.

4. Voir Emmanuel Rosenfeld, Jean Veil, "Le droit, vecteur de la puissance américaine", *Le Monde*, 13 février 2004. Plus récemment la

par une campagne internationale contre le droit latin, jugé obsolète pour traiter des affaires. La Banque mondiale a choisi son camp : la *common law*. Chaque année, depuis 2004, l'institution internationale publie son rapport intitulé *Doing Business* ; un classement international des pays où la liberté d'entreprendre est la plus grande. Comme par hasard, les États de la *common law* occupent les premières places, tandis que les pays de droit latin stagnent dans les dernières. De quoi agacer profondément les Français qui ont décidé de contre-attaquer. En 2007, des avocats et des juristes ont créé la Fondation pour le droit continental. Objectifs : promouvoir le droit latin, tisser un réseau international de juristes, imaginer et mettre en place une stratégie d'influence internationale, pénétrer les institutions multilatérales internationales…

Première cible des robes noires, le classement de la Banque mondiale. Il est partisan, s'insurge Patrick Patelin, avocat au cabinet Francis Lefebvre et coauteur en 2010 avec Claude Revel d'un rapport sur le climat des affaires[1]. “Il est biaisé parce qu'il se fonde uniquement sur des concepts anglo-saxons ou plus exactement sur la *common law*. Selon ce système d'évaluation, le pays le plus attractif serait celui où l'on paye le moins d'impôts, où les salariés ne bénéficient d'aucune protection et où les entreprises n'ont aucune responsabilité éthique[2].” Pour

tribune de Bruno Retailleau (président du groupe Les Républicains au Sénat), “L'Europe doit riposter à l'impérialisme juridique américain”, *Les Échos*, 16 octobre 2018.

1. “Propositions pour évaluer la qualité des climats des affaires”, Comité national des conseillers du Commerce extérieur de la France, juillet 2010.

2. Entretien accordé à la *Revue Lamy Droit des affaires*, n° 65, novembre 2011.

Patelin et Revel, la Banque mondiale se prête à une opération d'influence au service de la *common law*. Et cela fonctionne : le droit latin perd des parts de marché dans le champ économique alors qu'il domine dans les affaires civiles[1]. Certes, le monde a plutôt bien résisté au droit anglo-saxon – les principaux émergents, la Chine, la Russie, l'Inde, le Brésil… ont adopté le droit latin – mais dans les affaires, la *common law* règne en maître.

Même les multinationales françaises et européennes basculent du côté anglo-saxon du droit. Impossible de faire autrement, surtout lorsqu'il s'agit d'établir des contrats internationaux – souvent rédigés avec l'aide de cabinets anglais et américains. Les grandes entreprises admettent leur penchant pour les cabinets anglo-saxons au détriment des avocats français. Lors d'un colloque organisé à l'Assemblée nationale le 27 octobre 2011, ayant pour thème "Le droit continental, vecteur de compétitivité", Gérard Gardella, directeur des affaires juridiques de la Société générale, avoue faire une "large place" aux cabinets anglo-saxons. Ils sont, selon lui, mieux établis internationalement et leurs salariés savent travailler en équipe. Les cabinets européens n'ont plus le choix : s'ils veulent préserver leurs positions, ils doivent s'associer afin d'atteindre une taille critique indispensable pour affronter cette bataille mondiale du droit.

1. En 2010, 24 % de la population mondiale vit sous le droit civil contre seulement 6,5 % sous la *common law*, *Legal News*, 27 octobre 2011.

# III

# WASHINGTON DÉTERMINÉ À VASSALISER L'ÉCONOMIE EUROPÉENNE

La corruption internationale est-elle un mal ou une chance pour les États-Unis ? La question mérite d'être posée tant elle est devenue le parfait alibi pour justifier leur ingérence dans les affaires de leurs alliés. Depuis une vingtaine d'années, Washington multiplie les lois intrusives au nom de la sécurité nationale. Officiellement, il s'agit de lutter contre les États non démocratiques, le terrorisme et la criminalité internationale en leur coupant l'accès au financement. Officieusement, ces lois autorisent tous les dérapages comme l'ont montré les révélations en 2013 d'Edward Snowden, ancien agent de la CIA et de la NSA. En effet, le terrorisme a bon dos lorsqu'il permet aux grandes oreilles américaines d'écouter les téléphones des présidents français, de la chancelière allemande et de la présidente brésilienne. Les périmètres de ces lois sont tellement larges et flous, et la coordination entre les différentes agences de renseignement américaines si efficiente qu'ils permettent à la machine de guerre économique américaine de siphonner et stocker en permanence une grande partie des milliards d'informations qui s'échangent quotidiennement sur les marchés. Les données recueillies vont alors nourrir les dossiers des procureurs américains. Au moindre soupçon, ces derniers déclenchent une procédure contre une entreprise. Pendant ce temps, les multinationales américaines peuvent tranquillement faire leurs emplettes sur les marchés mondiaux. Pour décrocher les meilleurs contrats, elles disposent d'un dispositif extrêmement sophistiqué qui fait appel à des réseaux politiques, économiques, académiques redoutablement efficaces car tous reliés entre eux. Un tel système renvoie la corruption des concurrents européens à l'âge de pierre. Tandis que les entreprises américaines sont branchées sur l'horloge orwellienne.

11

# DES LOIS POUR SIPHONNER L'INFORMATION ÉCONOMIQUE MONDIALE

"L'objet du présent document est de percer la profonde duplicité de la politique américaine en rendant explicite la réalité des pratiques en matière de commerce international et en analysant particulièrement la nouvelle génération de modèles de corruption mis en place par les groupes américains, ainsi que les technologies déployées pour contrôler l'information."

Ainsi débute le rapport d'une société d'intelligence économique française. L'étude porte sur la législation nationale et extraterritoriale américaine comme outil de suprématie économique mondiale. Elle a été rédigée en avril… 1999 ! Dès cette époque, c'est-à-dire à la fin du siècle précédent, des Français se préoccupent des effets de la législation américaine. Le rapport n'est distribué qu'à une poignée de personnes, essentiellement des cadres très haut placés dans l'organigramme de quelques grandes sociétés du CAC 40. Les services spéciaux de l'État figurent également parmi les lecteurs.

Les auteurs ne sont pas tendres envers l'allié américain. Ils lui reprochent de mettre la lutte contre la corruption au service de son influence et d'en profiter pour accéder aux secrets les plus protégés des entreprises européennes. La corruption ne serait qu'un prétexte, un cheval de Troie pour modifier en profondeur les systèmes économiques de nombreux pays et les "inviter" à adopter les règles néolibérales. "Le FMI et la Banque mondiale, pilotés par les intérêts américains, s'appuient régulièrement sur le risque de corruption pour imposer des privatisations aux États en régime d'ajustement structurel." Privatisations censées retirer à l'État et à ses agents la direction des entreprises et donc à réduire la "surface corruptible". Comme si les nouveaux propriétaires des entreprises privatisées n'étaient pas redevables au pouvoir qui a autorisé la vente. Les auteurs du rapport ne sont pas dupes et ne croient pas au rôle de chevaliers blancs que prétendent endosser les Américains.

Ils évoquent "une véritable politique de la corruption" mise en place par les États-Unis. Politique qui se déploie sur trois axes : la promotion et la diffusion de leurs normes juridiques anticorruption ; le développement de techniques corruptives de nouvelle génération et le contrôle de l'information pour contrer la concurrence. "Le cas américain montre que les modèles de corruption et les arsenaux juridiques pour les réprimer entretiennent, certes, des rapports antagonistes, mais que ce sont aussi deux faces ajustées l'une à l'autre d'une même pièce : une « politique de la corruption », faite pour servir l'intérêt national."

Il en est ainsi de la loi FCPA de 1977 contre la corruption, décrite comme une "réconciliation aussi tonitruante que superficielle" entre les citoyens américains et leurs entreprises. Une manière de rétablir la confiance au sein d'une nation ébranlée par l'affaire du Watergate et les nombreuses multinationales empêtrées dans des scandales à l'étranger. C'était le temps de la guerre froide, et il n'était pas question d'affaiblir trop lourdement les champions du made in America. Alors, les autorités américaines se sont organisées pour mieux coordonner les affaires des entreprises avec les Affaires étrangères des États-Unis. À chacun sa mission : le gouvernement américain fait campagne pour que le monde adopte les principes de lutte anticorruption portés par la loi FCPA et les entreprises se réorganisent à partir de plateformes financières offshores. "Une nouvelle génération de modèles de corruption a été mise au point et constitue une source d'avantage concurrentiel." Cette nouvelle génération s'appuie sur un maillage informationnel du monde. Il s'agit de capter l'information partout où elle est produite, de l'analyser et de la mettre au service des intérêts politico-économiques des États-Unis.

Comment répondre à un dispositif aussi bien pensé en amont ? Les auteurs estiment que l'Europe ne peut pas se contenter de copier les règles américaines de lutte contre la corruption. Elle ne peut pas non plus se contenter d'exiger une surveillance accrue des paradis fiscaux. Elle doit construire une Europe du renseignement capable d'égaler les immenses capacités de recueil d'informations des États-Unis afin de jouer à armes égales. "Les groupes européens devront mieux protéger leur patrimoine informationnel et leurs communications, par un cryptage sans faille, et mettre en place des systèmes d'intelligence stratégique pour surveiller, analyser et contrer des pratiques concurrentielles déloyales."

Ces recommandations datent d'une vingtaine d'années et elles sont toujours restées lettre morte. Elles sonnaient pourtant comme un avertissement contre les immenses capacités de collecte d'informations économiques des services américains. En 2013, les révélations d'Edward Snowden, ancien agent de la CIA et de la NSA, sur la surveillance globale sont venues confirmer les pires craintes des Cassandre français. Il y a vingt ans, leur rapport fut enterré, jugé trop sulfureux envers nos amis américains.

## Le détournement de la lutte anticorruption au service du made in America

Des amis qui ont leur propre agenda, qui savent défendre leurs intérêts et n'hésitent pas à être offensifs pour imposer leurs vues… À partir de 1977, les Américains n'ont qu'un but : que le monde entier adopte leur loi anticorruption afin que leurs entreprises jouent à armes égales avec les concurrents étrangers. Objectif atteint en 1997 avec la signature de la convention de l'OCDE sur la lutte contre la corruption. Reste à trouver les moyens d'obliger les États à appliquer les recommandations de l'OCDE. Cela se fera en grande partie *via* une organisation non gouvernementale (ONG).

L'ONG Transparency International est fondée en 1993, à Berlin par Peter Eigen, un ancien cadre de la Banque mondiale[1]. Transparency International a pour but de lutter contre la corruption. Elle est présente dans plus de cent pays. Elle publie chaque année un palmarès de la corruption mondiale : des pays les moins aux plus corrompus. Se retrouver dans le bas du tableau signifie que l'environnement des affaires est peu sécurisé et qu'il est donc suspect d'y faire du business. En fait, il s'agit d'un indice de perception de la corruption (IPC) réalisé à partir

1. Il fut directeur pour l'Afrique de l'Ouest et de l'Est puis de l'Amérique latine de 1975 à 1991.

de sondages effectués auprès d'hommes d'État, de chefs d'entreprise, d'experts et d'universitaires.

D'où le principal reproche fait à l'ONG sur le manque de transparence dans l'élaboration de cet indice mondial. Quel est le nombre de sondés ? Qui choisit les membres du panel et comment ? Quelles sont exactement les questions posées ? Quel type de corruption est mesuré ? Le sont-ils tous ? Certains chercheurs en doutent et craignent que seule la corruption visible n'apparaisse dans l'indice de Transparency International. Ce "n'est pas un œil, c'est une focale et ce que nous voyons à travers elle est une image déformée de la réalité. Car au travers de celle-ci, certains faits observés grossissent tandis que d'autres s'étiolent. L'IPC ne fait pas la lumière sur la corruption, il transforme l'obscurité en pénombre, dans laquelle l'on devine, effectivement, que des choses se passent sans que l'on puisse toutefois les discerner. Cette vision en demi-teinte de la corruption surexpose les scènes qui sont proches des observateurs et, tout à la fois, laisse dans l'ombre celles qui se déroulent en arrière-plan. Plus encore, en braquant le projecteur sur les actes de corruption facilement identifiables, l'IPC focalise l'attention sur ceux-ci et, ce faisant, maintient les autres dans l'obscurité[1]". Autrement dit, l'IPC ne révèle qu'une partie du problème. À dessein ?

Autre reproche fait à l'ONG : son financement essentiellement composé de fondations et de multinationales américaines. Bernard Carayon, ancien député de droite (UMP) et auteur de deux rapports parlementaires sur

1. Guillaume Louis, "De l'opacité à la transparence : les limites de l'indice de perception de la corruption de Transparency International", *Déviance et Société*, vol. 31, 2007/1, p. 62.

l'intelligence économique, reproche à l'ONG sa proximité avec les intérêts anglo-saxons[1]. Les fondations Bill Gates, George Soros, les sociétés Shell, BP, Procter & Gamble, l'agence américaine pour le développement international (USAID)… figurent en effet parmi ses généreux donateurs. Malgré ses faiblesses, le palmarès de Transparency International fait la pluie et le beau temps sur la planète économique. Il est systématiquement repris par les grandes institutions financières internationales et par les médias qui le présentent comme l'unique référence.

Revenons à Peter Eigen, le fondateur de l'ONG, car son parcours est éclairant. Il quitte la Banque mondiale en juillet 1991 avec amertume et un sentiment d'échec. Il n'est pas parvenu à convaincre l'institution de Washington de lutter efficacement contre la corruption. En tant que directeur chargé de l'Afrique et de l'Amérique latine, il en a observé les dégâts sur les économies des pays pauvres. Mais l'homme n'est pas du genre à baisser les bras.

En 1993, il rassemble une petite dizaine de personnes autour de lui. Ensemble, ils fondent Transparency International. Les premiers supporters sont la fondation Ford, l'ONG américaine Global Coalition for Africa et la société allemande de crédit GTZ. Le timing est parfait. Deux ans plus tard, l'Australien James Wolfensohn (également citoyen américain depuis 1981) prend la direction de la Banque mondiale et érige la lutte contre la corruption comme une priorité.

Un véritable tour de force pour l'époque car les statuts de la Banque mondiale lui interdisent de faire de

---

1. Bernard Carayon, "Transparency International : une éthique à géométrie variable", *Le Figaro*, 10 décembre 2012.

la politique[1]. Peu importe, James Wolfensohn brise un tabou[2]. Au nom de la lutte contre la corruption, la Banque mondiale s'ingère dans les affaires intérieures des États et les pousse à privatiser des pans entiers de leur économie (consensus de Washington)[3] afin d'éliminer les risques de corruption. James Wolfensohn trouve en Transparency International le partenaire stratégique idéal pour mener son nouveau combat. Il met le poids et les réseaux de la Banque mondiale au service de la jeune ONG. L'institution financière de Washington n'est pas la seule à servir de tremplin à Transparency International. L'OCDE aussi apprécie ses conseils, notamment dans l'élaboration de la fameuse convention adoptée en 1997.

Le succès fulgurant de Transparency International intrigue le milieu français de l'intelligence économique. En se penchant plus précisément sur le parcours de son fondateur, Peter Eigen, des experts remarquent que l'homme a étudié à l'université Georgetown de Washington sous la direction du professeur Heinrich Kronstein dont la famille a fui l'Allemagne nazie dans les années 1930. Heinrich Kronstein est proche des milieux du renseignement américain. Il fréquente le groupe de "Wisner Gang/Georgetown Set". Ce cercle est dirigé par Frank Gardiner Wisner, agent de la CIA, qui s'en sert comme vivier de recrutement pour la Company. Les limiers français apprennent également que Peter Eigen a travaillé à plusieurs reprises pour la fondation Ford,

1. Jean Cartier-Bresson, "La Banque mondiale, la corruption et la gouvernance", *Revue Tiers Monde*, t. 41, n° 161, 2000, p. 165-192.
2. "Helping Countries Combat Corruption : The Role of the World Bank", World Bank, septembre 1997.
3. Ensemble de règles libérales (voire néolibérales) à suivre pour libérer l'économie d'un pays.

connue pour être proche de la CIA. C'est notamment à travers elle que les agents américains ont lutté contre l'influence communiste en Europe durant la guerre froide. Ils découvrent enfin que de nombreux compagnons de route de la fondation Ford font également partie des premiers soutiens de Transparency International : John Githongo, Olusegun Obasanjo, Óscar Arias Sánchez, Luis Moreno Ocampo, Robert Klitgaard, Ahmedou Ould-Abdallah et surtout Robert MacNamara, ancien secrétaire américain à la Défense durant la guerre du Viêtnam et ancien président de la Banque mondiale (1968 à 1981).

Transparency International peut également compter sur l'appui du National Endowment for Democracy. Le NED est une ONG bipartisane qui milite pour la démocratie et la libéralisation des marchés. Elle a été créée en 1982 à la suite de la réforme du renseignement adoptée par Reagan. Cette réforme autorise les services de renseignement à privatiser certaines missions en les déléguant aux ONG amies comme le NED.

Est-ce un hasard si le travail de Transparency International renforce les intérêts américains ? Intentionnellement ou pas, l'ONG a contribué à dupliquer la loi FCPA au monde entier, consolider l'influence américaine dans le monde et repositionner la communauté du renseignement américaine sur les questions économiques et commerciales.

## L'instrumentalisation de l'humanitaire

Transparency International n'est qu'un maillon de la chaîne. Ce que Pierre Mérand, ancien procureur général et chef du Service central de prévention de la corruption (SCPC), ancêtre de l'Agence française anticorruption, appelle "le maillage de puissance et d'influence qui est à la source de la redoutable efficacité dont les États-Unis offrent actuellement le seul exemple[1]". Derrière l'image de chevalier blanc, le magistrat décèle une stratégie prédatrice de la part des États-Unis. Il ne faut pas, explique-t-il, considérer avec naïveté le discours anticorrupteur tenu par les États-Unis. "Les propos « vertueux », les bonnes intentions affichées traduisent moins le souci d'éradiquer réellement les pratiques corruptrices, que la propension à jeter le discrédit sur des concurrents afin d'ouvrir de nouveaux marchés aux intérêts américains[2]." Salir la réputation des concurrents afin de se réserver les meilleures opportunités commerciales : l'Amérique se livre à une véritable guerre de l'information menée par une armée d'ONG chargée de répandre la bonne parole tout en recueillant de précieuses informations.

La stratégie de maillage dont parle Pierre Mérand se met en place à partir de 1961. Plus exactement le 3 novembre de cette année lors du vote du Foreign Assistance Act. Ce texte signé par le président John F. Kennedy débouche sur la création de l'agence d'aide au développement, l'un des bras armés de l'influence américaine dans le monde. L'USAID, pour United State Agency for International Development, gère le budget des programmes d'assistance américains non militaires, soit une petite trentaine de milliards de dollars par an. Au début des années 1960, appuyé par les fondations Ford et Rockefeller, l'USAID lance un gigantesque mouvement de promotion des droits de l'homme et de la démocratie en Amérique latine, en

---

1. Préface du livre de Jean-François Tacheau, *Stratégies d'expansion du nouvel empire global*, L'Âge d'homme, 2001, p. 18.
2. *Ibid.*, p. 19.

Afrique et en Asie. Son principe est simple : défendre une certaine vision des libertés qui s'appuient toujours sur le libéralisme économique. La fondation Ford, encore elle, et l'USAID appuient l'ONG International Executive Service Corps (IESC) qui apporte des conseils et une aide technique aux pays en développement. "Après avoir été, aux côtés de la CIA, un des principaux véhicules de la stratégie de *containment*[1], la fondation Ford a financé et protégé toute la nouvelle génération d'ONG qui sont à la pointe des luttes internationales en matière de droits de l'homme ou de l'environnement[2]."

Les fondateurs de l'IESC sont des entrepreneurs pas totalement désintéressés. Ils soutiennent leurs intérêts commerciaux en aidant techniquement les pays en développement. C'est à la Maison Blanche que l'IESC est porté sur les fonts baptismaux en 1964 par le président Johnson en personne, entouré des dirigeants de grandes entreprises américaines : Xerox, Time, General Dynamics, CBS… L'IESC défend une croissance économique équitable et durable dans les pays en développement. Il milite pour "un secteur privé robuste", pierre angulaire des économies résilientes et de la stabilité des États. Présente dans 130 pays, l'ONG se vante sur son site internet d'avoir réalisé plus de 25 000 projets dans le monde entier depuis sa naissance.

En 1975, les fondations Ford, Andrew Mellon ainsi que d'autres appuient la création de nouvelles ONG comme le CEDES argentin (Center for the Study of State and Society) dont le but est de promouvoir la démocratie et le marché

---

1. La stratégie de *containment* consiste à lutter contre l'influence communiste.
2. Yves Dezalay, Bryant Garth, "Droits de l'homme et philanthropie hégémonique", *Actes de la recherche en sciences sociales*, 121-122, 1998, p. 24.

libre en Amérique latine. En 1982, on retrouve les mêmes acteurs derrière le lancement de l'ONG néoconservatrice National Endowment for Democracy (NED) qui vise les mêmes objectifs mais à l'échelle mondiale. Cette promotion des valeurs américaines est parfois plus efficace que les opérations des services secrets. C'est un ancien directeur de la CIA (1973-1976) qui l'affirme : "Il n'est plus nécessaire de faire appel aux opérations clandestines. Bon nombre de programmes secrets menés en sous-main peuvent à présent être exécutés ouvertement[1]." Ce que confirme Allen Weinstein, l'un des fondateurs du NED : "Beaucoup de nos activités étaient réalisées sous couverture par la CIA il y a vingt-cinq ans[2]." Dorénavant le privé se charge des missions autrefois menées par les services de renseignement. Le tout avec l'argent du contribuable. En effet, le NED est financé par l'État fédéral *via* le budget de l'USAID : d'abord 15, puis 30 et enfin plus de 100 millions de dollars par an.

En finançant et en soutenant toutes ces ONG, l'USAID devient un acteur de poids du changement politique à l'étranger. Après la chute du mur de Berlin et la disparition de l'Union soviétique, l'agence américaine réoriente une partie de ses activités vers la lutte contre la criminalité économique. Dès 1989, l'USAID lance un programme pour combattre la fraude et la corruption. Dans un premier temps, ses actions sont essentiellement axées sur l'Amérique latine : LAC Regional Financial Management Improvement Project, rebaptisé plus tard America's Accountability/Anti-Corruption (AAA) Project. Ce

1. William E. Colby, "Political Action – In the Open", *The Washington Post*, 14 mars 1982.
2. Gerald Sussman, *Branding Democracy : US Regime Change in Post-Soviet Eastern Europe*, Peter Lang, 2010, p. 45.

programme financé par l'USAID et mis en musique par le cabinet de conseil Casals & Associates sensibilise et aide les citoyens à lutter contre la corruption. Il les forme également à l'engagement politique afin qu'ils participent à la gouvernance de leur pays et imposent plus de transparence aux gouvernants[1].

Après l'Amérique latine, l'USAID se tourne vers l'Afrique. Dans les années 1990, l'agence américaine utilise ses nombreux bureaux installés sur le continent pour initier les Africains à la lutte contre la corruption. Elle subventionne les missions d'éducation et de formation mises en place par les représentants de Transparency International sur place. Elle travaille en étroite collaboration avec d'autres organisations comme la Banque mondiale, le FMI, l'OCDE ou le mouvement Global Coalition for Africa[2]… Au cours des années 1990, la lutte contre la corruption devient l'une des priorités de l'USAID. Résultat : en 2001 et 2002, l'agence américaine investit respectivement 184 et 222 millions de dollars dans cette activité. "L'USAID, peut-on lire sur son site internet en 2005, s'est associée à des ONG internationales clés, dont Transparency International qu'elle soutient depuis de nombreuses années. Elle vient de contribuer à son fonds de dotation[3]."

---

1. "Anti-Corruption and Transparency Coalitions : Lessons from Peru, Paraguay, El Salvador and Bolivia", août 2005. Voir https://www.partnersglobal.org/wp-content/uploads/2017/01/LAC-anti-corruption-coalitions-report.pdf.
2. John Mukum Mbaku, *Corruption in Africa : Causes, Consequences and Cleanups*, Lexington Books, 2010.
3."USAID Anticorruption Strategy", janvier 2005. https://www.usaid.gov/sites/default/files/documents/1868/200mbo.pdf., p. 10. Consulté le 20 février 2018.

## Lutter contre la criminalité pour nourrir Big Brother

Pour faire respecter leur loi dans le Far West mondial, les Américains disposent d'une stratégie, d'un programme et de moyens conséquents. Ils chassent les hors-la-loi sur toute la planète grâce à la collecte et à l'analyse d'informations provenant du monde entier. Ce programme porte un nom : la Stratégie de contrôle de la criminalité internationale (International Crime Control Strategy, ICCS), un projet mis en place par Washington en 1998. Le principe est simple : tisser une toile sécuritaire mondiale en renforçant la présence dans un maximum de pays des membres des différentes agences de sécurité et de renseignement : FBI, DEA (Drug Enforcement Administration), service des douanes, CIA... En 1998, le FBI est déjà présent dans 32 pays et il compte s'étendre encore plus. "Il va ouvrir un nouveau bureau au Nigeria et élargir ceux du Mexique et de Russie. Il prévoit aussi d'en ouvrir dans 12 autres pays. Même chose du côté des douanes qui planifient l'ouverture de nouveaux bureaux en Europe, en Asie, en Australie et sur le continent américain. La DEA va se développer en Amérique latine, en Asie[1]." Ce dispositif de surveillance mondiale de la criminalité internationale est unique. Il permet aux États-Unis de prendre le leadership mondial de la lutte contre la criminalité et d'imposer leurs modes de contrôle et de répression, tout en développant des réseaux efficaces pour siphonner toutes les informations politico-économiques.

Les origines de ce dispositif remontent à 1995. Tout part de la directive présidentielle PDD-42[2]. Bill Clinton,

---

1. *Trends in Organized Crime*, vol. 4, n° 1, 1998.
2. 21 octobre 1995.

alors locataire de la Maison Blanche, se félicite de la disparition de l'ennemi rouge mais s'inquiète que les "visages de la haine et de l'intolérance (soient) toujours là". Le nouvel ennemi, c'est donc la criminalité internationale qui menace la sécurité nationale et qu'il faut combattre en priorité. "Nous recherchons un cadre où l'économie mondiale et le commerce ouvert augmentent, où les normes démocratiques et le respect des droits de l'homme sont de plus en plus acceptés et où le terrorisme, le trafic de stupéfiants et la criminalité internationale ne compromettent pas la stabilité et les relations pacifiques[1]."

Le président américain demande à son gouvernement et aux administrations de coordonner leurs efforts afin de lutter contre ce fléau, de travailler plus étroitement avec les États et d'être plus agressifs et imaginatifs dans leur combat. Trois ans plus tard, Bill Clinton valide l'International Crime Control Strategy. Ce document dénonce la face noire de la mondialisation. Il constate l'augmentation inquiétante de l'activité criminelle internationale, devenue une menace de plus en plus complexe. Trafic de stupéfiants, terrorisme, contrebande, fraude, extorsion, blanchiment d'argent, trafic de clandestins, corruption, espionnage économique, vol de propriété intellectuelle et contrefaçon[2]… la criminalité est partout.

Le plan d'action de l'ICCS consiste à mieux coordonner l'ensemble de la législation répressive et à éviter les effets silos qui empêchent les policiers et les juges d'obtenir une

---

1. Cette citation mise en exergue dans la présentation de l'ICCS est issue de l'US National Security Strategy, mai 1997.
2. https://clintonwhitehouse4.archives.gov/WH/EOP/NSC/html/documents/iccs-frm.html.

vue d'ensemble sur ces phénomènes criminels. Il crée un cadre qui vise à mieux traquer les fauteurs de troubles et à optimiser les réponses de l'administration américaine. L'ICCS est à la fois défensive et offensive. Elle se décline en huit objectifs. Le premier *(Extend the first line of defense beyond US borders)* est explicitement extraterritorial. Il indique clairement la volonté des États-Unis de recourir à l'arsenal juridique américain pour frapper les criminels dans le monde entier. Et ce même si le crime a lieu dans un pays étranger. Le deuxième objectif est centré sur la protection des frontières américaines et consiste à éradiquer la contrebande. Le troisième vise à empêcher l'existence de zones de non-droit dans le monde. Il implique notamment de multiplier les accords internationaux afin de former un réseau mondial suffisamment dense pour permettre l'arrestation et l'extradition des fugitifs. Le quatrième objectif porte sur la lutte contre la criminalité financière. Il invite l'administration américaine à se lancer tous azimuts dans la recherche d'une coopération bilatérale et multilatérale avec les gouvernements étrangers afin de traquer les criminels financiers et confisquer leurs avoirs. Cinquième objectif : prévenir l'exploitation criminelle du commerce international en surveillant l'exportation illégale de technologie, en protégeant les droits de propriété intellectuelle, en traquant les produits contrefaits ou piratés, en empêchant les pratiques de commerce déloyales ou prédatrices qui violent les lois américaines, en luttant enfin contre le vol d'informations industrielles et l'espionnage économique des secrets commerciaux américains *(Counter industrial theft and economic espionage of US trade secrets)*. Le sixième objectif appelle les agences de renseignement américaines à redoubler d'efforts pour traquer les entreprises criminelles, notamment dans le cyberespace. Le septième objectif encourage la coopération internationale afin d'établir des standards internationaux en matière de répression. Si possible alignés sur ceux des États-Unis. Il fournit une assistance technique et des formations aux gouvernements qui le souhaitent. Enfin, le dernier objectif invite les différentes administrations américaines à travailler avec le secteur privé.

La portée extraterritoriale de l'ICCS est évidente. D'ailleurs, ses promoteurs ne s'en cachent pas comme l'explique Louis J. Freeh, directeur du FBI en 1997. "Les États-Unis ne peuvent pas combattre le crime uniquement depuis leur sol. Nous devons être proactifs pour combattre ces organisations criminelles et nous renforcer. Le FBI examine plusieurs approches pour mieux protéger les Américains chez eux et à l'étranger en renforçant nos lois et en formant nos administrations pour lutter contre le crime depuis les pays d'origine[1]."

Plus les criminels sont détectés en amont et à l'extérieur des frontières américaines, moins ils nuisent aux intérêts des États-Unis. Contrairement au discours officiel, la toile planétaire de l'ICCS est avant tout au service de la sécurité nationale américaine. Elle autorise les services de sécurité et de renseignement à scanner le monde entier, à recueillir des informations confidentielles, à poursuivre et à neutraliser les menaces à l'étranger. Le tout avec la complicité d'un écosystème composé d'ONG, de think tanks, de sociétés de conseils et de multinationales.

---

1. Statement on International Training before the Senate Appropriations Committee, Subcommittee on Foreign Operations, mars 1997.

## Les guerres financières de Washington

Depuis les attentats du 11 septembre 2001, les États-Unis sont en guerre contre le terrorisme. Cette guerre présente de multiples fronts. Celui de la finance n'est pas le moins crucial. Il s'agit de tarir les sources de financement des ennemis de l'Amérique. Et ils sont nombreux : les États voyous *(Rogue States)*, les groupes criminels et terroristes, les mafias... À chacun sa mission. Pendant que les soldats d'élite et les drones éliminent physiquement certains obstacles, les fonctionnaires du département du Trésor traquent l'argent sale, éliminent les mauvais joueurs et punissent les imprudents qui osent défier leur autorité.

Juan C. Zarate est un ancien de ces forces spéciales financières. Un général en chef qui a mis en place la stratégie de combat contre la criminalité financière. C'est lui et ses hommes qui ont placé le département du Trésor américain sur le pied de guerre à partir de 2001. Adjoint du secrétaire au Trésor, il a dirigé la lutte contre le terrorisme de 2005 à 2009. Aujourd'hui, il poursuit le combat dans le secteur du conseil, à la tête du cabinet Financial Integrity Network dont les principaux clients sont le gouvernement, les banques, les multinationales et les institutions financières multilatérales. Ses services : détecter les transactions suspectes. Juan C. Zarate connaît donc parfaitement les rouages de cette "guerre cachée", une expression qu'il emprunte au président iranien Ahmadinejad, lorsque ce dernier se plaint en 2012 des conséquences désastreuses des sanctions financières contre son pays[1]. "Cette guerre cachée a souvent été sous-estimée

1. "Ahmadinejad : Hidden War on Global Scale Waged Against Iran's Oil Sector", *Iran Daily Brief*, 8 octobre 2012. Voir également : Adrian

ou mal comprise, or, ce n'est plus un secret de dire qu'elle est un élément central de la doctrine de sécurité nationale des États-Unis[1]." Juan C. Zarate considère la guerre économique comme la forme centrale des affrontements actuels. "Les conflits contemporains ne relèvent pas de la sphère militaire. Ils se mènent sur les marchés. Les fronts de ces guerres sont les réunions des conseils d'administration des entreprises et ne se déroulent pas forcément sur les champs de bataille. La géopolitique est avant tout une question d'armes financières et commerciales[2]." La messe est dite : les Américains considèrent l'économie comme un champ de bataille, les entreprises comme des divisions blindées et les marchés financiers comme des armes de destruction massive. Dans cette guerre économique mondiale, ils ont le sentiment d'être d'excellents guerriers. Peut-être même sont-ils trop bons.

Juan C. Zarate remarque que les organisations criminelles et terroristes ainsi que les États voyous s'adaptent à la nouvelle situation. Ils trouvent les parades pour parer les coups de l'Amérique. Le problème, c'est que les lois extraterritoriales américaines sont trop efficaces. Résultat : les entreprises occidentales n'osent plus bouger le petit doigt et désertent certains marchés risqués. Ce qui affaiblit la surveillance américaine, les autorités manquant de sources pour faire remonter les bonnes informations. "L'efficacité des outils de surveillance et de

---

Blomfield, "Mahmoud Ahmadinejad Concedes Iran Sanctions Hurting Economy", *The Telegraph*, 5 septembre 2012.

1. Juan C. Zarate, *Treasury's War. The Unleashing of a New Era of Financial Warfare*, Public Affairs, New York, 2013, p. IX.

2. *Ibid.*, p. 384.

contrôle commence à diminuer[1].” Les entreprises et les acteurs moins dociles, plus opaques, s’en réjouissent.

Le général en chef de la guerre économique observe également les comportements “agressifs” des concurrents américains comme la Russie et la Chine. À l’été 2008, en pleine crise financière mondiale provoqué par les *subprimes*, les Américains apprennent que les Russes ont approché les Chinois pour leur faire une machiavélique proposition : vendre les parts que Russes et Chinois possèdent dans le spécialiste du crédit hypothécaire Fannie Mae and Freddie Mac. Ce dernier gère alors 5 000 milliards de dollars d’emprunt. Sa dette est de 1 700 milliards de dollars. Or, Pékin en possède plus de 100 milliards. La vente des parts de la Chine et de la Russie serait une catastrophe pour l’économie américaine ; elle obligerait le gouvernement américain à dépenser des sommes colossales pour maintenir l’entreprise à flot. “C’était le signe avant-coureur de la volonté croissante des pays d’utiliser des armes financières pour frapper les États-Unis[2].”

Ironie de l’histoire, reconnaît Juan C. Zarate, la proposition russe ne fait que reprendre les méthodes américaines. Cela signifie que la Russie, la Chine mais également des pays alliés peuvent recourir à ce type de méthodes pour défendre leurs intérêts économiques. “Les grands compétiteurs de l’Amérique, y compris certains de ses alliés, font des efforts croissants pour limiter

---

1. “The Honorable Juan C. Zarate, Testimony before the US House of Representatives Foreign Affairs Committee. Sanctions and Financial Pressure : Major National Security Tools”, 10 janvier 2018, p. 16.
2. Juan C. Zarate, *Treasury’s War. The Unleashing of a New Era of Financial Warfare*, Public Affairs, New York, 2013, p. 383.

la capacité des États-Unis d'utiliser la finance mondiale comme levier de pouvoir[1]."

Devant la rébellion générale, l'Amérique est loin d'être désemparée. Elle possède de nombreux atouts pour affronter ces guerres cachées que, parfois, elle déclenche elle-même : l'attractivité de son marché, le rôle du dollar comme monnaie de réserve et d'échange ainsi que l'importance et la crédibilité historique de ses autorités de surveillance et de supervision des marchés. "Cela offre une portée mondiale aux mesures américaines, même les plus unilatérales[2]." Conclusion du soldat économique Zarate : les États-Unis ne doivent pas retenir leurs coups. Ils doivent continuer à poursuivre les tricheurs, les corrompus, les criminels, les terroristes et les États voyous. Dans ce combat, Washington exige de la part de ses partenaires et alliés le même engagement. Ce qui, aux yeux de Juan C. Zarate, n'est pas toujours le cas tant il trouve l'Europe bien timorée en matière de lutte contre la criminalité économique. Puisque les amis de l'Amérique ne font pas leur job, c'est aux services américains de renseignement et de sécurité de redoubler d'efforts.

1. *Ibid.*, p. 385.
2. "The Honorable Juan C. Zarate, Testimony before the US House of Representatives Foreign Affairs Committee. Sanctions and Financial Pressure : Major National Security Tools", 10 janvier 2018, p. 5.

# 12

## LES SERVICES DE RENSEIGNEMENT AMÉRICAINS SUR LE FRONT DE LA GUERRE ÉCONOMIQUE

Le cauchemar commence toujours par un courrier envoyé par une autorité administrative (DOJ, SEC, OFAC…)[1]. Courrier qui évoque un soupçon de fraude sur un marché. C'est le début du poker menteur auquel se livrent les Américains. L'entreprise n'a aucun moyen de savoir si les agences bluffent ou si elles possèdent vraiment des renseignements solides. De quelles informations disposent-elles ? Comment les ont-elles obtenues ? Y a-t-il une taupe au sein de l'entreprise ? C'est une hypothèse. Depuis 2011, la SEC dispose d'un programme qui encourage les lanceurs d'alerte à lui révéler les magouilles de leur entreprise[2]. Une proposition d'autant plus alléchante qu'elle est grassement rémunérée : entre 10 % et 30 % du montant de l'amende. Entre 2011 et 2016, la somme de 111 millions de dollars a été répartie entre trente-quatre lanceurs d'alerte[3]. “Il n'est

1. Voir le chapitre 4.
2. Mesure inscrite dans la loi Dodd-Frank adoptée en 2010 pour répondre à la crise financière de 2008 et mieux encadrer les marchés.
3. Le programme de la SEC a rencontré un grand succès. Trop grand sans doute – 326 millions de dollars entre 2011 et 2018 pour récompenser cinquante-neuf informateurs – car la SEC souhaite diminuer les primes des lanceurs d'alerte. Elsa Conesa, “La SEC pourrait réduire les primes des lanceurs d'alerte”, *Les Échos*, 14 et 15 décembre 2018.

pas exclu, par ailleurs, que des informateurs soient rémunérés par d'autres biais, par exemple par les services de renseignement ou de police américains, dans les affaires internationales[1]."

Peu importent ces informations et leur provenance, l'entreprise est coincée. Il ne lui sert à rien de chercher à savoir si les Américains bluffent ou pas. Impossible de lutter contre une Amérique orwellienne. En matière de renseignements économiques, rien ou presque n'échappe aux grandes oreilles américaines. Dans ce genre d'affaire, les Américains travaillent en meute, regroupés au sein d'une *task force* composée de plusieurs services d'enquête : FBI, SEC, OFAC et Internal Revenue Service (IRS), le service du fisc qui fit tomber le célèbre gangster Al Capone en 1931 pour fraude fiscale. À lui seul, le FBI dispose de 800 agents pour lutter contre la corruption dont une unité d'une trentaine d'hommes spécialement consacrée à la corruption internationale. La police fédérale reçoit des informations des autres agences américaines de sécurité et de renseignement dont la fameuse National Security Agency (NSA).

La communauté américaine du renseignement possède d'ailleurs une longue tradition dans le recueil et l'analyse du renseignement d'affaires. Certains de ses illustres agents affichent de solides CV en économie. Quelques exemples : Allen W. Dulles, directeur de la CIA sous Eisenhower et Kennedy, était avocat d'affaires ; William Casey, directeur de la CIA sous Reagan, a dirigé la Securities Exchange Commission (SEC) ; John Deutch, directeur de la CIA sous Clinton, est passé par la banque

1. Pierre Lellouche, Karine Berger, "Rapport d'information sur l'extraterritorialité de la législation américaine", *op. cit.*, p. 60.

Citigroup où il a retrouvé sa collègue de Langley, Nora Slatkin ; Dave Doherty, ancien président de la Bourse de New York, était agent de la CIA ; Frank George Wisner[1], chargé de l'espionnage économique à la CIA, était vice-président de l'assureur AIG...

Face à des chasseurs d'informations aussi expérimentés, les entreprises n'ont guère de chance de passer à côté des fourches caudines américaines. Leurs turpitudes économiques les plus secrètes n'échappent jamais longtemps à leur surveillance. Alors autant ouvrir les robinets et laisser l'information se déverser dans les banques de données des services américains.

## Le renseignement économique américain sur le pied de guerre

Sans son appareil de renseignement, Washington serait beaucoup moins efficace dans la lutte contre la corruption et le viol des embargos économiques. Depuis la fin de l'Union soviétique, les services de renseignement américains surclassent tous leurs concurrents dans la collecte et l'analyse de l'information économique et financière. Ses espions sont de redoutables guerriers économiques et servent fidèlement le made in America.

Cela ne signifie pas qu'ils étaient moins performants avant, du temps de la guerre froide. Mais simplement que leur priorité était ailleurs, tout entière consacrée à la lutte contre le communisme. À l'époque, il existait quelques canaux entre services pour partager le renseignement concurrentiel. Comme le Special Security Officers qui

1. Fils de Frank Gardiner Wisner, également agent de la CIA.

réunissait la CIA, la NSA et les industries américaines de défense et de sécurité. À partir de 1977, existe également un pont entre ces deux agences de renseignement et le département du Commerce *via* l'Office of Intelligence Liaison. Apparemment, il n'était pas question de fournir au secteur privé des informations recueillies par cet Office rebaptisé plus tard Office of Executive Support. Ce qui n'empêche pas Langley (siège de la CIA) d'organiser régulièrement des séminaires avec les entreprises sur certaines technologies sensibles comme les semi-conducteurs… Enfin, la CIA s'entretient régulièrement avec les plus hauts responsables des grandes firmes américaines qu'elle réunit au sein de la Domestic Resources Division. Aujourd'hui encore, les grands patrons apprécient de se faire inviter au siège de la CIA[1].

Revenons à la période charnière qui marque le plein engagement des services de renseignement dans l'économie, celle du début des années 1980. L'ancien acteur d'Hollywood Ronald Reagan préside la nation américaine. Il n'a pas la réputation d'être un grand connaisseur des questions de renseignement ni d'ailleurs un lecteur attentif des notes de la CIA. Pourtant, il redonne à l'Agence une certaine autonomie, au moins aussi importante que celle dont elle bénéficiait avant le Watergate. Ronald Reagan signe l'Executive Order United States Intelligence Activities 12333 qui donne la possibilité aux espions d'organiser des opérations à l'étranger avec la complicité des entreprises américaines. Et ce, sans qu'ils ne soient obligés d'en tenir informé le procureur général. Reagan signe deux autres documents officiels (Executive

1. Jeff Stein, "The Biggest CIA Shop You've Never Heard of", *Newsweek*, 14 novembre 2013.

Order 12331 et 12334) qui remettent en selle les services de renseignement mis en quarantaine par son prédécesseur Jimmy Carter. Ces nouvelles directives autorisent le recours au secteur privé pour monter des opérations clandestines.

En voici une illustration. En 1982, Frank C. Carlucci, ancien directeur adjoint de la CIA (1978), et Donald Rumsfeld (ancien secrétaire à la Défense sous le président Gerald Ford et futur secrétaire d'État de G. W. Bush) s'invitent à la direction de l'entreprise de commerce Sears World Trade (SWT). Cette société fonctionne comme les *sōgō shōsha* japonaises dont la valeur repose sur la collecte des informations commerciales. Sears World Trade dépose le bilan quelques années plus tard. Très rapidement, les rumeurs courent que Frank Carlucci a fait de SWT une couverture de la CIA. L'une de ses filiales, IPAC (International Planning & Analysis Center), qu'il dirige personnellement, est accusée de trafic d'armes[1] avec certains pays en développement[2]. En 1983, parallèlement à ses fonctions au sein de Sears World Trade, Frank Carlucci prend la direction de Wackenhut, une société de sécurité privée très informée et aux méthodes particulièrement agressives[3]. L'une de ses filiales en Belgique, Wackenhut Belgium, est vite repérée comme une extension de la CIA en Europe[4].

1. Caroline E. Mayer, "Carlucci Supervised Arms at Sears", *The Washington Post*, 11 décembre 1986.
2. Dan Briody, *The Iron Triangle : Inside the Secret World of Carlyle Group*, John Wiley & Sons, 2003.
3. Nancy L. Ross, "Detective Firm Says It Uses Right-Wing Group's Data", *The Washington Post*, 27 janvier 1977.
4. Frédéric Charpier, *L'économie, c'est la guerre !*, Seuil, 2012.

## Le Mur tombe mais l'espionnage économique s'amplifie

Le cadavre de l'Ours rouge fume encore quand le 15 novembre 1991, George Bush père, président des États-Unis, publie la *National Security Review 29 (NSR-29).* Le document s'adresse à toutes les administrations et souhaite connaître le type d'informations dont elles ont besoin. La CIA et les autres agences se tiennent à leur disposition pour les leur fournir. La *NSR-29* appelle la communauté du renseignement américaine à rester particulièrement vigilante sur l'évolution de la situation dans l'ex-URSS tout en surveillant d'autres secteurs. "Il est demandé à la communauté du renseignement de faire face à des questions qui vont des forces militaires soviétiques traditionnelles à l'environnement, de la compétition économique au sida[1]." Le spectre de surveillance est très large.

On demande l'impossible à la communauté du renseignement : tout surveiller, tout renseigner. Il n'y a plus d'objectif déterminant, plus de priorité, plus d'ennemi officiel. Les agents américains sont dans l'expectative, leur cohésion est menacée.

Ils y voient un peu plus clair le 30 mars 1992 lors de la publication de la *National Security Directive, NSD-67*[2] signée par la Maison Blanche. La nouvelle priorité, c'est la lutte contre la corruption et l'espionnage industriel et technologique. Le président Bush père présente cette

---

1. *NSR-29*, The White House, 15 novembre 1991. https://fas.org/irp/offdocs/nsr/nsr29.pdf. Consulté le 20 février 2018.
2. https://fas.org/irp/offdocs/nsd/nsd67.pdf. Consulté le 20 février 2018.

réforme du renseignement comme la plus spectaculaire depuis des décennies. En fait, elle cache un véritable malaise de la communauté du renseignement qui n'arrive toujours pas à se positionner dans ce monde post-guerre froide. "Autrefois, explique Milton Bearden, ancien agent de la CIA chargé de l'Afghanistan à l'époque soviétique, la CIA n'était pas une institution, elle était unique, elle avait un côté mythique. Elle avait une mission, et pour elle, cette mission était une croisade. Et voilà que l'Union soviétique disparaît : il ne nous reste plus rien. Nous n'avons ni Histoire, ni héros. Nos exploits eux-mêmes doivent rester secrets. Et maintenant, la mission est terminée, finie[1]."

Le malaise éclate sous l'administration Clinton. Le président démocrate débute son mandat sans véritable objectif en matière de renseignement. Le pays réclame les dividendes de la paix et une baisse des budgets dédiés à la sécurité. Que faire de ces milliers d'agents, orphelins de cause ? Certains partent à la retraite avec le sentiment du travail accompli, d'autres se recyclent dans le privé. Quant aux agences de renseignement, il faut bien leur trouver de nouveaux os à ronger. À l'heure de la mondialisation, ce sera la surveillance de l'économie et de ses acteurs.

La Maison Banche n'est pas la seule institution à se préoccuper de la sécurité économique. De son côté, le Congrès américain entame une réflexion sur le rôle des services de renseignement et de sécurité dans le monde post-guerre froide. La commission présidée par Harold Brown et Warren B. Rudman se penche sur la question.

1. Tim Weiner, *Des cendres en héritage. L'histoire de la CIA*, éditions de Fallois, 2009, p. 392.

En 1994, elle publie un rapport intitulé *An Appraisal of US Intelligence*[1]. Les auteurs se prononcent contre l'espionnage industriel au profit des entreprises américaines mais donnent leur aval au recueil, par les agences de renseignement, des informations économiques. Autrement dit, les espions peuvent collecter des données économiques, commerciales, technologiques… à condition de ne pas en faire profiter directement les sociétés américaines. Feu vert donc pour aller voler les secrets commerciaux des entreprises et des États étrangers.

*Quid* des moyens ? Ce n'est pas un problème. Il suffit de réorienter les grandes oreilles vers les marchés. Depuis 1947, les États-Unis et leurs quatre principaux alliés (Grande-Bretagne, Australie, Nouvelle-Zélande et Canada), les Five Eyes (accord UKUSA), disposent du réseau mondial d'écoute baptisé Echelon. Utilisé pour espionner l'Union soviétique et ses amis du bloc de l'Est, Echelon est capable de surveiller les communications quel qu'en soit le support : téléphone fixe, fax, satellite, téléphone portable, courriel, internet… Aux États-Unis, c'est la NSA (National Security Agency) qui gère Echelon. Avec les progrès informatiques, Echelon est devenu un redoutable et très efficace outil de surveillance globale.

Bien avant les révélations d'Edward Snowden, le Parlement européen s'en offusque et dénonce les méthodes d'espionnage commercial du frère américain dans deux rapports publiés à la fin des années 1990 : *Interception Capabilities 2000. Echelon and its Role in COMINT*[2] et *Le Développement de la technologie de surveillance et les risques*

---

1. Voir https://www.govinfo.gov/app/details/GPO-INTELLIGENCE.
2. http://www.duncancampbell.org/menu/surveillance/echelon/IC2001-Paper1.pdf. 22 et 23 janvier 2001. Consulté le 22 février 2018.

*d'abus des informations économiques*. Si ce système, écrivent les parlementaires de Strasbourg, "n'est utilisé qu'à des fins de renseignements, il n'y a aucune contradiction avec le droit de l'UE [...]. En revanche, si le système est utilisé de manière abusive pour espionner la concurrence, il y a manquement à l'obligation de loyauté et atteinte à l'idée d'un marché commun où la concurrence est libre ; si un État membre participe à une telle démarche, il viole le droit de l'Union[1]".

Malgré les précautions d'usage – l'allié américain reste quand même le protecteur atomique de l'Europe –, les rapporteurs européens regrettent l'espionnite économique aiguë de leurs alliés. Toutefois, ils l'acceptent tant qu'elle sert la lutte contre la corruption. Du moins, font-ils semblant d'y croire. "Considérant que les services de renseignement des États-Unis [...] interceptent des communications d'entreprises dans le contexte de passation de marchés, justifiant cela en invoquant la lutte contre les tentatives de corruption, que cette pratique porte en elle le risque que des informations soient utilisées non pas pour lutter contre la corruption mais à des fins d'espionnage concurrentiel même si les États-Unis affirment ne pas pratiquer celui-ci[2]..." L'inquiétude des députés européens se reflète dans les chiffres qu'ils fournissent : "Lors de la visite effectuée aux États-Unis par une délégation de la commission temporaire, des sources autorisées ont confirmé le rapport Brown, indiquant que 5 % des informations collectées grâce à des sources non

1. Rapport du Parlement du 11 juillet 2001. http://www.europarl.europa.eu/sides/getDoc.do?pubRef=-//EP//TEXT+REPORT+A5-2001-0264+0+DOC+XML+V0//FR. Consulté le 22 février 2018.
2. *Ibid.*

publiques sont utilisées à des fins économiques ; que les mêmes sources estiment que cette surveillance pourrait permettre aux entreprises des États-Unis d'emporter jusqu'à 7 milliards de dollars de marchés[1]…"

Plusieurs contrats ont ainsi été perdus par des entreprises du Vieux Continent. Le marché Sivam au Brésil porte sur la surveillance électronique d'une partie de l'Amazonie. En 1994, les Français de Thomson CSF sont sur le point de le remporter lorsque la NSA décide de les mettre sur écoute. Très rapidement, la presse brésilienne se fait l'écho de tentatives de corruption de la part des Français. Ces derniers sont alors exclus du marché évalué à 1,4 milliard de dollars et le contrat tombe dans le panier de l'Américain Raytheon. Ce type d'intervention directe du renseignement américain se reproduit à de nombreuses occasions entre 1994 et 1997 : Arabie Saoudite, Indonésie, Tunisie, Émirats arabes unis, Taiwan, Liban, Israël, Pérou… Chaque fois, une société américaine rafle le marché au détriment d'un concurrent français, anglais, néerlandais, danois…

Au nom de la lutte contre la corruption, les Américains ne se gênent pas pour fouiller dans les affaires de leurs amis. Les responsables politiques européens le savent mais ne veulent pas faire de vagues. D'autant que les rapports du Parlement de Strasbourg sont publiés au début de l'année 2001, année qui se termine très mal pour les États-Unis frappés en septembre par deux attentats spectaculaires à Washington et New York. Pas question pour les Européens d'aller chatouiller leurs alliés américains au moment où ils partent en "croisade" contre les jihadistes de Ben Laden.

---

1. *Ibid.*

Ces rapports européens ne viennent que confirmer les déclarations d'anciens membres des services de renseignement américains. Ces derniers reconnaissent ouvertement que les moyens techniques de la NSA sont branchés sur les entreprises européennes, toujours au nom de la lutte contre la corruption. James R. Woolsey, ancien directeur de la CIA de 1993 à 1995, publie une tribune libre dans le *Wall Street Journal* du 17 mars 2000. Le titre suffit à en comprendre le contenu : "Why We Spy on our Allies ?" (Pourquoi nous espionnons nos alliés ?) La réponse est lapidaire mais elle a le mérite d'être claire et directe : "Oui, chers amis continentaux, nous vous avons espionnés parce que vous distribuez des pots-de-vin. Les produits de vos compagnies sont souvent coûteux, moins avancés sur le plan technologique, ou les deux à la fois, que ceux de vos concurrents américains. En conséquence de quoi vous pratiquez beaucoup la corruption." L'ex-espion en chef de la CIA ne craint pas la caricature et dénonce le retard intellectuel des Européens dont le saint patron est Jean-Baptiste Colbert alors que celui des Américains est Adam Smith. Le premier pousserait à la corruption tandis que le second au risque et à l'innovation !

James R. Woolsey est un directeur de la CIA particulièrement engagé dans l'espionnage économique. À son arrivée à Langley en 1993, il renforce la collecte du renseignement économique en rebaptisant l'Office of Intelligence : Liaison Office of Executive Support. Créé en 1977, l'Office of Intelligence Liaison est chargé de centraliser les informations économiques provenant de la CIA et de la NSA afin d'enrichir les connaissances des fonctionnaires du département du Commerce[1].

---

1. Paul Todd, Jonathan Bloch, *Global Intelligence. The World's Secret Service Today*, Zed Books, 2004, p. 77.

À la tête de la CIA de 1993 à 1995, James Woolsey lance trois programmes majeurs qui fonctionnent toujours. Il participe à la création de l'Advocacy Center, un réseau de recueil et de partage d'informations entre les principaux départements américains concernés par la défense des intérêts économiques du pays : Commerce, Trésor, Défense… Il rédige et publie le *National Industrial Security Program (NISP)*[1] qui permet de sécuriser les informations industrielles classifiées produites ou accessibles par le secteur privé. Enfin, il fonde avec d'autres agences le National Counterintelligence Center (Nacic, puis en 2002, NCIX) chargé du contre-espionnage, en particulier économique. Le NCIX recueille et analyse des informations commerciales, industrielles et scientifiques susceptibles de menacer les intérêts américains. Au cours des années 2000, ce centre publiait un rapport annuel sur les menaces économiques qui pèsent sur les États-Unis. Mais depuis quelques années, la prose du NCIX se fait rare. Les espions craignent-ils de trop informer leurs ennemis ? Le dernier rapport date de 2011. En 2014, il change de nom, devient le National Counterintelligence and Security Center (NCSC) et se renforce dans la lutte contre l'espionnage économique : "Aujourd'hui, les services de renseignement étrangers, les criminels et les espions du secteur privé se concentrent sur l'industrie américaine […]. Ces adversaires utilisent des techniques traditionnelles de renseignement contre des entreprises américaines vulnérables et utilisent de plus en plus l'environnement numérique – où résident désormais presque toutes les informations commerciales et technologiques importantes – comme un moyen rapide, efficace et sûr de pénétrer les fondations de notre économie. Leurs

---

1. Executive Order 12829, 6 janvier 1993.

efforts compromettent la propriété intellectuelle, les secrets commerciaux et les développements technologiques essentiels à la sécurité nationale. L'espionnage contre le secteur privé menace la prospérité à long terme des États-Unis[1]."

Face à ces menaces, l'Amérique se défend. Les États-Unis disposent d'une législation contre les curieux qui s'intéressent de trop près aux secrets technologiques et commerciaux de leurs entreprises. L'Economic Espionage Act et l'Economic Security Act sont votés en 1996. Ces deux textes protègent les entreprises contre le vol de secrets d'affaires, de brevets technologiques et d'informations économiques confidentielles. Les contrevenants risquent jusqu'à 500 000 dollars d'amende et quinze ans de prison[2].

D'un côté l'espionnage économique, de l'autre la sécurité économique, le dispositif américain est complet. Les agences de sécurité et de renseignement surveillent les marchés, collectent les informations, les analysent et alimentent les autorités judiciaires. Dans leur viseur depuis une vingtaine d'années, essentiellement les banques et les multinationales européennes, rarement les champions américains.

## Malaise après les révélations de Snowden

À l'ère numérique, les capacités des Américains à surveiller les marchés sont illimitées. On s'en doutait depuis des

1. Site consulté le 20 février 2018. https://www.dni.gov/index.php/ncsc-what-we-do/ncsc-threat-assessments-mission/ncsc-economic-espionage.
2. Voir Hélène Masson, *Les Fondements politiques de l'intelligence économique*, thèse, Paris Sud XI. http://masson-intelligence-economique.blogspot.fr/. Voir également : Hélène Masson, *L'Intelligence économique, une histoire française*, Vuibert, 2012.

années mais il a fallu attendre les révélations d'un lanceur d'alerte pour que les élites dirigeantes européennes acceptent l'évidence. En 2013, Edward Snowden, ancien agent de la CIA et de la NSA, jette un pavé dans la mare. Documents confidentiels à l'appui, il révèle l'ampleur de l'espionnage de ses anciens employeurs. Les téléphones portables, les fixes, les courriels, les fax, les textos, internet... rien n'échappe à la NSA. Washington reconnaît les faits. De *Yes, we can*, le célèbre slogan du candidat Obama, on est rapidement passé au *Yes, we scan* ! La Maison Blanche répond que c'est pour notre bien et notre sécurité, l'objectif étant de lutter contre le terrorisme et la criminalité mondiale.

Le terrorisme a bon dos car à y regarder de plus près, c'est une autre version des faits qui se révèle. Quel rapport entre la chasse de Ben Laden et l'écoute des téléphones personnels des chefs d'État européens et brésilien ? Strictement aucun. Les spécialistes s'accordent pour dire que seules 35 % des ressources de la NSA sont affectées à la traque des terroristes. *Quid* des 65 % restantes ? Elles servent au recueil du renseignement politique, militaire et économique. "En 1990, et dans un contexte d'ère nouvelle et du malaise des services de renseignement, la Maison Blanche et la CIA, à la demande de George Bush, fixent à la NSA de nouveaux objectifs offensifs et défensifs. L'espionnage économique devient une priorité nationale. En plus de fournir du renseignement économique sur les compétiteurs étrangers, il s'agit de faire la chasse à la corruption et d'espionner les communications commerciales[1]."

---

1. Claude Delesse, *NSA National Security Agency*, Tallandier, 2016, p. 84-85.

Dans les documents livrés par Edward Snowden, on trouve une liste des entreprises ciblées par les services américains, souvent des concurrents directs de sociétés étasuniennes : le pétrolier brésilien Petrobras, l'Organisation des pays exportateurs de pétrole (Opep), l'avionneur européen Airbus, le spécialiste de l'aérospatiale militaire français Thales... C'est bien connu, toutes ces entreprises entretiennent des liens étroits avec Daesh !!!

L'ancien agent secret nous apprend même qu'un département spécial de la NSA (Follow the Money) est chargé de la surveillance des transactions financières mondiales... Grâce à l'opération *Dishfire*, les espions de l'Oncle Sam disposent des informations confidentielles sur les cartes de crédit des clients de 70 banques. Malgré un accord scellé entre Bruxelles et Washington sur le partage de l'information venant de la société Swift qui gère les ordres de communication de plus de 8 000 établissements financiers dans le monde, la NSA active un programme particulier qui lui permet de siphonner directement toutes les informations de cette institution dont le siège européen est situé en Belgique... "Bien entendu, tous ces dispositifs sont développés au nom de la lutte contre le blanchiment, le terrorisme, le trafic d'armes ou de drogue[1]..."

Autres documents officiels de la NSA révélés par Edward Snowden : l'espionnage des entreprises françaises dans les secteurs des télécommunications, des énergies (gaz, électricité, pétrole, renouvelable, nucléaire...), de la santé et de l'environnement, des transports, du BTP[2].

---

1. Franck Leroy, *Surveillance. Le risque totalitaire*, Actes Sud, 2014, p. 129.
2. National SIGINT Requirements List : information Need (IN) – France / Economic Developments : EEI : H-Foreign Contracts/ Feasibility Studies/Negotiations, 2012. Voir https://wikileaks.org/ nsa-france/spyorder/#spyorder1.

La NSA réclame le recueil de toutes les informations sur des contrats et investissements de plus de 200 millions de dollars en cours de négociation par les entreprises et les banques tricolores.

Le pire, c'est que certains États mâchent le travail aux espions américains. En France, les secrets de la République sont confiés à des technologies américaines. Depuis 2016, à la direction générale de la Sécurité extérieure (DGSI), service de renseignement et de sécurité intérieure, on utilise un logiciel de la société Palantir Technologies pour recueillir, stocker et analyser les informations. Créée avec de l'argent de la CIA *via* In Q Tel, le fonds d'investissement du renseignement américain, Palantir est un fournisseur de logiciel d'analyse du big data[1]. Son nom est inspiré de la "pierre de vision" tirée du célèbre roman de J. R. R. Tolkien, *Le Seigneur des anneaux*. La société assume ses liens avec la communauté américaine du renseignement. Ses principaux clients sont la CIA, la NSA, le FBI, l'US Marines, l'US Air Force, les Forces spéciales… "Sans l'aide des Américains, avoue un ancien ministre de l'Intérieur, on ne peut pas faire grand-chose en matière de renseignement. Ce sont eux qui ont retrouvé les feuilles de soins des auteurs des attaques du 13 novembre 2015[2]." C'est dire l'efficacité des outils américains. Palantir ne plaît pas seulement au service de renseignement intérieur français, certains industriels européens, comme Airbus, l'ont également adopté.

---

1. "Palantir, du côté obscur du big data", *Le Monde*, 10 octobre 2018.
2. Entretien d'avril 2018.

## De Reagan à Trump : les généraux en chef de la guerre économique

Qu'ils soient issus d'une administration républicaine ou démocrate, les dirigeants américains n'éprouvent aucun état d'âme à mettre les marchés sur écoute. Depuis la disparition de l'Union soviétique, la priorité est de préserver le leadership mondial politique, militaire et économique des États-Unis. De Reagan à Obama, tous les locataires de la Maison Blanche partagent la vision de Madeleine Albright, ancienne secrétaire d'État pour qui l'Amérique est “la nation indispensable[1]”.

Comme Bill Clinton en 1992, Donald Trump remporte l'investiture suprême en 2016 en faisant campagne sur le redressement économique du pays. Les deux premières décisions de l'ancien animateur de reality show sont d'ordre économique. Il retire les États-Unis du traité de libre-échange Transpacifique et gèle les discussions avec les Européens sur un accord commercial transatlantique. Donald Trump ne croit ni au libre-échange débridé ni au multilatéralisme économique. Son crédo, c'est le bilatéralisme, le face-à-face et le plus fort remporte la mise. Résultat : quelques mois après son arrivée à la Maison Blanche, il chamboule les relations économiques mondiales. Le milliardaire de la Maison Blanche se fixe un objectif très simple et va mettre en place un programme non moins simple pour l'atteindre. Son objectif : défendre les intérêts économiques de son pays. Son programme : le retour du protectionnisme. En 2017, les États-Unis accusent un déficit commercial abyssal, près

1. Termes utilisés par Madeleine Albright en 1998, alors secrétaire d'État américaine sous la présidence Clinton.

de 567 milliards de dollars dont une partie importante (375 milliards[1]) avec la Chine. L'Amérique n'est pourtant pas au bord de la banqueroute. Les signaux macroéconomiques sont même tous au vert : une inflation maîtrisée aux alentours de 2 % et un chômage au plus bas (4,1 %). Les États-Unis n'agonisent donc pas mais Donald Trump jalouse la réussite économique de ses partenaires : Union européenne, en particulier l'Allemagne, et surtout la Chine.

Le président est persuadé que les entreprises américaines souffrent des pratiques déloyales de leurs concurrents. Concurrents qu'il juge trop souvent protégés, voire subventionnés par leur État. À ses yeux, les entreprises étrangères sont des mauvais joueurs de la mondialisation. C'est ainsi du moins qu'elles sont présentées dans le rapport 2017 sur le commerce remis au Congrès le 1er mars 2018. "Les États-Unis ne fermeront plus les yeux sur les violations, les tricheries ou les agressions économiques. Pour atteindre nos objectifs, notre politique commerciale utilisera tous les outils possibles pour préserver notre souveraineté nationale et renforcer notre économie[2]." Ce document officiel qui définit la doctrine commerciale des États-Unis précise que les Américains ne renonceront à aucune mesure pour protéger le made in America, même aux actions unilatérales. Leurs partenaires, leurs concurrents et leurs ennemis sont prévenus : les États-Unis renforcent et durcissent leur arsenal législatif pour frapper les tricheurs et autres agresseurs

1. Pour les seuls biens. Ce chiffre ne prend pas en compte les services.
2. "2018 Trade Policy Agenda and 2017 Annual Report of the President of the United States on the Trade Agreements Program", Office of the United States Trade Representative, 1er mars 2018, p. 2.

économiques partout dans le monde. Donald Trump aime les guerres commerciales. Il estime qu'elles sont faciles à gagner pour son pays[1].

Pékin doit se sentir particulièrement visé. Bête noire économique de l'administration Trump, la Chine est souvent pointée du doigt par les conseillers du président tel Peter Navarro, véritable sinophobe[2]. Pékin est régulièrement accusé de profiter du système commercial multilatéral (OMC) pour arracher injustement des parts de marché à l'Amérique. Washington reproche également à la Chine de protéger son marché outrageusement et même de dérober les secrets technologiques des entreprises américaines. D'où la hache de guerre économique déterrée par le président Trump contre la Chine en mars 2018[3].

Dans le même temps, le gouvernement américain annonce qu'il veut consolider la surveillance des investissements étrangers. Là encore, c'est la Chine la principale cible même si ce nouveau dispositif s'adresse à tous les pays. Il s'agit essentiellement de renforcer les moyens d'enquête du Committee on Foreign Investment in the United States (CFIUS), l'organisme chargé de surveiller les investissements étrangers. Ce comité pour l'investissement étranger aux États-Unis donne son accord ou pas au rachat d'une entreprise américaine par une société étrangère. Le CFIUS protège les entreprises liées plus ou moins directement à la sécurité

---

1. Déclaration du président américain en mars 2018.
2. Auteur d'ouvrages qui présentent la Chine comme une menace économique vitale. *The Coming China Wars*, FT Press, 2006 et *Death by China*, Pearson Prentice Hall, 2011.
3. Le 23 mars 2018, Washington annonce des taxes supplémentaires contre les importations chinoises aux États-Unis.

nationale (défense, énergie, transport, électronique...). Ses membres viennent des départements du Commerce, de l'Énergie, de la Défense... mais aussi de la Sécurité intérieure. Peu de dossiers sont traités par le CFIUS. Depuis 1975, date de sa création, il a rarement posé son veto[1]. Mais il lui suffit de s'intéresser à un cas pour que les éventuels acheteurs renoncent immédiatement. Efficace comme le montrent les exemples suivants.

En 2017, l'administration Trump bloque les investissements chinois dans l'entreprise Lattice qui fournit des microprocesseurs. En mars 2018, le CFIUS s'oppose à l'offre publique d'achat (OPA) de Qualcomm, autre géant américain des semi-conducteurs par la société Broadcom qui a le défaut d'être installée à Singapour ! Trop proche de la Chine, donc trop risqué pour la sécurité nationale, explique le président Trump dans un décret paru le 12 mars 2018[2]. Une première car jamais un *niet* présidentiel n'était intervenu avant un accord entre deux entreprises.

Malgré son efficacité, des parlementaires américains[3] veulent donner plus de pouvoir au CFIUS. Ils souhaitent élargir les secteurs économiques sous sa surveillance et y inclure les coentreprises ainsi que les participations minoritaires. Une proposition de loi a donc été déposée dans ce sens, en novembre 2017, intitulée Foreign Investment

1. Quatre fois entre 1975 et 2016.
2. "Executive Orders. Presidential Order Regarding the Proposed Takeover of Qualcomm Incorporated by Broadcom Limited", White House, 12 mars 2018. https://www.whitehouse.gov/presidential-actions/presidential-order-regarding-proposed-takeover-qualcomm-incorporated-broadcom-limited/.
3. Le représentant républicain Robert Pittenger et le sénateur républicain John Cornyn.

Risk Review Modernization Act (FIRRMA) et signée le 6 août 2018 par le président Trump[1]. Elle donne plus de temps aux espions de l'Office of the Director of National intelligence (ODNI) pour enquêter sur les dossiers. "C'est la bonne réponse, explique le secrétaire au Commerce Wilbur Ross, pour faire face à l'augmentation sans précédent des investissements chinois[2]." Fin juin 2018, circule même l'idée à Washington d'interdire à une société détenue à 25 % par des Chinois d'investir dans le secteur des technologies.

Cette loi présente un fort potentiel extraterritorial, explique le lobbyiste Pascal Dupeyrat, spécialiste des secteurs stratégiques. "Le FIRRMA vient en effet de donner mandat au président des États-Unis et au Committee on Foreign Investment in the United States (CFIUS) d'intervenir auprès de ses alliés et partenaires économiques pour qu'ils se dotent de « dispositifs de contrôle similaires » et d'en faciliter la « coordination » avec le mécanisme américain. Ce n'est pas encore une extraterritorialité, mais cette logique de « coopération » y prélude de manière certaine. La conséquence première du FIRRMA sera donc de soumettre les opérations d'investissements étrangers, même réalisées en dehors des États-Unis, à leur surveillance[3]." C'est le modèle de l'affaire Aixtron qui est ainsi généralisé et inscrit dans la loi américaine. Aixtron est une entreprise allemande qui fabrique des semi-conducteurs et qui possède une filiale en Californie. Elle développe des technologies de pointe qui peuvent servir à

1. https://home.treasury.gov/sites/default/files/2018-08/The-Foreign-Investment-Risk-Review-Modernization-Act-of-2018-FIRRMA_0.pdf.
2. 22 janvier 2018.
3. Pascal Dupeyrat, "Pour un contrôle crédible des investissements étrangers", *Les Échos*, 4 octobre 2018.

fabriquer des armes laser, des antennes et des radars. En 2016, elle traverse une passe difficile, le fonds d'investissement chinois Grand Chip propose de la racheter pour plus de 670 millions d'euros. Pour des questions de sécurité nationale, le président Obama publie un décret le 4 décembre 2016 qui interdit la vente de la filiale californienne. Cette opération financière avait pourtant reçu le feu vert du ministère allemand de l'Économie. Mais les Allemands sont contraints de renoncer à la vente face à la pression américaine[1].

## Cloud Act : une loi pour siphonner nos données

Autre "bonne réponse" selon les sénateurs pour consolider la suprématie économique américaine : le vote d'une loi extrêmement intrusive donnant accès à nos données personnelles ainsi qu'à celles des entreprises. Profitant du vote de la loi de finances, des sénateurs républicains et démocrates ont glissé un texte qui permet aux autorités de poursuites américaines d'obtenir un accès direct aux données des géants américains du numérique, que celles-ci soient stockées dans des serveurs installés aux États-Unis ou partout ailleurs dans le monde. Cette loi discrètement adoptée et signée par le président Donald Trump le 23 mars 2018 se nomme Clarifying Lawful Overseas Use of Data Act, soit Cloud Act. Dorénavant, les polices américaines locales ainsi que les agences de sécurité et de renseignement fédérales peuvent obtenir n'importe quelles informations contenues dans les serveurs

---

1. "Obama bloque le rachat d'Aixtron par le Chinois Grand Chip", *Le Figaro*/Reuters, 5 décembre 2016.

de Microsoft, Facebook, Amazon, Google… Et ce sans que les principaux intéressés en soient avisés.

Étrangement, la Silicon Valley a exprimé sa satisfaction du Cloud Act. Dans un courrier adressé le 6 février 2018 aux sénateurs Orrin Hatch, Lindsey Graham, Christopher Coons et Sheldon Whitehouse, Google, Facebook, Apple et Microsoft… se félicitent de ce texte “qui reflète un consensus important en faveur de la protection *(sic)* des internautes à travers le monde. Cette législation est une étape importante vers la protection *(sic)* des droits individuels en matière de vie privée[1]”… Quand les géants du Net pensent protection de la vie privée, les sénateurs pensent sécurité nationale.

Le Cloud Act vient combler un vide juridique. En 2014, Microsoft refuse au département de la Justice (DOJ) de livrer des courriels situés sur un serveur basé en Irlande. La société fondée par Bill Gates estime que le droit américain ne s’applique pas à l’étranger. En effet, les mandats de perquisition émis par le DOJ ne sont valables que sur le territoire américain. L’affaire remonte jusqu’à la Cour suprême qui conclut à la nécessité d’une nouvelle législation, le Stored Communications Act n’étant pas compétent pour les données stockées à l’étranger. D’où le Cloud Act que le Congrès justifie afin “de combattre le crime sérieux[2]”. Notion suffisamment vague qui autorise toutes les intrusions numériques : lutte contre le terrorisme, son financement, lutte contre les mafias et les groupes criminels mais aussi lutte contre la fraude et la corruption.

---

1. https://fr.scribd.com/document/374641879/Tech-Companies-Letter-of-Support-for-Senate-CLOUD-Act-020618.
2. https://www.congress.gov/bill/115th-congress/house-bill/4943/text.

Autrement dit, c'est la porte ouverte à l'espionnage tous azimuts, les hébergeurs n'ayant plus le droit de refuser une demande d'information émanant du FBI, de la CIA… et des autorités de régulation et de supervision des marchés. Ils doivent s'exécuter sans même avertir l'internaute dont les données ont été transférées aux agences américaines. À moins que les entreprises ne fassent figurer une clause dans le contrat avec l'hébergeur l'obligeant à les tenir informées d'une demande des autorités américaines.

Un hébergeur peut-il refuser de communiquer des données ? Le Cloud Act prévoit cette éventualité. Deux conditions cumulatives doivent être réunies : l'internaute (individu ou société) doit être considéré comme *non-US Person*, c'est-à-dire sans lien avec les États-Unis et la transmission d'informations doit bafouer une loi du pays. Encore faut-il que ce pays soit considéré comme "gouvernement étranger qualifié" *(qualifying foreign government)* c'est-à-dire ayant signé un accord *(executive agreement)* avec les États-Unis. À l'été 2018, aucun État n'avait conclu un tel accord avec Washington. Précisons que ces deux conditions sont soumises à l'appréciation d'un juge américain chargé d'étudier le refus de l'hébergeur de fournir les données. "Cela confère, constate maître Dorgans, un large pouvoir au juge qui devra estimer dans quelle mesure les intérêts américains en jeu ne justifient pas une confirmation de la demande des autorités de poursuites américaines et son exécution par l'hébergeur." Les Américains restent donc maîtres du jeu.

Peu leur importe qu'ils manquent à leur parole car le Cloud Act percute de front les engagements des États-Unis en matière de coopération judiciaire internationale et s'oppose aux textes européens censés protéger les données personnelles des citoyens de l'Union.

Cette loi, explique l'avocat Olivier Dorgans, est "un nouvel outil de contournement des dispositifs et conventions qui encadrent l'échange de données entre États dans le cadre d'enquêtes pénales, civiles et commerciales". Elle jette aux orties les conventions d'échanges d'informations passées entre les États-Unis et leurs partenaires, procédures que Washington trouve trop lentes. Le Cloud Act leur permet de se servir directement dans les serveurs de leurs multinationales du web. Du coup, certains garde-fous prévus par ces conventions sautent. Comme la possibilité de ne pas livrer des informations qui risquent de porter atteinte à la sécurité, la souveraineté ou aux intérêts profonds d'un État.

Le Cloud Act entre également en conflit avec la convention de La Haye[1] qui régit les échanges d'informations commerciales et économiques entre États *via* les commissions rogatoires internationales. Le texte de La Haye permet aux États de refuser de livrer des informations si celles-ci portent atteinte à leur souveraineté[2]. Ce dont se fiche complètement le Cloud Act. Tout comme d'ailleurs, il se fiche de la loi française de 1968, révisée en 1980, dite "loi de blocage" qui interdit à quiconque de livrer des informations commerciales et économiques en dehors des procédures légales d'entraide judiciaire.

Que dire enfin de la récente réglementation européenne, le fameux Règlement général sur la protection des données (RGPD) entrée en vigueur le 25 mai 2018. Présenté par ses promoteurs comme le texte le plus protecteur du monde pour les données personnelles des Européens,

---

1. 18 mars 1970. https://assets.hcch.net/docs/41558329-d3e0-44ce-94ec-e827a1feff20.pdf.
2. Article 12 de la convention de La Haye.

il ne peut strictement rien contre les intrusions du Cloud Act. En obligeant les géants du Net à héberger nos données en Europe, on pensait qu'elles seraient à l'abri des grandes oreilles américaines, on se trompait. Quant aux données des Européens stockées sur des serveurs installés aux États-Unis, elles étaient virtuellement protégées par un accord entre Bruxelles et Washington nommé le Privacy Shield (Bouclier de protection). Accord signé en 2016 pour remplacer le précédent, Safe Harbor, invalidé par la Cour de justice de l'Union européenne (CJUE) en 2015 à la suite de la plainte de Max Schrems, un étudiant autrichien, particulièrement inquiet de l'utilisation de ses données personnelles. La CJUE a estimé que les révélations d'Edward Snowden sur le système de surveillance globale de la NSA ne garantissaient plus la protection des données des citoyens européens. Que vaut le Privacy Shield face au Cloud Act ? Pas grand-chose. D'autant que les Américains ne semblent pas remplir leur part du contrat. D'où la demande mi-juin 2018 des eurodéputés de suspendre l'accord.

C'est toute l'architecture de protection européenne de nos données que remet en cause le Cloud Act. Bruxelles promet de réagir. La commission prépare une nouvelle réglementation sur l'accès aux preuves électroniques en matière pénale[1]. En profitera-t-elle pour mettre les points sur les *i* avec son allié outre-Atlantique ?

---

1. https://ec.europa.eu/info/sites/info/files/placeholder.pdf. Consulté le 11 juin 2018.

13

# LA CORRUPTION, UNE PRATIQUE DÉPASSÉE !

Pendant que les services de renseignement américains scannent les affaires des entreprises étrangères, les multinationales de l'Oncle Sam décrochent des grands contrats. Cela signifie-t-il que les firmes américaines sont vertueuses ? Qu'elles ne pratiquent plus la corruption pour décrocher des marchés ? On n'en sait rien. Cela fait des années que des spécialistes français de l'intelligence économique proposent d'enquêter sur ce sujet afin de pointer les mauvais joueurs américains. Ni l'administration ni les multinationales françaises (Airbus, Veolia...) n'acceptent de passer commande d'une telle mission, de peur de fâcher l'aigle américain. "C'est dommage, explique un expert en intelligence économique qui a plusieurs fois proposé ses services à l'État comme aux entreprises ; cela nous aurait donné des munitions pour négocier avec les Américains et leur signifier que nous aussi étions prêts à envoyer leurs entreprises s'expliquer devant nos procureurs[1]."

Pourquoi une telle enquête serait-elle nécessaire ? Pour montrer que les entreprises américaines pratiquent une corruption de nouvelle génération qui n'entre pas dans les radars des autorités publiques. Pour décortiquer

1. Entretien de septembre 2017, Paris.

également leurs procédés, aussi sophistiqués que discrets. C'est grâce à eux qu'ils captent les grands marchés. Plus subtiles et moins illégales, ces méthodes s'articulent autour d'un axe public/privé particulièrement efficace puisqu'il permet de détecter les appels d'offres bien avant leur publication et donc de mettre en place des opérations d'influence en amont afin de remplir le carnet de commandes de leurs entreprises.

## Le dispositif public

Au début des années 1990, la priorité des États-Unis n'est plus la lutte contre le communisme mais la défense de leurs intérêts économiques. En 1992, le Congrès vote l'US Export Enhancement Act. Cette loi vise à renforcer les exportations américaines, considérées dans son préambule comme un élément crucial de l'économie américaine. Elle crée le Trade Promotion Coordinating Committee (TPCC)[1], une plateforme de partage d'informations entre le secteur privé et l'administration fédérale. Ce réseau regroupe les principaux départements (ministères) américains concernés par les exportations de biens et de services (Défense, Commerce, Trésor, Intérieur, Énergie…) mais aussi d'autres agences comme l'USAID, l'Import-Export Bank…

Au cœur du TPCC, on trouve l'Advocacy Center, chargé de soutenir les entreprises dans la conquête des marchés à l'étranger. Piloté par le département du Commerce, l'Advocacy Center évalue le potentiel du marché, vérifie qu'il colle aux intérêts américains, coordonne les

1. Executive Order 12870.

moyens de l'État pour recueillir des informations sur le client et les concurrents et fournit ces renseignements aux entreprises américaines. L'Advocacy Center mobilise tous les fonctionnaires américains, peu importe leur département de rattachement. Il sollicite même les parlementaires et les ambassadeurs pour soutenir le made in America. Jusqu'au président lui-même, invité à passer quelques coups de fil à ses homologues étrangers afin qu'ils privilégient l'offre américaine. Enfin, l'Advocacy Center finance des campagnes de communication aux États-Unis et à l'étranger.

Lorsque les clignotants passent au rouge et qu'une entreprise étrangère est en passe de remporter un gros contrat, l'Advocacy Center se transforme en *war room*. C'est alors que les seize agences de renseignement présentes en son sein prennent la main. Elles engagent des moyens importants de surveillance pour mettre sur écoute les délégations commerciales étrangères et dénoncer les éventuelles tentatives de corruption.

Autre élément du dispositif public : le National Economic Council (NEC) créé le 25 janvier 1993[1] par le président Bill Clinton, décidément très actif dans ce domaine. Le NEC dit "The Council" conseille le président sur l'élaboration d'une stratégie économique qui pérennise la suprématie économique américaine, coordonne l'ensemble des politiques économiques nationales et internationales et veille à la conformité des décisions ministérielles avec les objectifs décidés par le président. The Council comprend les principaux secrétaires (État, Commerce, Trésor...) mais également le conseiller à la Sécurité nationale, ainsi que son homologue chargé des

1. Executive Order 12835.

sciences et des technologies. Le NEC est donc le pendant économique du National Security Council (NSC) qui supervise la sécurité nationale.

En 1996, la Maison Blanche renforce le dispositif en créant le Market Access and Compliance (MAC) au sein de l'International Trade Administration (ITA), une agence rattachée au Département d'État. Le MAC surveille les accords commerciaux internationaux (plus de 250 en 2016) et dénonce les entreprises et les États qui ne les respectent pas. Il est dirigé entre 2001 et 2005 par William H. Lash III à qui le gouvernement confie également la mission de reconstruction de l'Afghanistan et de l'Irak en veillant à privilégier les entreprises américaines. Plus largement, les entreprises de l'Oncle Sam sont invitées à rapporter au Trade Compliance Center (TCC) tous les obstacles commerciaux déloyaux qu'elles rencontrent sur les marchés internationaux : barrières tarifaires, réglementations abusives, fraudes, corruption…

En 2004, le président G. W. Bush apporte sa touche. L'Advocacy Center passe sous la coupe de l'International Trade Administration (ITA). Il coordonne ses activités avec l'US and Foreign Commercial Service (USFCS), les yeux et les oreilles de l'ITA à l'étranger. L'USFCS n'est pas un nouveau venu : il apparaît pour la première fois en 1897. Sa mission alors est de mettre les marchés mondiaux à la disposition des États-Unis. C'est du moins le souhait du sénateur Albert J. Beveridge (1899-1911) : “Le commerce mondial doit être et sera le nôtre.”

Installé à l'origine au Département d'État, l'USFCS rejoint le département du Commerce en 1979. Plus de 2 500 personnes y travaillent, dont une partie sont des diplomates présents dans 75 pays et plus de 100 villes dans le monde. Ils accompagnent les entreprises américaines dans la conquête des marchés extérieurs. Rien qu'en 2013, l'USFCS se vante d'avoir permis plus de 18 000 transactions et d'avoir fait gagner des milliards de dollars aux entreprises américaines.

Autre retouche voulue par G. W. Bush : l'Advocacy Center se voit confier la gestion des hauts fonctionnaires américains en poste dans les grandes banques de développement (Banque mondiale, Banque asiatique de développement, Banque africaine de développement…). L'objectif est de faire remonter depuis ces grands bailleurs de fonds de précieuses informations et d'orienter ainsi leurs généreux investissements vers les entreprises américaines.

Le département du Commerce n'est pas le seul ministère engagé dans le soutien aux exportations américaines. Les diplomates du Département d'État disposent de deux bureaux pour mener l'offensive commerciale mondiale. L'Office of Commercial and Business Affairs (CBA) aide les entreprises à détecter les meilleurs marchés, leur facilite l'accès et règle certains contentieux. Le Bureau of Intelligence and Research (BIR) recueille les informations *via* notamment le Service for Intelligence and Documentation (SID), chargé de collecter des informations pour le Département d'État et de coordonner les échanges de renseignements avec les autres agences américaines.

Notamment celles du Pentagone. Le département de la Défense s'appuie sur ses différents bureaux pour réunir et analyser des informations extrêmement détaillées sur les réseaux, les hommes et les femmes clés d'un marché ou d'un pays. Le Pentagone peut compter sur la Defense Technology Security Administration (DTSA), la Defense Security Cooperation Agency (DSCA) et l'Arm Transfer Policy Review Group, pour protéger les secrets technologiques militaires, veiller à ce que les entreprises qui œuvrent dans la défense ne soient jamais rachetées par des étrangers et enfin élaborer des stratégies de conquêtes de marchés pour les technologies militaires et duales. La DSCA gère des agents en poste dans les ambassades et travaille étroitement avec le Bureau of Industry and Security (BIS) du département du Commerce. Quant à la DTSA, elle collabore avec le BIS pour conseiller le Committee on Foreign Investment in the United States (CFIUS) lorsqu'il doit autoriser ou bloquer un investissement étranger aux États-Unis.

Avec un tel maillage des marchés mondiaux et une connaissance aussi fine de leurs acteurs, le recours à la corruption devient parfaitement inutile. Il suffit aux entreprises américaines de frapper aux bonnes portes afin d'obtenir informations, conseils et même soutien. D'autant que ces deux mondes, public et privé, se fréquentent régulièrement. Au département de la Défense, les industriels participent aux échanges du Defense Policy Advisory Committee on Trade. Le DPACT conseille le secrétaire à la Défense dans les négociations bilatérales et multilatérales et participe à l'élaboration des procédures d'octroi de licence pour l'exportation. Au Département d'État, les grands patrons réunis au sein du Defense Trade Advisory Group (DTAG) apportent leurs lumières et conseils dans l'élaboration de la législation sur les ventes d'armes. Au département du Commerce, ils trouvent toujours portes ouvertes pour exposer leurs difficultés à exporter dans certains pays ou pour obtenir un petit coup de pouce dans la conquête d'un marché.

## Le dispositif privé

Pour fluidifier les relations entre les entreprises et les administrations, les États-Unis peuvent compter sur les nombreux think tanks. Ce sont des "boîtes à idées" où se rencontrent hauts fonctionnaires, personnel politique, universitaires, militaires, journalistes, membres de la communauté du renseignement et grands patrons. Ensemble, tout ce petit monde échange des idées sur l'état du monde, partage des informations et ouvre son carnet d'adresses. Les think tanks publient régulièrement des rapports tournés vers les grandes questions géoéconomiques et géopolitiques. Rapports souvent dirigés par des anciens responsables politiques. C'est l'occasion pour eux de faire une pause avant un emploi tout aussi prestigieux dans une grande entreprise. Les think tanks fonctionnent comme des plaques tournantes où entreprises et administrations communiquent et élaborent des stratégies au service des intérêts politico-économiques des États-Unis. Certains think tanks ont joué un rôle politique de premier plan. Quelques exemples : le Center for Strategic & International Studies, fondé en 1962 sur les conseils de Ray S. Cline, directeur de la recherche à la CIA, a soutenu les campagnes de Nixon et Reagan, et le Center for Security Policy a appuyé la candidature et la politique de George W. Bush.

Même influence en économie, les think tanks relaient les préoccupations et l'agenda des entreprises américaines. Le Council on Foreign Relations ou le National Foreign Trade Council se chargent de promouvoir les valeurs américaines dans la mondialisation. Lorsque l'approche commerciale multilatérale ne fonctionne plus, ce sont l'Institute for International Economics[1] ou le Cordell Hull Institute qui vantent les mérites du bilatéralisme. Besoin de relais à l'étranger ? Les multinationales américaines peuvent

1. Devenu Peterson Institute for International Economics.

compter sur les réseaux de l'Heritage Foundation, du Pacific Forum, de l'Asia Society… Les think tanks fournissent même des services pour faire des affaires avec des pays qui se trouvent dans le viseur de la diplomatie américaine. C'est le cas de l'Heritage Foundation, de l'America China Society, de l'American Iranian Council… La très néoconservatrice Heritage Foundation est particulièrement active en Asie, notamment en Corée du Sud et en Chine où elle lève des fonds importants[1]. Enfin, s'il faut resserrer les liens transatlantiques, les firmes américaines peuvent compter sur l'Atlantic Council of the US, très proche du Département d'État et du département du Commerce.

Voilà pour les think tanks généralistes, d'autres sont plus spécialisés et se concentrent sur les échanges entre administrations et entreprises. Dans les années 2000, deux plateformes se distinguent dans ce domaine. L'American Academy of Diplomacy créée en 1983 par deux ambassadeurs et John J. McCloy, ancien banquier particulièrement influent au comité pour les affaires étrangères du Sénat (Senate Foreign Service Committee). Son avis était requis dans la sélection et la nomination des ambassadeurs. Les membres de l'American Academy of Diplomacy figurent parmi les personnalités les plus influentes de la capitale fédérale. Ensemble, ils forment un véritable *Who's Who* des plus hauts responsables politiques

1. Supporter du président Reagan dans les années 1980, l'Heritage Foundation s'est très tôt rangée derrière le candidat Trump. Elle lui a apporté des soutiens mais aussi des idées. Donald Trump a d'ailleurs reconnu dans un tweet qu'il avait appliqué 64 % des propositions de l'Heritage Foundation : quitter l'accord de Paris sur la lutte contre le réchauffement climatique, augmenter les dépenses militaires, ne plus financer les organisations internationales qui soutiennent l'avortement, etc. Elsa Conesa, "États-Unis : comment la très conservatrice Heritage Foundation avance ses pions", *Les Échos*, 11 juillet 2018.

reconvertis dans le privé et le conseil aux entreprises : Alexander Haig, ancien secrétaire d'État, Henry Kissinger, ancien secrétaire d'État, Madeleine Albright, ancienne secrétaire d'État, Richard Lee Armitage, ancien secrétaire d'État adjoint, Sandy Berger, ancien conseiller à la Sécurité nationale…

Autre plateforme très active : le Business Council for International Understanding (BCIU) fondé en 1955 à la demande du président Eisenhower afin de sensibiliser les nouveaux ambassadeurs aux problématiques internationales des entreprises américaines. En 1992, le secrétaire d'État Lawrence Eagleburger demande au BCIU de former les ambassadeurs à la conquête des marchés étrangers. Figurent à la direction du BCIU la plupart des industriels américains de l'armement : Boeing, Raytheon, Northrop Grunman… mais aussi IBM, Motorola, Agility…

Think tanks, administrations, entreprises, agences de renseignement… chassent en meute pour le plus grand bien de l'économie américaine. Comment contrer une telle machine de guerre économique ? Difficile ! Comme Airbus, de nombreuses entreprises vont l'apprendre à leurs dépens.

En juillet 2002, la compagnie taiwanaise China Airlines (CAL) annonce qu'elle choisit le constructeur européen pour renouveler une partie de sa flotte civile. Airbus est mieux-disant aussi bien sur le plan technologique que financier. Boeing perd cette première bataille commerciale mais ne désarme pas. Au contraire, l'avionneur américain contre-attaque et lance ses relais politiques dans la bataille.

Il mobilise tous ses réseaux pour contraindre les Taiwanais à revenir sur leur décision. Richard Lee Armitage, secrétaire adjoint du Département d'État est un ami personnel de Larry Dickinson, vice-président de Boeing chargé des ventes. Le numéro 2 de la diplomatie américaine connaît bien l'Asie pour l'avoir parcourue de long en large comme agent de la CIA. Il deviendra plus tard, *via* sa société Armitage Associates[1], un des lobbyistes de Boeing. Trois autres personnes jouent un rôle capital : James A. Kelly, chargé de l'Asie de l'Est au Département d'État, ancien président du Pacific Forum au Center for Strategic and International Studies et ancien directeur des affaires asiatiques au Conseil national de sécurité ; Peter Brookes du département de la Défense, chargé de l'Asie à l'Heritage Foundation, lui aussi ancien de la CIA ; Douglas Paal de l'American Institute à Taiwan et lui-même ancien de l'agence de Langley.

Washington et les think tanks se mobilisent pour marteler un message simple mais percutant à l'intention des dirigeants de l'île : choisir Boeing, c'est la garantie de la protection américaine face à Pékin. Sous-entendu, choisir Airbus, c'est perdre l'appui militaire et politique de Washington. D'autre part, sans les Boeing, la coopération technologique entre les deux pays cessera. Avec les Boeing, Taiwan recevra l'appui de Washington dans sa candidature à l'Organisation mondiale de la santé (OMS). Enfin, Washington menace de limiter les visites des officiels taiwanais aux États-Unis. Autant de signaux pressants et de mises en garde formulées non pas par les dirigeants de Boeing mais par l'administration et les think tanks américains, comme l'Heritage Foundation. Évidemment, pour Taiwan, un pays qui vit sous la menace d'une invasion chinoise, ces arguments sont imparables. Et tant pis s'ils n'ont pas leur place dans une compétition

1. Devenu Armitage International.

économique que les Américains veulent juste et loyale. Fin décembre 2002, China Airlines annonce qu'elle coupe la poire en deux. Boeing et Airbus se partagent une commande de 3,7 milliards de dollars : 12 Airbus A330 pour les Européens et 10 Boeing 747-400 pour les Américains.

Pas besoin de think tanks avec l'administration Trump qui fait pression directement sur les chefs d'État ou de gouvernement pour favoriser les entreprises américaines. Comme sur le marché de l'énergie électrique en Irak. En septembre 2018, l'Allemand Siemens est le favori des autorités irakiennes pour un méga-contrat de 15 milliards de dollars. L'administration Trump n'hésite pas à faire pression sur le gouvernement irakien afin qu'il rejette l'offre de l'Allemand au profit de la société américaine General Electric (GE). Et ce au nom des 7 000 soldats américains morts en Irak depuis 2003[1].

## Des anciens diplomates toujours en service

La circulation des élites dans les différents cercles du pouvoir est un formidable atout au service de la puissance américaine. Une expérience dans le gouvernement ou la haute administration, puis un passage par l'entreprise, quelques années dans une université, une ONG ou un think tank, ce brassage de cols blancs est unique. Le système est remarquable par sa fluidité. Au début des

1. Patrick McGee, Ed Crooks, "General Electric Beats Siemens to Iraq Power-Generation Contract", *Financial Times*, 17 octobre 2018. Les deux sociétés finiront par se partager le marché. Patrick McGee, Ed Crooks, "GE and Siemens Sign Agreements for Iraq Power Deals", *Financial Times*, 21 octobre 2018.

années 1980, s'ouvre une autre opportunité : le conseil. C'est l'époque où les anciens membres du gouvernement se mettent à créer leurs propres cabinets de conseils internationaux dans le but d'aider les entreprises mais aussi les autorités américaines à définir et développer leur stratégie internationale. Comment ? En leur ouvrant leur carnet d'adresses. Le tout pour quelques millions de dollars. Les promoteurs de ce concept sont les vieux renards de la diplomatie : Henry Kissinger ancien secrétaire d'État et conseiller à la Sécurité nationale ; le général Alexander Haig, éphémère secrétaire d'État du président Reagan[1] ; Richard V. Allen, ancien conseiller à la Sécurité nationale. À tout seigneur, tout honneur, dans ce domaine, le maître, c'est le vieux lion de la diplomatie américaine : Henry Kissinger. Kissinger Associates, créé en 1982, bénéficie de l'immense expérience et des réseaux de son fondateur, lequel affiche l'une des plus longues carrières dans la diplomatie américaine. Son cabinet se spécialise sur l'Asie du Sud-Est et la Chine. Kissinger est un ami personnel de Jiang Zemin, secrétaire général du Parti communiste chinois (1989-2002) et plus tard président de la république populaire de Chine (1993-2003). Kissinger siège également au conseil d'administration du géant de l'assurance AIG, travaille avec SGV, l'un des grands cabinets d'audit d'Asie, ainsi qu'avec la société britannique de renseignement économique Hakluyt. Sa réputation et son entregent attirent les plus prestigieux clients : Coca-Cola, IBM, Fiat, Exxon Mobil, Boeing, Merck, JP Morgan Chase…

Au début des années 1990, le succès d'Henry Kissinger libère les vocations : Richard Lee Armitage (Armitage Associates) ; Brent Scowcroft (The Scowcroft Group) ;

1. Janvier 1981 à juillet 1982.

Carla A. Hills (Hills & Co)… Puis une nouvelle vague apparaît dans les années 2000 : William S. Cohen (The Cohen Group) ; Sandy Berger (Stonebridge International) ; Madeleine Albright (Albright Associates)…

Tous ces anciens hauts responsables politiques quadrillent le monde pour défendre les intérêts économiques américains. Ils en profitent pour recueillir des milliers d'informations qu'ils partagent avec leurs contacts au sein de l'administration et des agences de renseignement.

## Le nouveau monde de la convention OCDE sur la corruption

À partir de 1997 et la signature de la convention de l'OCDE sur la lutte contre la corruption, un nouveau cadre économique mondial s'installe. Les vieilles méthodes de conquêtes de marché deviennent totalement dépassées. Dorénavant, il devient difficile, voire impossible de faire des affaires sans une efficace politique d'influence. Pas de signature de grands contrats sans l'appui d'un exceptionnel réseau constitué de contacts de premier plan dans les administrations, les ONG, les think tanks et les cabinets de conseils. Ce nouveau contexte avantage les entreprises américaines parfaitement à l'aise avec des réseaux mondiaux qu'elles ont largement contribué à construire. Quant aux multinationales européennes qui n'ont absolument pas anticipé cette évolution, elles rencontrent beaucoup de difficultés à s'adapter à cette nouvelle géoéconomie.

Aux oubliettes les vieilles tactiques commerciales. L'entreprise ne peut plus vendre ses produits et/ou ses services depuis son pays d'origine en y maintenant la production ainsi que la recherche & développement (R&D). Elle ne peut plus piloter les marchés mondiaux depuis son quartier général de Paris, de Berlin, de Madrid ou d'Amsterdam… Elle doit jeter par-dessus bord les outils totalement dépassés que sont les études de marché, la veille, la détection des opportunités de marchés et l'identification des hommes clés.

Place à la stratégie. L'environnement est devenu hyperconcurrentiel et l'entreprise doit rester constamment à l'écoute du moindre mouvement des marchés. Surtout ne pas passer à côté d'un signal faible qui pourrait être la grande opportunité de demain. Pour remplir ses carnets de commandes, l'entreprise doit dénicher les partenaires placés au cœur des marchés visés et signer avec eux des accords de production et/ou de recherche, voire envisager une association ou même un rachat.

"Proactivité et influence profonde en amont." Voici résumée en quelques mots l'approche stratégique américaine des affaires à l'aube de ce nouveau millénaire[1]. Cette approche se décline essentiellement dans quatre domaines : la politique, les normes et les standards, la réglementation et la société civile. Cela signifie que le modèle de l'entreprise passive qui se contente de guetter les opportunités est périmé. L'entreprise branchée sur le succès est celle qui élargit sa vision, s'intéresse à l'environnement social et crée "des dépendances : politique d'investissement local, de coproduction, transfert de technologie, co-R&D[2]"… En un mot, elle doit faire de la politique en intervenant bien au-delà de ses missions

---

1. C'est ainsi qu'elle est définie dans un rapport confidentiel rédigé au début des années 2000 par une société d'intelligence économique.
2. *Ibid.*

traditionnelles afin de former les marchés à ses produits et à ses services. Elle doit entrer dans l'ère de la noopolitique (*noöpolitik* en anglais), terme inventé à la fin des années 1990 par des chercheurs américains de la Rand Corporation[1], le think tank du Pentagone. La noopolitique est l'art de contrôler le savoir pour le mettre au service du pouvoir. Elle invite l'entreprise à s'engager pleinement dans la diplomatie d'affaires[2].

La noopolitique rend la corruption de papa totalement obsolète. Le lien tissé avec les élites dirigeantes locales est tellement fort que l'entreprise n'a plus qu'à demander pour obtenir les meilleurs marchés. "Il est clair qu'il s'agit là d'une nouvelle forme d'intéressement à la fois des hommes politiques, des fonctionnaires et des entrepreneurs, qui ne passe pas par des versements d'argent – et aussi d'une prise de contrôle partiel des fondamentaux de l'économie qui, alliée à une capacité à jouer directement sur la stabilité financière du pays (notamment *via* des fonds spéculatifs et un pouvoir d'influence sur les médias), peut procurer un pouvoir redoutable[3]."

L'aide ou plutôt la complicité d'un acteur financier est parfois nécessaire pour optimiser cette toile d'araignée du business mondial. Il offre une certaine discrétion et permet de prendre indirectement le contrôle d'une entreprise ou même d'un marché sans trop éveiller les soupçons. Il arrive

---

1. John Arquilla et David Ronfeldt.
2. Voir l'article de ces deux auteurs : "The Promise of Noöpolitik", 2007. http://www.firstmonday.org/ojs/index.php/fm/article/view/1971/1846. Consulté en mars 2018.
3. Sorbas von Coester, "Penser au-delà de la convention OCDE", revue *Prospective stratégique*, n° 10, été 2002. Accessible à l'adresse suivante : http://european-security.com/n_index.php?id=3672. Consulté le 10 janvier 2018.

par exemple qu'un partenaire financier ait pour mission de contrôler la banque de l'entreprise visée ou de ses sous-traitants. Il peut également offrir ses services de conseils à un pays qui souhaite restructurer un secteur ou investir dans des domaines clés. Afin d'assurer une certaine discrétion, cette forme d'entrisme économique se déroule le plus souvent dans le secteur du *private equity*, c'est-à-dire des entreprises non cotées en Bourse. C'est pourquoi, à partir de la fin des années 1990 et tout au long des années 2000, les entreprises non cotées dans les domaines technologiques pointus (aérospatiale, défense, énergie, biotech, transport…) ont été des cibles privilégiées des fonds d'investissement américain comme l'inquiétant groupe Carlyle.

## The Carlyle Group : un fonds d'investissement menaçant

Au début des années 2000, les activités de ces fonds finissent par inquiéter les Français. En 2005, le ministère de la Défense commande donc un rapport sur le sujet. "Le rachat des chantiers navals allemands HDW, après l'affaire Gemplus[1], a semblé accréditer une thèse selon laquelle les États-Unis auraient une stratégie délibérée de conquête et de contrôle des industries européennes clefs, dans les secteurs civils et militaires[2]." La question centrale,

1. Tentative d'un fonds américain de s'emparer de l'entreprise Gemplus, leader de la technologie des cartes à puce. Voir Nicolas Moinet, *Les Batailles secrètes de la science et de la technologie : Gemplus et autres énigmes*, Lavauzelle, 2003.
2. "La stratégie des fonds d'investissement américains dans les pays de la LOI", mercredi 1er juin 2005, direction des Affaires stratégiques (DAS), ministère de la Défense, p. 2.

posée au consultant chargé de rédiger cette étude, est la suivante : ces fonds américains agissent-ils intentionnellement contre les intérêts économiques français ? Il semble que non, répond l'auteur de l'étude. Pourtant à la lecture de son rapport, on a plutôt le sentiment inverse. D'autant que, dans sa conclusion, il appelle à un réarmement financier de la France afin de contrer ces fonds venus d'outre-Atlantique.

La deuxième partie du rapport est la plus intéressante. On y présente les fonds, leurs dirigeants et leur stratégie : Apax Partners, Cerberus Capital Management, GLG Partners, Permira, Blackstone Group et enfin, celui qui est sans doute le plus actif à l'époque, The Carlyle Group considéré dans une étude d'un cabinet français d'intelligence économique daté de 2003 comme "une structure américaine tentaculaire, secrète et qui tire sa puissance des intérêts personnels et financiers qui lient ses *partners* et les hommes au pouvoir aux États-Unis[1]".

Créé officiellement en 1987, The Carlyle Group est le résultat d'une aventure collective de ses fondateurs : David M. Rubenstein, un ancien conseiller de Jimmy Carter ; Dan D'Aniello, expert en fusions-acquisitions ; William Conway Jr, expert dans la finance industrielle... Les deux premières années, The Carlyle Group ne brille pas par ses succès. Le fonds fait de petites affaires dans les services et la restauration. En 1989, arrive Frank Carlucci, ancien secrétaire à la Défense du président Reagan et fortement soupçonné en tant qu'agent de la CIA d'avoir contribué à l'assassinat du leader congolais Patrice Lumumba en 1961. Rappelons-nous qu'il a repris puis mis en faillite la société Sears World Trade (SWT) qui a

1. "Étude sur la stratégie du groupe Carlyle", mars 2003, Datops.

servi de couverture à la CIA. Enfin, Carlucci a soutenu la création d'un autre fonds d'investissement, tout aussi inquiétant aux yeux des Français : The Blackstone Group, souvent présenté par la communauté du renseignement français comme le bras financier de la CIA.

À son arrivée, Frank Carlucci inaugure une nouvelle ère pour The Carlyle Group. Terminées les petites affaires, le monde est son nouveau terrain de jeu. Le fonds délaisse les investissements mineurs et s'engage dans les entreprises de pointe. Frank Carlucci attire de nouveaux et prestigieux investisseurs : le banquier Goldman Sachs, le pétrolier BP Amoco, l'assureur American International Group (AIG), les fonds souverains d'Abou Dhabi, du Koweït et de Dubaï, enfin l'automobiliste General Motors et l'avionneur Boeing... Le ticket d'entrée grimpe et passe à 5 millions de dollars. Mais il rapporte gros : 34 % en moyenne par an ! C'est largement au-dessus des performances habituelles.

En moins d'une décennie, Frank Carlucci transforme un petit investisseur local en géant mondial. En 2005, The Carlyle Group gère 14 fonds de 1 milliard de dollars chacun (7 aux États-Unis, 4 en Europe, 2 en Asie et 1 au Japon). Quatre ans plus tard, sa corbeille accueille plus de 370 sociétés qui réalisent un chiffre d'affaires de 30 milliards de dollars. À ses débuts, Carlucci investit essentiellement dans le secteur de la défense (60 %) mais très rapidement, celui-ci devient largement minoritaire (10 %). The Carlyle Group est présent dans l'aérospatiale, les télécommunications, l'énergie, les services financiers, l'immobilier, la santé... 500 personnes réparties dans 24 bureaux dans le monde travaillent pour la société. La moitié des salariés sont des spécialistes du *private equity*. Ce qui en fait l'équipe la plus nombreuse de tous les fonds existants.

Évidemment, The Carlyle Group n'est pas coté, histoire de rester discret sur ses comptes et ses activités. D'où l'opacité qui règne autour de lui. Et ce, malgré les illustres personnalités qui composent ses équipes : George H. W. Bush, ancien président des États-Unis, James Baker, son ancien secrétaire d'État, John Major, ancien Premier ministre britannique, Park Tae-Joon, ancien Premier ministre de Corée du Sud, Fidel Ramos, ancien président des Philippines, Robert Gates, ancien directeur de la CIA, mais aussi des généraux, des ex-hauts fonctionnaires et anciens grands patrons comme l'ex-PDG de Boeing… Bref, un carnet d'adresses aussi étendu que la circonférence de la Terre.

On imagine aisément l'efficacité d'un tel réseau. Aucun chef d'État ou de gouvernement n'est inaccessible aux membres de Carlyle. C'est ainsi qu'en mai 1999, l'ancien président Bush père est reçu par le Premier ministre sud-coréen en tant que conseiller chez Carlyle (1998 à 2003). En 2002, Frank Carlucci, également président de l'US-Taiwan Business Council, n'hésite pas à tancer le Premier ministre taiwanais qui vient d'annuler un investissement dans le nucléaire promis à General Electric. Il exige alors une contrepartie : la libération du secteur de l'énergie pour le plus grand profit des entreprises américaines.

À l'époque, l'ancien espion Carlucci est le meilleur VRP du made in America. Il prend soin particulièrement des intérêts de Boeing, l'un de ses plus fidèles partenaires. En 1990, Boeing investit 100 millions de dollars dans The Carlyle Group. Les relations sont si étroites que Frank Shrontz, ancien du département de la Défense sous Nixon et Ford, préside aux destinées de Boeing (1986-1997) tout en étant un proche conseiller du Carlyle Group. Boeing et Carlyle font également des affaires ensemble.

Carlyle fournit à Boeing des services à travers ses sociétés : Vought Aircraft, Stellex Aerostructures, The Aerostructures Corp., Fairchild Imaging…

Revenons sur les liens entre The Carlyle Group et The Blackstone Group. Selon certaines sources, "Carlyle et Blackstone ne seraient qu'une et même chose, écrit l'auteur du rapport au ministère de la Défense, une même organisation sous deux noms différents, création d'un même groupe restreint d'hommes et contrôlé strictement par eux […]. Ces deux fonds constituent sinon des créations, du moins des sympathisants utilisés par la CIA pour blanchir de l'argent ou pour d'autres motifs illégaux[1]".

Pas étonnant que Carlyle soit surnommé "la CIA des affaires". Le fonds possède d'ailleurs ses propres structures de renseignement. En 1992, il achète la société Vinnell Corporation, une entreprise qui vend des conseils militaires. Vinnell Corporation a montré tout son savoir-faire lors d'opérations tordues pendant la guerre du Viêtnam. Depuis, elle s'est recyclée dans des missions d'intelligence en particulier dans le monde arabe et supervise l'entraînement de la garde royale saoudienne. Vinnell Corporation est revendue en 1997 avec un joli bénéfice à la clé. Deux ans plus tard, le fonds de Carlucci devient partenaire stratégique et financier de l'US Investigation Service (USIS), la plus importante société de sécurité des personnes et d'investigation d'Amérique du Nord. Enfin Carlyle entretient des rapports étroits avec une société d'intelligence économique, spécialisée dans le renseignement économique, commercial et financier : Diligence

---

1. "La stratégie des fonds d'investissement américains dans les pays de la LOI", mercredi 1er juin 2005, direction des Affaires stratégiques (DAS), ministère de la Défense, p. 195-196.

LLC, fondée par des anciens de la CIA et du MI5 britannique. L'un des fondateurs de Carlyle, Ed Matthias, est également conseiller de Diligence LLC.

Avec Carlyle, Blackstone et d'autres, le renseignement américain bénéficie de sources de premier ordre dans le monde des affaires. De telles puissances financières capables d'investir des milliards de dollars constituent de précieux relais pour des opérations clandestines. Elles n'ont pas d'équivalent dans le monde. On comprend pourquoi les vieilles méthodes de corruption deviennent totalement obsolètes. Les opérations d'influences d'un Carlyle ou d'un Blackstone sont généralement imparables. Aucun concurrent étranger ne peut rivaliser.

## 14

## UNE EUROPE TÉTANISÉE

“Je suis frappé de constater que, depuis l’affaire BNP-Paribas et à mesure que l’usage des sanctions économiques se développe, les entreprises attendent davantage de protection de l’État et une défense plus ferme de leurs intérêts.” Ainsi s’exprime Laurent Fabius, ministre des Affaires étrangères et du Développement durable, le 13 janvier 2015 devant les patrons de Bercy. Le chef de la diplomatie française manifeste sa colère contre l’immixtion du droit américain dans les affaires des entreprises françaises. Quelques mois auparavant, la BNP a signé un chèque de plusieurs milliards de dollars aux agences américaines. Alors, le ministre mobilise ses troupes pour contrer l’offensive juridique américaine. Depuis quelques mois, ses services se penchent sur la question mais les solutions manquent. Personne n’a trouvé la bonne parade. Les Français sont désarmés ; ils ne peuvent que subir. Faut-il mobiliser l’Europe ? Les équipes de Fabius veulent savoir ce qu’en pensent les membres de l’Union européenne. Les ambassades françaises prennent donc la température des capitales européennes. Résultat : le Vieux Continent ne se sent pas concerné.

Sur les 28 pays de l'Union, la diplomatie française obtient des réponses dans seulement 16 pays[1]. Maigre bilan : les télégrammes des ambassades françaises concluent à "un intérêt limité des pays pour le sujet malgré les difficultés subies par certaines entreprises[2]". Aucune majorité ne se dégage au sein de l'Union européenne pour contrecarrer la législation extraterritoriale américaine. Seuls le Royaume-Uni et l'Irlande s'inquiètent sérieusement des conséquences sur leurs entreprises. L'Allemagne et les Pays-Bas sont conscients du problème, leurs banques en ayant particulièrement souffert mais les deux pays n'en font pas une priorité. Les autres membres de l'Union semblent plutôt indifférents ; il n'y a eu chez eux aucun débat sérieux sur la question. Ouvertement pro-américains, certains pays (Roumanie, Suède et Hongrie) refusent de protester de crainte d'irriter le protecteur transatlantique. Les États européens ne possédant pas de multinationales s'estiment peu exposés au risque. D'autres enfin, comme la République tchèque, assument leur soumission aux lois américaines.

La plupart des pays sondés reconnaissent que la législation européenne (Règlement de 1996) est totalement dépassée et ne remplit pas son rôle de protection des intérêts économiques de l'Union. La République tchèque, la Slovénie et la Pologne semblent favorables à une actualisation du Règlement. Les Allemands mettent en garde contre une réforme qui enverrait un message négatif à l'allié américain. Une approche partagée par le Service

---

1. Finlande, Suède, Italie, Pays-Bas, Allemagne, Pologne, République tchèque, Lituanie, Roumanie, Hongrie, Slovénie, Autriche, Royaume-Uni, Slovaquie, Espagne, Irlande.
2. Citations tirées d'une note interne du ministère des Affaires étrangères datée de février 2017.

européen pour l'action extérieure (SEAE) et la Commission européenne. Une réactualisation du Règlement de 1996 "constituerait un message politique trop fort". La réponse doit être plus douce. La Commission compte sur la coordination transatlantique pour arrondir les angles avec les Américains. Après tout, Bruxelles et Washington coopèrent étroitement lorsqu'il faut sanctionner l'Iran et la Russie. Pourquoi ne finiraient-ils pas par trouver un terrain d'entente sur l'encadrement des entreprises européennes ? Il existe d'ailleurs un cadre pour régler ces problèmes : le Financial Regulatory Forum qui traite des questions liées à la régulation financière. Mais Washington n'y prête aucune attention.

Surtout ne pas prendre les Américains de front. En cas de réponse trop ferme, la Commission craint l'escalade avec les États-Unis. Washington pourrait réactiver les lois Helms-Burton et D'Amato-Kennedy et viser les opérateurs économiques européens. Même une grande puissance économique comme l'Allemagne refuse de mettre les Américains en colère. Berlin leur reconnaît le droit de poursuivre toutes les entreprises qui utilisent le dollar. Le seul souci des Allemands, c'est d'éviter que Washington n'inscrive leurs entreprises sur les listes Specially Designated Nationals (avoirs gelés et interdiction de commercer) et Entity List (soumis à des licences particulières pour l'exportation). La présence d'une entreprise sur l'un des deux répertoires signifie l'exclusion automatique du marché américain. Berlin préconise donc de porter l'affaire à l'OMC et parallèlement d'appliquer le Règlement de 1996, sans le modifier, ni l'actualiser en y intégrant toutefois les nombreuses lois américaines votées depuis vingt ans.

L'Europe est divisée ; elle n'est pas prête à bouger et préfère temporiser en espérant que l'orage passe. Bruxelles compte sur le dialogue pour apaiser le courroux juridique américain mais ne cherche toujours pas à régler sur le fond la question de l'extraterritorialité de la législation américaine.

Les auteurs de la note du ministère français des Affaires étrangères le regrettent car ils ne croient pas à la bonne volonté américaine. Ils déplorent que le Parlement européen ait bloqué toute tentative d'actualisation du Règlement de 1996. Une occasion manquée selon eux qui aurait eu le mérite de constituer "un levier efficace" contre Washington.

Comment l'Europe peut-elle se défendre sachant que la grande majorité des pays européens ne possède pas de législation anticorruption et encore moins de loi de blocage ? Alors que, sur ce dernier point, le Règlement européen de 1996 les y oblige. Rappelons que la loi dite de blocage interdit aux entreprises de fournir des informations économiques à des autorités étrangères sans passer par la voie de la coopération judiciaire. L'Irlande dispose bien d'une telle législation mais elle n'est pas appliquée. En Espagne, le dispositif ne concerne que les entreprises d'État ; en République tchèque, il existe une loi qui protège les données personnelles et qui pourrait servir à bloquer des transmissions d'informations ; en Hongrie, seuls les services de renseignement sont habilités à le faire…

Conclusion de la note du Quai d'Orsay : les pays européens sont désarmés et inconscients de la menace que représentent ces lois extraterritoriales sur leur souveraineté politique et économique. "Les réponses reçues […] montrent l'intérêt limité pour l'extraterritorialité du droit américain, malgré ses effets néfastes. La réticence des institutions européennes est importante." La solution est à chercher du côté d'un axe Paris-Berlin-Madrid. Trois pays qui pourraient “constituer une première étape” vers un réveil du Vieux Continent. Enfin, le ministère français des Affaires étrangères préconise une relance du dialogue UE/États-Unis sur la coopération transatlantique en général et sur la corruption en particulier en visant la promotion du principe “chacun s’occupe des siens”.

## La faute aux institutions européennes ?

Pas totalement car Bruxelles a fait son travail… à moitié ! Les institutions européennes ont certes publié un Règlement en 1996 mais celui-ci ne répond pas complètement au problème. Son but n’est pas de contester sur le fond les prétentions extraterritoriales américaines mais seulement d’en affaiblir la portée. “Le dispositif législatif adopté par le Conseil de l’UE, explique Jürgen Uber, conseiller juridique au Conseil de l’UE, a avant tout comme objectif d’écarter les effets défavorables des titres III et IV de la loi Helms-Burton[1].” Autant dire que la contre-attaque européenne est faible : se protéger plutôt que de défendre offensivement ses droits.

Le problème précise-t-on à la Commission, ce sont les États membres. En effet, ils sont rares les pays de l’UE à s’appuyer sur ce Règlement pour contester les prétentions de Washington. Il faut dire que la majorité des membres étaient septiques lors de son adoption. Du coup, remarque-t-on, dans la capitale belge, la plupart des États

1. Jürgen Huber, “Le dispositif législatif adopté par l’Union européenne pour neutraliser les effets des lois américaines Helms-Burton et D’Amato-Kennedy”, *in* Habib Gherari, Sandra Szurek (sous la dir.), *Sanctions unilatérales, mondialisation du commerce et ordre juridique international*, Cedin-Paris X Nanterre, Montchrestien, 1998, p. 220.

n'ont pas adapté leurs lois pour rendre le Règlement plus efficient. "C'est parce que nous avons réussi à contrer les effets négatifs des lois Helms-Burton et D'Amato-Kennedy que nous n'avons pas suivi cette question", reconnaît un peu penaud un haut fonctionnaire de Bruxelles[1]. Le comité de suivi des lois extraterritoriales (article 8 du Règlement) ne s'est jamais réuni alors que les entreprises européennes accumulaient les records d'amendes. "Face à une telle absence de réaction, explique un proche du dossier à Bruxelles, la Commission a laissé ce Règlement en sommeil[2]."

Même constat du côté des entreprises. Elles n'ont jamais invoqué le texte européen pour se défendre devant l'administration ou les tribunaux étasuniens. Elles ont toujours préféré affronter les remontrances de Bruxelles plutôt que les foudres de Washington ! La Commission reconnaît que certaines entreprises l'ont contactée pour demander une protection mais elle leur a gentiment conseillé d'appeler à l'aide leurs États, cette question ne relevant pas de sa compétence. Depuis le traité de Lisbonne (2009), c'est le Service européen pour l'action extérieure (SEAE), la diplomatie de l'Union, placé sous l'autorité du haut représentant pour les affaires étrangères et la politique de sécurité, qui suit la question des sanctions.

La Commission se tient toutefois à la disposition des États membres et de la diplomatie européenne pour étudier de nouvelles options afin de renforcer la protection des entreprises. Elle suggère d'ajouter à l'annexe du Règlement de 1996 les nouvelles lois américaines votées par

1. Entretien de décembre 2017, Bruxelles.
2. *Ibid.*

le Congrès ces dernières années. Doit-on s'étonner que cela n'ait pas déjà été fait ? Il suffit à la Commission de le notifier au Conseil et au Parlement qui disposent alors de deux mois pour s'y opposer[1]. Elle imagine également de contraindre les États membres à transcrire les principales dispositions du Règlement de 1996 dans leur législation nationale. À commencer par la nomination d'une autorité compétente nationale chargée d'appliquer les sanctions en cas de manquement aux règles de l'UE. La Commission propose également que le comité de suivi des lois extraterritoriales soit enfin créé comme cela est prévu dans le Règlement et qu'il se réunisse. Il pourrait servir de lieu d'échange d'informations entre États membres afin de définir les meilleures réponses aux lois extraterritoriales. Troisième piste formulée par la Commission européenne : renforcer substantiellement le Règlement. Une procédure plus longue, fruit d'une codécision entre les trois institutions de l'UE (Conseil, Commission, Parlement) qui pourrait prendre plusieurs mois, voire plusieurs années. Cela dépend de la volonté des États membres, l'unanimité du Conseil européen étant requise. Autant dire que cette piste est hautement incertaine.

L'Union européenne doit-elle envisager une nouvelle plainte à l'Organisation mondiale du commerce (OMC) ? Ses hauts fonctionnaires n'y croient guère, le contexte géopolitique n'ayant plus rien à voir avec celui de 1996 lors de la première plainte de l'UE. Comment contrecarrer des sanctions américaines contre l'Iran et la Syrie qui s'appliqueraient au nom de la sécurité internationale ? Qui plus est, Washington entrave le bon fonctionnement de l'OMC. À l'été 2018, les États-Unis bloquent toujours

1. Article 290 du traité européen.

la nomination de trois juges à l'Organe de règlement des différends (ORD), sorte de cour d'appel de l'OMC destinée à trancher les contentieux commerciaux entre les parties. Pas question donc de contrarier les Américains en offrant à Donald Trump des arguments supplémentaires pour quitter l'OMC.

La Commission avoue son impuissance et s'en remet aux États membres pour répondre à l'offensive juridique américaine. Sans illusion aucune, elle sait que le combat est perdu d'avance et que les entreprises européennes se soumettront au droit du plus fort.

Les Américains le savent et en profitent. Sur ce dossier, le dialogue transatlantique est au point mort. L'administration Trump ne semble favorable ni à une pause ni à une coordination avec Bruxelles. Au contraire. Pas question que chaque pays lave son linge sale en famille. C'est la conclusion d'une note du ministère des Affaires étrangères datée du 18 novembre 2016 : “s'accorder sur un *modus vivendi* avec les États-Unis prévoyant que chaque juridiction fasse respecter son propre régime chez elle est évidemment souhaitable mais paraît peu réaliste”.

## L'Iran, nouvelle pomme de discorde entre Bruxelles et Washington

Voilà dans quel état d'esprit se trouvent les Européens à la veille du 8 mai 2018, date du retrait américain de l'accord sur le nucléaire iranien (JCPOA) dit aussi accord de Vienne. Signé en juillet 2015 dans la capitale autrichienne par le groupe 5+1 (États-Unis, Chine, Russie, France, Grande-Bretagne et Allemagne) et l'Iran, adoubé par l'ONU[1], cet accord lève les sanctions économiques contre Téhéran en échange d'une réduction drastique de son programme nucléaire.

Malgré les nombreux rapports de l'Agence internationale de l'énergie atomique (AIEA) confirmant son respect par l'Iran, le président Trump a choisi de ne pas respecter la parole des États-Unis. Paris, Berlin et Londres peuvent-ils traîner les États-Unis devant un tribunal ? Non, en cas de contentieux, l'accord de Vienne de juillet 2015 ne prévoit que deux cas de figure : une plainte de l'un des six pays contre l'Iran ou une plainte de l'Iran contre l'un d'eux. Pas de plainte possible entre les pays signataires : ni le Royaume-Uni, ni la France, ni la Russie, ni l'Allemagne, ni la Chine ne peuvent envoyer les États-Unis devant la commission *ad hoc* (dite commission conjointe) prévue à cet effet par l'accord de Vienne en cas de sortie de l'un des signataires[2]. Seul l'Iran en possède juridiquement le droit mais un tel acte mettrait fin définitivement à l'accord. Or Téhéran ne veut pas prendre ce risque.

Une plainte iranienne devant le Conseil de sécurité de l'ONU qui, rappelons-le, a garanti l'accord de Vienne ? En théorie, c'est possible. En pratique, c'est totalement inutile face au veto des États-Unis qui ne manquerait pas. Les Iraniens ont donc saisi fin août 2018 la Cour internationale de justice de La Haye, l'organe judiciaire de l'ONU. Ils accusent les États-Unis d'agression flagrante et dénoncent une tentative d'étranglement de leur économie[3]. La Cour internationale de justice ne s'est pas

1. Résolution 2231 du Conseil de sécurité, 20 juillet 2015.
2. Procédure dite *snapback*.
3. "L'Iran appelle la justice internationale à bloquer les sanctions américaines", *Challenges*/AFP, 27 août 2018. https://www.challenges.fr/

prononcée sur le fond de l'affaire mais sur "l'urgence" de la situation et "le risque de préjudice irréparable[1]" que certaines sanctions américaines font peser sur la population iranienne. Elle a donc condamné les États-Unis le 3 octobre 2018 et ordonné que Washington lève immédiatement les sanctions dans trois secteurs : l'alimentation et les produits agricoles, les médicaments et les pièces détachées pour l'aviation civile. "La Cour indique, à l'unanimité, que les États-Unis d'Amérique [...] doivent, par les moyens de leur choix, supprimer toute entrave que les mesures annoncées le 8 mai 2018 mettent à la libre exportation vers le territoire de la république islamique d'Iran, *i)* de médicaments et de matériel médical ; *ii)* de denrées alimentaires et de produits agricoles ; et *iii)* des pièces détachées, des équipements et des services connexes (notamment le service après-vente, l'entretien, les réparations et les inspections) nécessaires à la sécurité de l'aviation civile[2]." Les Américains ont beau plaider l'incompétence de la Cour sur ces questions, il s'agit d'une victoire diplomatique pour l'Iran.

Le Club des juristes a rédigé un rapport sur la sortie des États-Unis de l'accord. Sortie qu'il considère comme illégale. Les spécialistes du droit préconisent une action conjointe des Nations unies et de l'Agence de l'énergie atomique. "Il pourrait ainsi être demandé à l'AIEA (Agence internationale de l'énergie atomique) ou à l'Assemblée générale des Nations unies de saisir la Cour

---

monde/moyen-orient/l-iran-appelle-la-justice-internationale-a-bloquer-les-sanctions-americaines_608813.

1. Communiqué de presse de la Cour internationale de justice, du 3 octobre 2018. https://www.icj-cij.org/files/case-related/175/175-20181003-PRE-01-00-FR.pdf.

2. *Ibid.*, p. 4.

internationale de justice pour solliciter un avis consultatif sur la validité des motivations des États-Unis justifiant sa sortie de l'accord de Vienne alors que les obligations de l'Iran au titre de l'accord semblaient être respectées. Un tel avis, quoique non obligatoire, pourrait constituer un point de référence pour le juge de l'OMC, les arbitres, les juridictions nationales, etc.[1] ." Autrement dit, cet avis viendrait nourrir les arguments à charge contre les tentations hégémoniques du droit américain.

Non seulement ce retrait déclenche une crise politique entre Bruxelles et Washington mais il place de nouveau les entreprises européennes dans l'œil du cyclone des autorités administratives américaines. En déchirant l'accord, Donald Trump rétablit un régime de sanctions extrêmement sévère envers l'Iran, "les plus dures de l'histoire[2]", interdisant à toutes les entreprises américaines et étrangères de commercer avec l'Iran sous peine de se voir condamner à de lourdes amendes ainsi qu'à une exclusion du marché américain. "Nous comprenons, explique Mike Pompeo, secrétaire d'État américain, que le rétablissement des sanctions et la pression que nous allons mettre sur le régime iranien vont poser des difficultés financières et économiques à certains de nos amis, mais il faut savoir que nous tiendrons pour responsables tous ceux qui bravent l'interdit[3]." Les menaces du président américain sont encore plus claires. Début août 2018, il

1. "Le retrait des États-Unis de l'accord de Vienne sur le programme nucléaire iranien : une situation juridique contrastée", Le Club des juristes, synthèse du rapport de juillet 2018, p. 17.
2. Selon l'expression du secrétaire d'État américain Mike Pompeo.
3. Discours tenu devant l'Heritage Foundation le 21 mai 2018. https://www.heritage.org/defense/event/after-the-deal-new-iran-strategy.

tweete le message suivant : "Quiconque fait des affaires avec l'Iran ne fera pas d'affaires avec les États-Unis[1]."

L'avertissement a le mérite d'être clair. Les entreprises européennes doivent quitter l'Iran. Sinon, elles pourraient y laisser des plumes. Dommage car les affaires avaient repris entre le Vieux Continent et l'ancien Empire perse[2]. Les échanges de l'Europe avec l'Iran sont passés d'environ 8 milliards d'euros en 2015 à 21 milliards en 2017. Sur la même période, les relations commerciales entre Washington et Téhéran ont stagné à 180 millions d'euros ! Les Européens ont donc tout à perdre.

Ils sont prévenus, s'ils bravent l'interdit américain, Washington les frappera au portefeuille. Alors, comme à leur habitude, ils protestent mais n'agissent pas. Au sommet européen de Sofia le 18 mars 2018, ils affichent leur unité et c'est tout. Et encore. Quelques jours plus tard, les premiers signes de craquements apparaissent. Les Allemands ne veulent pas d'un combat frontal avec les États-Unis. Avec une balance commerciale largement excédentaire (plus de 50 milliards d'euros), ils craignent les mesures de rétorsion américaines, notamment sur l'automobile. Au printemps 2018, Donald Trump annonce en effet que son administration a ouvert une enquête sur le sujet, laquelle pourrait aboutir à une augmentation des taxes sur les voitures européennes de 25 %. Les pays de l'Est de l'UE s'inquiètent également de la réaction américaine. La Pologne conseille de prendre en compte les revendications de Washington sur l'Iran. Bref, la solidarité des membres de l'UE ne tient qu'à un fil.

---

1. Tweet du 7 août 2018.
2. "Des contrats de plusieurs milliards s'envolent avec les sanctions américaines contre l'Iran", *Le Monde*/AFP, 9 mai 2018.

C'est pourtant "un test de souveraineté", comme l'indique le président Macron qui précise que l'Europe ne souhaite "pas enclencher une guerre stratégico-commerciale avec les États-Unis". De son côté, Jean-Claude Juncker, président de la Commission européenne, estime dans son discours sur l'état de l'Union en septembre 2018 que "l'heure de la souveraineté européenne a définitivement sonné[1]". Il promet de mobiliser le fameux Règlement de 1996 et de réfléchir à des pistes de financement en euros pour les entreprises qui souhaitent poursuivre leurs relations avec l'Iran[2], *via* notamment la Banque européenne d'investissement (BEI)[3]. Pas franchement de quoi faire peur à un président Trump qui vient de déclarer la guerre commerciale à l'Europe en augmentant les taxes sur l'acier (25 %) et l'aluminium (10 %)[4].

Le retour des sanctions américaines annoncé le 8 mai 2018 se déroule en deux salves[5] : le 6 août 2018 les entreprises des secteurs suivants devront avoir cessé toutes

---

1. Jean-Claude Juncker, "Discours sur l'état de l'Union 2018. L'heure de la souveraineté européenne". https://ec.europa.eu/commission/priorities/state-union-speeches/state-union-2018_fr.
2. Voir également les propositions de l'Institut Jacques Delors pour relever ce défi à la souveraineté européenne. Marie-Hélène Bérard, Farid Fatah, Pascal Lamy, Louis Schweitzer, Pierre Virmont, "L'Europe face aux sanctions américaines, quelle souveraineté ?", *Policy Paper*, n° 232, 23 octobre 2018.
3. L'Iran a été inscrit comme partenaire de la banque le 6 janvier 2018. Mais la BEI s'est finalement rétractée, considérant que cette situation l'exposait aux transactions en dollars.
4. Sujet en une des *Échos* des 1er et 2 juin 2018 et du *Monde* du 2 juin 2018.
5. "Frequently Asked Questions Regarding the Re-Imposition of Sanctions Pursuant to the May 8, 2018 National Security Presidential Memorandum Relating to the Joint Comprehensive Plan of Action (JCPOA)." 8 mai 2018. https://www.treasury.gov/resource-center/sanctions/programs/documents/jcpoa_winddown_faqs.pdf.

relations avec l'Iran : l'or, les billets de banque, les métaux précieux, les métaux semi-finis (aluminium et acier), les pièces automobiles. À partir du 5 novembre 2018, les sanctions ont porté sur les secteurs du pétrole[1], du gaz, de la pétrochimie, des transports maritimes et des constructions navales, des services de messageries financières et des services d'assurance.

Pour affronter les décisions unilatérales américaines, les Européens sortent leur botte secrète. Le 25 septembre 2018, en pleine assemblée générale des Nations unies, Federica Mogherini, cheffe de la diplomatie européenne, annonce que Bruxelles a trouvé la parade pour maintenir ses relations économiques avec l'Iran. Il s'agit du Special Purpose Vehicle (SPV). Des termes très techniques pour parler d'une solution qui cache difficilement un retour à la préhistoire économique : l'UE propose ni plus ni moins de relancer le troc entre les entreprises européennes et Téhéran. *Exit* l'argent et donc le dollar : l'Iran échange son pétrole contre des produits. Un exemple : Paris importe du pétrole iranien et paie une société allemande qui vient de livrer des machines-outils au pays des mollahs. Bruxelles espère ainsi immuniser ses entreprises contre le virus dollar. Cela effraie-t-il les Américains ? "L'Union européenne est forte dans sa rhétorique, se moque John Bolton, conseiller à la Sécurité nationale

1. Le 5 novembre 2018, les États-Unis accordent un délai supplémentaire à huit pays qui pourront continuer à acheter du pétrole iranien pendant six mois : Taiwan, Inde, Chine, Corée du Sud, Japon, Turquie, Italie et Grèce. Yves Bourdillon, "Pétrole iranien : le gouvernement américain allège ses sanctions", *Les Échos*, 5 novembre 2018. Virginie Robert, "Sanctions américaines contre l'Iran : huit pays exemptés", *Les Échos*, 6 novembre 2018.

américaine, mais faible pour l'appliquer[1]." La parade américaine ne devrait donc pas tarder, promet le secrétaire d'État américain, Mike Pompeo. "Nous n'allons pas permettre que nos sanctions soient contournées par l'Europe ou qui que ce soit d'autre[2]."

Les Européens ont-ils touché une corde sensible ? Se passer du dollar, c'est sans doute la pire des menaces qui pèse sur les États-Unis. Le dollar roi pourrait perdre son trône si une partie de plus en plus importante des échanges internationaux se réalisait dans d'autres devises comme l'euro ou le renminbi chinois. "Il est aberrant, s'indigne le président de la Commission européenne, que l'Europe règle 80 % de sa facture d'importation d'énergie – qui s'élève à 300 milliards d'euros par an – en dollars américains alors que 2 % seulement de nos importations d'énergie nous proviennent des États-Unis. Il est aberrant que les compagnies européennes achètent des avions européens en dollars et non pas en euros[3]." Avec le retour des sanctions contre l'Iran, "l'administration Trump, écrit le professeur d'économie de Berkeley, Barry Eichengreen, sape le rôle mondial du dollar […] cette douloureuse leçon sur la dépendance au dollar pourrait pousser d'autres acteurs à s'éloigner de la devise américaine[4]". À voir…

---

1. Déclaration du 25 septembre 2018.
2. AFP, 26 septembre 2018.
3. Jean-Claude Juncker, "Discours sur l'état de l'Union 2018. L'heure de la souveraineté européenne". https://ec.europa.eu/commission/priorities/state-union-speeches/state-union-2018_fr, p. 11.
4. Barry Eichengreen, "Le roi dollar est nu", *Le Monde*, 25 octobre 2018.

## 15

## UNE FRANCE PARALYSÉE

Mardi 15 mai 2018, 14 heures, le ministère français de l'Économie a prévu une salle trop petite. Ils sont une centaine de journalistes au débriefing off des conseillers des ministres de l'Économie et des Affaires étrangères. Jamais ils n'ont été aussi nombreux pour couvrir un sujet lié à la guerre économique. La semaine précédente, le président américain a déchiré l'accord de Vienne (JCPOA) sur l'Iran. Par ce geste, il relance les hostilités économiques contre Téhéran et indirectement contre les entreprises européennes qui n'auraient pas quitté le pays des mollahs le 5 novembre 2018. Les récalcitrantes s'exposent aux poursuites du département du Trésor, *via* l'OFAC, son bras armé avec le risque d'encourir de très lourdes amendes et même celui d'être exclues du marché américain.

Le 15 mai 2018, la presse veut donc savoir ce que les autorités françaises comptent faire. MM. Le Maire et Le Drian, respectivement ministre de l'Économie et ministre de l'Europe et des Affaires étrangères, viennent de recevoir dans la matinée une soixantaine d'entreprises françaises particulièrement inquiètes. Pour les rassurer ou leur dire que l'État ne peut rien faire pour elles ? La presse veut savoir.

À quel titre les Américains peuvent-ils sanctionner des entreprises étrangères qui commercent avec l'Iran ? Le gouvernement peut-il laisser faire ? Quelle est sa réponse ? Que peut faire Bruxelles ? Les deux conseillers ministériels répondent vaguement aux questions des journalistes. Ils se contentent de généralités sur le mécontentement du gouvernement face à ce qu'ils décrivent comme "une volonté américaine de tuer tout commerce des pays tiers avec l'Iran". On l'a compris, la crise des relations transatlantiques est sérieuse et le désaccord politique fondamental avec les États-Unis. Mais *quid* des solutions ?

Les conseillers semblent moins loquaces sur la défense des intérêts économiques du pays. Ils avancent quelques pistes même si certaines se contredisent. Les Français contestent les sanctions et en même temps ils demandent des exemptions pour leurs entreprises et des délais supplémentaires afin qu'elles puissent se retirer en bon ordre. On a du mal à saisir la stratégie du gouvernement français. Veut-il combattre la décision de Trump ou minimiser la casse pour ses entreprises ?

Le gouvernement planche sur un dispositif de financement à vocation européenne et en euros pour éviter un dollar contaminé. Car les banques françaises ne veulent plus bouger le petit doigt dès qu'il s'agit d'accompagner un client en Iran et plus généralement dans un pays visé par les sanctions américaines. Pire, pour se protéger des griffes de l'Oncle Sam, elles inscrivent dans les contrats une clause de sortie leur permettant d'abandonner un client en rase campagne si celui-ci s'obstine à vouloir commercer avec un pays classé dans la liste noire américaine. "C'est un cas de discrimination, explique l'avocat Olivier Dorgans, et la banque peut être poursuivie pour ces motifs." Autrement dit, les établissements bancaires ne peuvent pas interdire à leurs clients d'honorer les contrats avec l'Iran signés avant le 4 novembre 2018, date butoir de l'ultimatum américain. En revanche, après cette date, elles peuvent refuser d'attribuer un crédit dont l'affectation n'a pas été précisée au préalable. Le gouvernement promet également que la Banque publique d'investissement (BPI) étudie une solution pour assurer la continuité du business entre Paris et Téhéran. Peine perdue, les responsables de cette banque qui utilise le dollar préfèrent ne pas exposer leur établissement aux foudres de Washington. "Lutter contre les sanctions secondaires, explique Karine Demonet, directrice de la conformité et du contrôle permanent de la BPI, est une mission impossible[1]."

*Quid* de la loi de blocage qui interdit aux entreprises de livrer des informations à une puissance étrangère sans le consentement de la justice ? Pour le gouvernement, elle ne fait pas partie de l'arsenal de représailles. Pas question de punir plus sévèrement les entreprises qui ne la respectent pas. Pourtant, avec le vote à l'été 2018 de la loi sur le secret des affaires (transposition d'une directive européenne)[2], le gouvernement tenait l'occasion de durcir la loi de blocage. Au dernier moment, il a fait retirer les amendements condamnant les entreprises et leurs dirigeants qui livreraient des informations à des autorités judiciaires étrangères.

1. Déclaration devant les sénateurs de la commission des affaires européennes. Philippe Bonnecarrère, "Rapport d'information fait au nom de la commission des affaires européennes, sur l'extraterritorialité des sanctions américaines : quelles réponses de l'Union européenne ?", Sénat, 10 octobre 2018, p. 58.
2. Loi qui consiste à protéger certaines informations commerciales, techniques et technologiques des entreprises et à condamner les contrevenants.

Enfin, le gouvernement promet de revoir le Règlement européen de 1996 afin d'y inclure les nouvelles lois extraterritoriales américaines. Dernière piste : créer un OFAC européen ? On voit mal en quoi un tel organisme chargé d'appliquer les sanctions économiques de l'UE répond à l'urgence du jour.

Rien de neuf donc. Des années que toutes ces idées circulent dans différents rapports et notes, et qu'elles ne sont toujours pas mises en œuvre. Pourtant l'État manque à ses obligations de protection. C'est du moins l'avis du Club des juristes. "L'éventuel refus du gouvernement français de prendre toutes mesures d'indemnisation des entreprises contraintes de résilier unilatéralement leurs engagements avec l'Iran ou de prendre toute mesure susceptible de s'opposer à la décision unilatérale américaine d'imposition de sanctions pourrait avoir pour conséquence de voir la responsabilité sans faute de l'État engagée, car cela ferait peser des sujétions anormales et spéciales sur une catégorie d'usagers[1]." Rappelons que le droit français et celui de l'Union européenne intègrent les dispositions de l'accord de Vienne avec l'Iran[2].

Et la plainte à l'OMC ? Ce n'est pas une option. Pas question de fâcher les Américains, répond en aparté le conseiller de Bruno Le Maire, cela leur donnerait une occasion de quitter l'institution. Le gouvernement ne veut pas soigner la maladie, juste ses symptômes. Pourtant, l'enjeu est fondamental puisqu'il s'agit de la souveraineté économique de la France. "Les sanctions économiques

---

1. "Le retrait des États-Unis de l'accord de Vienne sur le programme nucléaire iranien : une situation juridique contrastée", Le Club des juristes, synthèse du rapport, juillet 2018, p. 18.
2. Selon l'article 288 paragraphe 2 du traité sur le fonctionnement de l'Union européenne

extraterritoriales ne sont pas acceptables, peste Bruno Le Maire, ministre de l'Économie. Les États-Unis n'ont pas à être le gendarme économique de la planète[1]."

C'est pourtant bien ce qui se passe. Washington brise les échanges entre Paris et Téhéran. Depuis la signature de l'accord en 2015, les exportations françaises vers l'Iran ont triplé, passant de 500 millions à 1,5 milliard d'euros. Elles devraient donc au mieux retrouver leur niveau d'il y a quatre ans.

Pendant que les bureaucrates palabrent, les entreprises françaises quittent l'Iran. Le géant pétrolier français Total a rapidement annoncé qu'il respectera l'ultimatum américain[2] en cédant ses parts dans le champ gazier South Pars II au profit du Chinois China National Petroleum Corporation. Un champ qui devait produire 400 000 barils équivalents pétrole par jour. Une production importante au regard des 2,7 millions de barils par jour produits à l'époque par la multinationale française. Le pétrolier tricolore n'a guère le choix, plus de 90 % de ses opérations de financement sont assurées par des banques américaines en dollars. Sans compter son actionnariat composé à 30 % d'Américains.

Que font Airbus, Renault, Peugeot, Accor, Sanofi… ? Ils partent aussi. Début juin 2018, Peugeot, qui a vendu 450 000 véhicules en 2017 en Iran, annonce son retrait. Quinze jours plus tard, Carlos Ghosn, le PDG de Renault (160 000 voitures vendues en 2017), déclare que sa société reste en Iran tout en y "réduisant la voilure" et en étudiant avec les autorités américaines "ce qui peut être fait et ce

---

1. Interview de Patrick Saint-Paul, *Le Figaro*, 17 mai 2018.
2. À moins que la France n'obtienne une dérogation de la part de Washington. Communiqué de Total publié le mercredi 16 mai 2018.

qui ne peut pas être fait[1]". Bolloré, Roullier… disent au revoir au marché iranien. Même Biomérieux, acteur de la santé, tire sa révérence alors que ce secteur ne figure pas dans les interdits américains. Le problème, c'est qu'aucune banque n'accepte de financer l'entreprise, même en euros.

"Tous les jours, je vois les entreprises plier bagage[2]", déplore maître Amir-Aslani, l'un des dirigeants du cabinet Cohen Amir-Aslani et l'un des rares à posséder un bureau à Téhéran depuis des années. "Les Européens ont beau crier sur tous les toits qu'ils ne se laisseront pas faire, ajoute-t-il, ils ont déjà mis les deux genoux à terre face à la superpuissance américaine qui ne respecte plus rien." Téhéran ne mérite pas une dispute avec les États-Unis. Après tout, le marché iranien ne vaut pas grand-chose face à l'immense et incontournable marché américain.

Mais alors, pourquoi après avoir quitté l'Iran, ne pas poursuivre Washington devant un tribunal américain ? N'étant plus sous la menace des sanctions, les entreprises pourraient déposer plainte pour perte de chiffre d'affaires occasionnée par le non-respect de l'accord de Vienne par l'un des signataires. En théorie, une telle plainte est parfaitement envisageable. En pratique, il ne viendrait à l'esprit d'aucun dirigeant d'une entreprise européenne de défier le gouvernement américain.

En revanche, rien ne garantit que les Iraniens ne poursuivent pas les entreprises qui désertent leur territoire. D'autant qu'ils ont le droit français avec eux. La cour d'appel[3] et la Cour de cassation[4] se sont prononcées sur

1. AFP, 15 juin 2018.
2. Entretien de juillet 2018, Paris.
3. Cour d'appel de Paris, 25 février 2015, n° 12/23757.
4. Cour de cassation, chambre commerciale, 8 février 2017, n° 15-20.553.

cette question dans une affaire opposant une filiale française d'une entreprise pharmaceutique américaine à une entreprise iranienne s'estimant lésée par la cessation brutale de toutes relations. Les deux cours (appel et cassation) ont donné raison à la partie iranienne en considérant que les lois extraterritoriales américaines ne sont pas un motif suffisant pour casser un contrat. Cette affaire portait sur les sanctions dites primaires c'est-à-dire ne concernant que les entreprises américaines. On peut donc anticiper une position encore plus ferme de la part des tribunaux français pour les sanctions secondaires s'adressant aux entreprises étrangères.

L'heure est grave. Devant la multiplication des contentieux commerciaux avec les États-Unis[1], même Emmanuel Macron, pourtant "le meilleur ami" de Trump, s'impatiente et gronde. Le président français veut une Europe unie pour affronter la nouvelle posture guerrière de Washington. "Accepterons-nous, s'interroge-t-il, la règle de l'autre ou sa tyrannie ? Qui doit décider de nos choix commerciaux, ceux qui nous menacent parce que les règles ne leur conviennent plus ? Nous avons fait le choix de construire la paix au Proche et au Moyen-Orient, d'autres puissances ont choisi de ne pas respecter leur parole. Devons-nous céder à la politique du pire[2] ?"

Paris compte sur l'Europe pour défendre les intérêts économiques du Vieux Continent. Mais personne

---

1. Taxes sur l'acier et l'aluminium européens décidées le 1er juin par l'administration Trump, menaces de taxer les importations d'automobiles européennes, Donald Trump accuse les Européens et les Japonais de faire flamber le prix des médicaments…
2. Discours d'Emmanuel Macron à Aix-la-Chapelle (Allemagne) le 10 mai 2018 lors de la remise du prix Charlemagne au président de la République française.

n'y croit vraiment comme le montre un rapport de la commission des affaires européennes du Sénat daté du 10 octobre 2018[1]. Jean Bizet, sénateur Les Républicains de la Manche et président de cette commission, estime que les sanctions américaines sont insupportables. Philippe Bonnecarrère, sénateur du Tarn, Union centriste et auteur du rapport, qu'elles "matérialisent une politique globale de puissance[2]". Pourtant, ni l'un ni l'autre n'apportent de réponse concrète au défi lancé par l'extraterritorialité américaine, excepté la plateforme de troc entre l'Iran et les entreprises étrangères proposée par Federica Mogherini, la haute représentante de l'Union européenne, le fameux Special Purpose Vehicle (SPV). À plus long terme, les sénateurs espèrent que l'euro damera le pion au dollar dans les échanges internationaux. Un aveu d'impuissance pour le sénateur Bonnecarrère qui estime "faire à la mesure de nos petits bras d'Européens[3]".

Si Bruxelles ne suit pas[4], la France, dit-on dans les cercles du pouvoir, répondra seule au défi américain. Depuis le 8 mai 2018, Bercy multiplie les auditions des spécialistes, avocats, entrepreneurs, consultants en intelligence économique… Des pistes apparaissent : renforcer la part de l'euro dans les échanges internationaux et

1. Philippe Bonnecarrère, "Rapport d'information fait au nom de la commission des affaires européennes, sur l'extraterritorialité des sanctions américaines : quelles réponses de l'Union européenne ?", Sénat, 10 octobre 2018.
2. Propos tenus durant un petit-déjeuner de presse du 10 octobre 2018 au Sénat.
3. *Ibid.*
4. Paris, Berlin et Londres ont signé une lettre commune en juin 2018 pour demander à Washington d'exempter les entreprises européennes des sanctions contre l'Iran. "Iran : Paris, Berlin et Londres demandent des exemptions aux États-Unis", *Le Figaro*/AFP, 6 juin 2018.

notamment avec l'Iran, accompagner les entreprises qui souhaitent rester en Iran en les aidant à trouver des partenaires financiers non exposés par le dollar...

L'une d'elles est particulièrement audacieuse. Le ministère de l'Économie planche sur un schéma qui permettrait à la France de continuer à acheter le pétrole iranien. Comment ? Grâce à la Banque de France. Celle-ci achèterait le pétrole aux Iraniens, le vendrait à Total et autres grandes compagnies et paierait les entreprises françaises qui continuent de commercer avec Téhéran. Astucieux. "Les Américains, explique un proche du dossier, n'oseront pas attaquer une institution publique comme la Banque de France. Cela pourrait être interprété comme une véritable déclaration de guerre économique[1]."

L'avenir le dira. En attendant, sur le terrain, les relations franco-américaines tournent à l'orage. À l'hiver 2018, les agents du Department of Justice (DOJ) sont considérés comme *persona non grata* au Parquet national financier (PNF). Les magistrats français n'apprécient pas leurs méthodes de cow-boy. Ils leur reprochent d'avoir obtenu des informations sensibles sur la Société générale[2] sans passer par les canaux habituels de coopération judiciaire. Une partie de ces renseignements auraient même été fournis par la police française. Un comble pour les juges spécialisés du Parquet financier, un *casus belli* pour ces magistrats qui ne veulent plus échanger avec des gens qui ne respectent pas les lois de la République.

---

1. Entretien de juin 2018, Paris.
2. Au printemps 2018, la Société générale est visée par trois enquêtes du DOJ : violation de l'embargo avec certains pays ; affaire de la manipulation des taux interbancaires et contentieux avec le fonds souverain libyen.

Les autorités américaines avaient pourtant une proposition intéressante à faire au Parquet national financier : collaborer sur le dossier de la Société générale, condamner ensemble la banque et verser au Trésor français une partie du montant de l'amende. Pour une fois, les Américains étaient prêts à partager le butin. Malgré leur mauvaise humeur, les juges français acceptent la proposition américaine. Début juin 2018, la Société générale est condamnée à verser 1,3 milliard de dollars au DOJ, à l'US Commodity Futures Trading Commission (CFTC) et au PNF afin de refermer les dossiers Ibor[1] et libyen[2]. Part reçue par le Trésor français dans cette transaction : 292,8 millions de dollars, soit moins d'un quart du montant total de l'amende versée par la Société générale[3]. Et ce n'est pas fini : le 19 novembre la banque annonce dans un communiqué qu'elle a accepté de verser 1,2 milliard d'euros aux autorités américaines pour mettre fin "aux enquêtes relatives à certaines opérations en dollar américain effectuées par Société générale impliquant des pays, des personnes ou des entités faisant l'objet de sanctions économiques américaines et relevant des lois de l'État de New York[4]". La Société générale était notamment

1. Manipulation des taux interbancaires : Libor (London Interbank Offered Rates) et Euribor (Euro Interbank Offered Rates).
2. Contreparties versées illégalement à la banque dans des opérations avec le fonds souverain libyen.
3. 275 millions de dollars pour le DOJ et 475 millions de dollars pour la CFTC dans le dossier Ibor ; 292,8 millions de dollars pour le DOJ dans le dossier libyen. Voir communiqué de presse de la Société générale daté du 4 juin 2018. Voir le communiqué du DOJ. https://www.justice.gov/opa/pr/soci-t-g-n-rale-sa-agrees-pay-860-million-criminal-penalties-bribing-gaddafi-era-libyan.
4. "Société générale conclut des accords avec les autorités américaines mettant fin aux enquêtes relatives aux sanctions économiques et à la lutte contre le blanchiment d'argent", 19 novembre 2018.

poursuivie pour violation de l'embargo contre Cuba. Elle a donc signé un accord de Deferred Prosecution Agreement (DPA)[1] avec une période probatoire de trois ans et l'obligation d'effectuer un audit transmis à Washington dans les dix-huit mois[2]. La totalité de cette amende de 1,2 milliard d'euros est donc versée aux Américains.

En revanche, le partage en juin 2018 de l'amende de la Société générale avec l'administration française est-il le signe que Washington commence enfin à faire confiance à la justice française ? "Il faut absolument jouer la carte que Washington nous propose, affirme un proche du dossier[3]. C'est l'occasion de renouer le dialogue avec les autorités américaines en leur fixant des limites à ne plus dépasser."

Reste à convaincre Washington que les Français font le job en punissant les entreprises indélicates et qu'il n'est plus nécessaire qu'ils dégainent leur droit pour châtier les champions tricolores. "Là encore, expliquent les hauts fonctionnaires du ministère des Affaires étrangères, il ne peut être espéré aucun automatisme, mais cela n'exclut pas que, dans certains cas, les États-Unis acceptent de ne pas poursuivre un opérateur européen si ce pays est convaincu que des poursuites effectives sont engagées en

---

Communiqué de presse de la Société générale. https://www.societegenerale.com/fr/newsroom/conclusion-accords-autorites-americaines-fin-enquetes.

1. Accord signé avec l'US Attorney's Office pour le district sud de New York (SDNY) et le District Attorney's Office du comté de New York (DANY). Voir : "Manhattan US Attorney Announces Criminal Charges Against Société Générale SA For Violations Of The Trading With The Enemy Act", 19 novembre 2018. https://www.justice.gov/usao-sdny/pr/manhattan-us-attorney-announces-criminal-charges-against-soci-t-g-n-rale-sa-violations.

2. Thibaut Madelin, "Société générale solde ses litiges aux États-Unis", *Les Échos*, 20 novembre 2018.

3. Entretien de septembre 2018, Paris.

Europe." Une chose est sûre, les Américains ne comptent pas ralentir le rythme : en 2018, les sanctions de la SEC ont augmenté par rapport à 2017. Le gendarme américain des marchés a encaissé près de 4 milliards de dollars[1]. À lui seul, le pétrolier brésilien Petrobras a payé 1,7 milliard de dollars[2] (amende du DOJ incluse[3]) dans le cadre de la loi FCPA.

Il faut donc espérer pour l'économie française que Washington reconnaîtra les efforts de l'élève France dans la lutte contre la corruption[4]. Sinon ? Sinon les Français continueront à cogiter. Fin juillet 2018, le Premier ministre a demandé un rapport à Raphaël Gauvain[5], député La République en Marche afin d'identifier de nouvelles pistes juridiques pour protéger les entreprises

---

1. Laurence Boisseau, "Le gendarme boursier américain a infligé 4 milliards de dollars d'amendes", *Les Échos*, 3 novembre 2018.
2. "Petrobras Reaches Settlement With SEC for Misleading Investors", 27 septembre 2018. https://www.sec.gov/news/press-release/2018-215.
3. Petróleo Brasileiro SA – Petrobras Agrees to Pay More Than $850 Million for FCPA Violations", DOJ, 27 septembre 2018. https://www.justice.gov/opa/pr/petr-leo-brasileiro-sa-petrobras-agrees-pay-more-850-million-fcpa-violations.
4. Début septembre 2018, Sanofi, géant français de la pharmacie, annonce un accord avec la Securities and Exchange Commission (SEC) à propos d'une enquête pour corruption dans de nombreux pays (Kazakhstan, Jordanie, Liban, Bahreïn, Koweït…) entre 2006 et 2015. "Dans le cadre de cette enquête, indique le communiqué de l'entreprise, Sanofi ne reconnaît, ni ne dément avoir commis une quelconque infraction." Ce qui n'empêche pas Sanofi de payer une amende de plus de 25 millions de dollars à la SEC et de s'engager à lui "rendre volontairement compte, pendant deux ans, de l'efficacité de ses contrôles internes renforcés"… "Sanofi conclut un accord avec la « Securities and Exchange Commission » américaine", communiqué de presse, 4 septembre 2018. Voir également le communiqué de la SEC. https://www.sec.gov/news/press-release/2018-174.
5. Avocat de profession et rapporteur de la loi sur le secret des affaires.

et leurs dirigeants. Un énième rapport qui permet de repousser encore et encore le moment de l'action.

Et ce au moment où les députés français commencent à prendre conscience de la brutalité des rapports économiques internationaux. Début septembre 2018, une quarantaine de députés de la majorité La République en Marche (LRM) poussent à la création d'une délégation parlementaire à la sécurité économique (DPSE)[1] afin de mieux contrôler l'action de l'État dans la défense des intérêts économique du pays et de surveiller les investissements étrangers en France, à l'image du CFIUS américain. Cette initiative ne plaît pas à tout le monde, certains députés craignent que la DPSE ne fasse de l'ombre à la délégation parlementaire au renseignement (DPR). Alors le 14 septembre, Marie Lebec, élue LRM, introduit un nouvel amendement pour limiter les pouvoirs de la DPSE et interdire à ses membres les habilitations de sécurité : “Le sous-amendement proposé par votre rapporteuse vise à préciser que les compétences de la délégation à la sécurité économique s'exercent sous réserve des compétences de la délégation parlementaire au renseignement, et que les membres de la délégation parlementaire à la sécurité économique ne sont pas habilités à connaître d'informations classifiées au titre de la défense nationale[2].” Autrement dit, si cette loi était votée par les deux chambres du Parlement, les membres de la DPSE n'auraient pas accès aux informations classifiées émanant des services de renseignement français. Une mesure qui limiterait

1. Sous la forme d'un amendement (art. 55 *ter*) inscrit dans le projet de loi relatif à la croissance et à la transformation des entreprises (Pacte). http://www.assemblee-nationale.fr/15/projets/pl1088.asp.
2. http://www.assemblee-nationale.fr/15/pdf/rapports/r1237-tI.pdf, p. 876.

fortement leur contrôle et leur influence sur la protection des intérêts économiques de la France. On le voit, le chemin reste long et tortueux…

# CONCLUSION

*Je suis sans rancune envers les hommes de la défaite et de l'armistice de 40. Je comprends fort bien ceux qui avaient refusé de suivre de Gaulle. Ils étaient trop installés dans leurs meubles, qu'ils appelaient la condition humaine. Ils avaient appris et ils enseignaient "la sagesse", cette camomille empoisonnée que l'habitude de vivre verse peu à peu dans notre gosier, avec son goût doucereux d'humilité, de renoncement et d'acceptation.*

ROMAIN GARY, *La Promesse de l'aube.*

Un mal ronge l'Europe depuis le début du siècle dernier. Expression du malaise d'un continent qui ne croit plus en lui depuis la tragédie de la Première Guerre mondiale et qui cherche dans l'Amérique le père protecteur qui l'empêchera de renouer avec sa pulsion de mort – pulsion à l'œuvre pendant tout le XXe siècle, jusqu'aux violences de la décolonisation. "L'Europe aspire visiblement, écrit Paul Valéry en 1927, à être gouvernée par une commission américaine. Toute sa politique s'y dirige[1]." Et toute sa politique y a abouti. Jusqu'à ce qu'un milliardaire accède à la Maison Blanche, en octobre 2016, et lui arrache ses dernières illusions sur un hypothétique salut américain.

Pourtant, Donald Trump n'a lancé aucune politique nouvelle. Il ne fait que prolonger celle de ses prédécesseurs. Ce n'est pas lui qui a inventé ni mis en mouvement la machine américaine de guerre économique, mais les présidents Reagan, Bush père et fils, Clinton et Obama. Ce n'est pas lui non plus qui a fait voter les lois extraterritoriales américaines, mais tous les anciens locataires du Bureau ovale. On lui reproche son protectionnisme économique. Et il est vrai que son administration a promulgué 90 nouvelles mesures protectionnistes en 2017, soit 20 % du total mondial qui s'élève à 467 mesures[2]. "Parmi les plus importants promoteurs de nouvelles barrières, les États-Unis sont le seul pays à avoir décrété plus de mesures en 2017 qu'en 2016[3]." Six de plus qu'en 2016 donc et quatre de plus qu'en 2015. Les États-Unis se réarment économiquement[4]. Soit. Mais ce n'est pas Trump qui a déterré la hache de guerre commerciale, ce sont ses devanciers.

Le président américain poursuit une politique amorcée voilà des décennies qui vise à faire de l'Europe un vassal de Washington. Un feudataire militaire, politique et commercial. Les Américains n'ont jamais caché le projet

---

1. Paul Valéry, "Notes sur la grandeur et décadence de l'Europe", in *Regards sur le monde actuel*, Folio-Essais, Gallimard, 2017, p. 28.
2. "Protectionism. Trade Wars Reloaded", étude Euler Hermes, février 2018.
3. *Ibid.*, p. 2.
4. Robert D. Blackwill, Jennifer M. Harris, *War by Other Means. Geoeconomics and Statecraft*, Belknap/Harvard, 2016.

géopolitique qu'ils nourrissent pour le continent de leurs origines. Zbigniew Brzezinski, ancien conseiller du président Jimmy Carter, l'a résumé dans son ouvrage *Le Grand Échiquier*. Maintenir une suprématie mondiale et empêcher l'émergence d'un concurrent requiert de développer une politique étrangère selon trois impératifs : "éviter les collisions entre vassaux et les maintenir dans l'état de dépendance que justifie leur sécurité ; cultiver la docilité des sujets protégés ; empêcher les barbares de former des alliances offensives[1]". Dans le rôle des vassaux dociles, les Européens. Dans celui des barbares, essentiellement les Russes et les Chinois. La messe est dite depuis longtemps, pourtant les élites européennes ont toujours fait semblant de ne pas l'entendre. Jusqu'à ce qu'une pression d'un autre type apparaisse, celle qu'exercent les lois extraterritoriales américaines. "Cette « politique juridique extérieure », écrit le sénateur Les Républicains Bruno Retailleau, poursuit un double objectif. Un objectif diplomatique d'abord, tendant à instaurer un lien vassalique avec les États européens en leur imposant *de facto* la politique étrangère américaine. Le cas de l'Iran est un cas d'école. [...] Un objectif économique ensuite. Il vise à affaiblir les principaux concurrents des entreprises américaines en leur infligeant d'énormes amendes[2]."

Aujourd'hui, les objectifs demeurent, c'est la méthode qui change. Le locataire de la Maison Blanche opère à sa manière, celle d'un homme d'affaires brutal, mesquin, retors, voire clownesque et sans aucun respect pour la

1. Zbigniew Brzezinski, *Le Grand Échiquier. L'Amérique et le reste du monde*, Hachette Pluriel, 2002, p. 68.
2. Bruno Retailleau, "L'Europe doit riposter à l'impérialisme juridique américain", *Les Échos*, 16 octobre 2018.

parole donnée. Un comportement sans foi ni loi qui oblige enfin les Européens à se réveiller. Sans quoi, leurs entreprises constitueront le festin d'une possible entente sino-américaine. Car les deux géants pourraient se partager le monde en formalisant finalement ce G2 dont il est question depuis plusieurs années – G2 qui enverrait aux oubliettes de l'Histoire le multilatéralisme du G20. Pékin et Washington ont de quoi s'offrir un tel menu. Avec sa réforme fiscale, Trump libère les 1 400 milliards de dollars que les sociétés américaines ont stockés à l'étranger. En promettant de taxer seulement à 15,5 % les sommes qui rentrent au bercail, il offre aux sociétés la possibilité de faire leurs emplettes sur les marchés européens. Qui seront les prochains Alstom et Technip, deux fleurons industriels français qui ont eu maille à partir avec les autorités judiciaires américaines et ont basculé dans l'escarcelle de l'Oncle Sam ?

Ce nouveau mur de l'Atlantique que promet le gouvernement français contiendra-t-il les déferlantes qui s'annoncent ? En février 2018, le Premier ministre Édouard Philippe annonce un élargissement du champ d'application du décret Montebourg qui protège les actifs stratégiques français des investissements étrangers et donne à l'État le pouvoir de s'inviter à la table des négociations : il y intègre le secteur des nouvelles technologies (intelligence artificielle), le secteur spatial, ceux du stockage des données numériques, des nanotechnologies et des infrastructures technologiques du marché financier[1].

1. Le décret Montebourg (2014), relatif aux investissements étrangers soumis à autorisation préalable du ministre de l'Économie, avait élargi le décret de 2005 (2005/1739) aux secteurs suivants : énergie, eau, transports, santé publique, communication électronique. Il a donc été renforcé par l'article 55 du Projet de loi relatif à la croissance et

L'État devrait également renforcer sa présence dans certaines entreprises sensibles en détenant des *golden shares* (ou "actions spécifiques") qui lui octroient un droit de regard et de veto sur certaines décisions stratégiques de l'entreprise (localisation de la R&D, transfert de la propriété intellectuelle, processus d'OPA…). Mais la France peut-elle agir seule ?

La chancelière allemande Angela Merkel a attendu les déclarations de Donald Trump au G7 de Taormina (Italie), les 26 et 27 mai 2017, pour annoncer dès le lendemain : "Les temps où nous pouvions totalement nous reposer sur d'autres sont en partie révolus. Nous, les Européens, devons prendre en main notre propre destin[1]", mesurant par là le fossé qui sépare désormais les deux continents. Mais alors qui avait la charge de cette mission fondamentale qu'est la défense économique du Vieux Continent ? Les Européens ont-ils imaginé que le parapluie nucléaire américain protégeait également leurs intérêts économiques ? C'est implicitement ce qu'a reconnu Donald Tusk, président du Conseil européen, en ouvrant le sommet de Sofia en mai 2018 : "Mais honnêtement, l'Europe devrait être reconnaissante envers le président Trump car, grâce à lui, toutes nos illusions ont disparu. Il nous a fait prendre conscience que, lorsque vous avez besoin d'une main tendue, c'est au bout de votre propre bras que vous la trouverez."

Que se serait-il passé si Trump n'avait pas été élu ? L'Europe aurait-elle conservé ses illusions, continué à chercher la main américaine, ou aurait-elle fini par prendre

---

à la transformation des entreprises (Pacte) de 2018. Le secteur de la défense nationale, lui, était déjà protégé par le décret de 2005/1739.

1. Lors d'un meeting de la CSU en Bavière le 28 mai 2017.

son destin en main ? Ces questions en disent long sur la naïveté des dirigeants européens, souvent considérés comme "les idiots utiles" de l'Amérique, voire de la mondialisation.

Trump n'avance pas masqué. Il assume, il revendique même le côté le plus obscur du néolibéralisme : chacun pour soi, tout pour soi. Un monde de compétition effrénée et sans limites qui ne laisse aucun avenir aux Bisounours européens, qui pousse les entreprises et les États à utiliser toutes les armes à disposition pour préserver et gagner des parts de marché, quitte à tricher ou à recourir à la force. Le droit en est une. Ce n'est pas la seule, mais son efficacité est redoutable. Surtout contre des Européens qui croient en ses vertus et ont ignoré des années durant son impact létal sur leur économie.

Trump oblige les États à monter sur le ring. "C'est le genre de gars, rapporte un officiel américain, qui vous balance un coup de poing en pleine figure et si vous lui en retournez un, il vous dit « Soyons amis ». Les Chinois ont cogné, et Trump a battu en retraite. Tandis que les Européens ont beau lui répéter que c'est un type formidable, ils n'ont rien obtenu[1]." Il est temps que les élites européennes cessent d'escamoter le débat sur la nature et l'évolution des relations économiques internationales. La politique n'a pas le monopole de la violence. Le commerce n'adoucit pas toujours les mœurs entre les nations.

L'heure de vérité a sonné pour l'Europe. Soit elle se contente de gesticulations verbales contre un Trump infréquentable. Soit elle joint les actes à la parole et refuse les diktats juridico-économiques de l'Amérique. Qu'elle

---

1. "For European Firms, Resisting American Sanctions May Be Futile", *The Economist*, 19 mai 2018. Non signé.

renonce à soutenir l'accord sur l'Iran et abandonne ses entreprises en rase campagne, et le sort en sera jeté : l'Europe ne sera plus. Qu'elle relève la tête et défie son allié sur les marchés mondiaux, et l'Europe aura prouvé que son modèle est le bon : celui de la force du droit et non du droit de la force.

*Paris, 17 décembre 2018.*

# ACTES SUD

*Extrait du catalogue*

## série “Questions de société”

### ANALYSES, ENQUÊTES ET RÉVÉLATIONS

Donner du sens au flot quotidien de l’actualité, proposer des analyses de fond et des enquêtes originales, démasquer les grands mythes, aller au cœur des conflits, chercher des alternatives – la série “Questions de société” offre un espace d’expression ouvert tant à l’investigation qu’à l’engagement.

Qu’ils abordent les grands enjeux géopolitiques (Inde, Iran, Russie, Afrique), les menaces pesant sur notre santé (surmédicamentation, génétique, sida, cancer) ou les effets collatéraux de certains choix technologiques (nucléaire, RFID, obsession sécuritaire, addiction télévisuelle, Internet, complexe agroalimentaire), nos auteurs s’opposent à la pensée unique et combattent la désinformation.

Pour de plus amples informations : la navigation par mot-clé
www.actes-sud.fr/rayon/sciences-humaines-et-sociales-sciences

### DERNIERS OUVRAGES PARUS

Nadia TAZI
*LE GENRE INTRAITABLE*
Octobre 2018 / 14,5 × 24 / 448 pages

Naomi KLEIN
*DIRE NON NE SUFFIT PLUS*
Novembre 2017 / 13,5 × 21,5 / 306 pages

Byung-Chul HAN
*SAUVONS LE BEAU*
*L'ESTHÉTIQUE À L'ÈRE NUMÉRIQUE*
Novembre 2016 / 13,5 × 21,5 / 128 pages

Chris HEDGES
*LA GUERRE EST UNE FORCE QUI NOUS OCTROIE DU SENS*
Octobre 2016 / 13,5 × 21,5 / 224 pages

Naomi KLEIN
*TOUT PEUT CHANGER*
*CAPITALISME ET CHANGEMENT CLIMATIQUE*
En coédition avec LUX
Novembre 2015 / 14,5 × 24 / 640 pages

Silvia PÉREZ-VITORIA
*MANIFESTE POUR UN XXIe SIÈCLE PAYSAN*
Octobre 2015 / 13,5 × 21,5 / 192 pages

Jane GOODALL
*GRAINES D'ESPOIR*
*SAGESSE ET MERVEILLES DU MONDE DES PLANTES*
Octobre 2015 / 14,5 × 24 / 448 pages

Byung-Chul HAN
*DANS LA NUÉE*
*RÉFLEXIONS SUR LE NUMÉRIQUE*
Mars 2015 / 13,5 × 21,5 / 112 pages

Frédéric FAUX
*COCA !*
*UNE ENQUÊTE DANS LES ANDES*
Février 2015 / 13,5 × 21,5 / 336 pages

Franck LEROY
*SURVEILLANCE*
*LE RISQUE TOTALITAIRE*
Octobre 2014 / 13,5 × 21,5 / 304 pages

Roger LENGLET
*NANOTOXIQUES*
Mars 2014 / 13,5 × 21,5 / 240 pages

Frédéric DENHEZ
*LA FIN DU TOUT-VOITURE*
Septembre 2013 / 13,5 × 21,5 / 224 pages

Franck LEROY
*RÉSEAUX SOCIAUX ET CIE*
*LE COMMERCE DES DONNÉES PERSONNELLES*
Avril 2013 / 13,5 × 21,5 / 272 pages

Debra Lynn DADD
*ALERTE AUX PRODUITS TOXIQUES*
Octobre 2012 / 14,5 × 24 / 336 pages

Moïra SAUVAGE
*GUERRIÈRES !*
*À LA RENCONTRE DU SEXE FORT*
Mai 2012 / 13,5 × 21,5 / 320 pages

Jean-Philippe DESBORDES
*MANAGEMENT CIRCUS*
Avril 2012 / 13,5 × 21,5 / 160 pages

Øyvind STRØMMEN
*LA TOILE BRUNE*
Avril 2012 / 13,5 × 21,5 / 208 pages

Freeman DYSON
*PORTRAIT DU SCIENTIFIQUE EN REBELLE*
Novembre 2011 / 14,5 × 24 / 336 pages

Pavan K. VARMA
*DEVENIR INDIEN*
*LA RÉVOLUTION INACHEVÉE DE LA CULTURE ET DE L'IDENTITÉ*
Novembre 2011 / 14,5 × 24 / 288 pages

Marie GROSMAN et Roger LENGLET
*MENACE SUR NOS NEURONES*
*ALZHEIMER, PARKINSON… ET CEUX QUI EN PROFITENT*
Septembre 2011 / 14,5 × 24 / 288 pages

OUVRAGE RÉALISÉ
PAR L'ATELIER GRAPHIQUE ACTES SUD
ACHEVÉ D'IMPRIMER
SUR ROTO-PAGE
EN JANVIER 2019
PAR L'IMPRIMERIE FLOCH
À MAYENNE
POUR LE COMPTE DES ÉDITIONS
ACTES SUD
LE MÉJAN
PLACE NINA-BERBEROVA
13200 ARLES

DÉPÔT LÉGAL
1re ÉDITION : FÉVRIER 2019
N° impr. : 93886
*(Imprimé en France)*